영남대학교 인문학 육성총서 5

韓國 漢字語 硏究

지은이

진 류(陳榴)

1950년 6월 17일 출생, 1981년 랴오닝사범대 중문과 졸업, 동북사범대 문학석사, 한국 영남대학교 문학박사, 중국언어학회 회원, 중국훈고학회 이사, 랴오닝성 언어학회 회장. 현재 랴오닝사범대 중문과 교수. 중국어 어휘사 문법사 연구 논문 40여 편, 《中韓語法史上的雙子星座》(北京大學出版社) 등 학술저서 다수가 있다.

옮긴이

박운석(朴雲錫)

서울대학교에서 학사, 석사, 박사학위를 취득하고 1980년 9월부터 영남대학교에서 교수로 재직하고 있다. 《중국문화의 이해와 탐방》 《中韓語法史上的雙子星座》 등 저서와 《중국문학의 현실주의와 반현실주의》 《홍암》 등의 번역서가 있다.

이춘영(李春永)

대만 중국문화대학(中國文化大學) 중문연구소(中文硏究所)에서 박사학위를 취득하고, 2007년 3월부터 영남대학교 중국언어문화학부 중국어통번역전공 교수로 재직하고 있다. 중국어학에 관한 다수의 논문을 발표하였다.

권부경(權芙經)

중국 연변대학교를 졸업하였고 부산대학교 대학원에서 석사학위(중국어언어학전공)를 받았으며, 2011년 영남대학교 대학원에서 박사학위(중어중문학전공)를 받았다. 현재 영남대학교에서 강의하고 있다.

라호영(羅浩英)

영남대학교 중어중문학과를 졸업하고 상해 복단대학교 대학원에서 현대중국어 문법으로 문학석사 학위를 받았으며, 영남대학교 대학원 박사과정을 수료하고 현재 영남대학교 외국어교육원에서 강의하고 있다.

韓國 漢字語 硏究

초판 인쇄 2012년 12월 24일
초판 발행 2012년 12월 31일

지은이 진 류
옮긴이 박운석 이춘영 권부경 라호영
펴낸곳 영남대학교출판부
펴낸이 이효수

출판등록 1975년 9월 5일 경산 제16-1호

주소 경북 경산시 대동 214-1
전화 053) 810-1801~3 | FAX 053) 810-4722
홈페이지 book.yu.ac.kr

ISBN 978-89-7581-457-0 94080
978-89-7581-445-7(세트)

· 값은 표지 뒷면에 있습니다.

영남대학교 인문학 육성총서 5

韓國 漢字語 研究

陳 榴 지음

朴雲錫 · 李春永 · 權芙經 · 羅浩英 옮김

영남대학교출판부

머리말

2012년은 한·중수교 20주년이 되는 해이다. 20년 동안 한·중 양국은 긴밀하게 협조하여 공동으로 발전하였으며, 특히 경제와 문화 교류 방면에서 괄목할 만한 성과를 거두었다. 수교 20주년이 되는 새해, 중국 랴오닝사범대학遼寧師範大學 중문과 진류陳榴 교수의 저서 《한국 한자어 연구韓國漢字語硏究》를 번역하여 영남대학교 출판부에서 출판하게 되었다. 이것은 한·중 문화교류 상에 또 다른 의미를 더하는 것이라 생각하며 아울러 저자에게 충심으로 축하의 뜻을 전한다.

진류 교수는 13년 전 영남대 중문과에서 박사과정을 이수하였는데, 이 때 역자와 인연을 맺게 되었다. 당시 진류 교수의 성실하고 근면한 생활과 진지한 연구 자세에 깊은 인상을 받았다. 그의 박사 학위논문은《〈마씨문통〉과 〈대한문전〉 비교연구 〈馬氏文通〉與〈大韓文典〉比較硏究》로, 한국과 중국의 최초 문법서를 전면적이고 심도있게 비교·연구한 논문이다. 이 논문은 한국어로 중문출판사에서 출판되었고, 중국어판으로도 北京大學 출판사에서 출판되어 한국과 중국 학계의 주목을 받았다. 진류 교수는 귀국하여 중국 랴오닝사범대학 중문과 교수로 재직하면서 계속하여 한국어와 중국어의 비교연구를 계속하였는데, 특히 한국어 한자어에 중점을 두고 연구하였다.

《한국 한자어 연구》는 바로 그 결과물로 2007년 랴오닝사범대학 출판사에서 출판되었다. 이 연구서는 중국에서 최초로 출판된 한국 한자어 연구 관련 학술서로 학계의 호평을 받았다. 다롄외국어학원大連外國語學院 한국어과 임종강林從綱 교수는 이 책에 대해 다음과 같이 평하였다.

"이 책은 한·중 문화교류사의 거시적인 배경 하에 한국 한자어에 대한 국내외의 광범위한 연구 성과를 기초로 연구의 범위와 깊이를 더욱 발전시켜 전면적이고 심도있게 고찰하였다."

2010년 진류 교수가 우리 학부의 초빙교수로 오게 되어, 역자는 영광스럽게도 이 책을 받아 읽게 되었는데, 내용이 풍부하고 구성이 체계적이며 언어 또한 생동적이어서 한국어로 번역하여 소개할 필요가 있다고 생각하였다. 한자어는 한국어 어휘계통의 중요한 부분이며, 한·중문화 교류의 결정체라고 할 수 있다.

진류 교수의 이 연구서는 다음과 같은 몇 가지 특징이 있다.

1. 한국 한자어 유입의 역사적 과정을 체계적으로 고찰하였다.
2. 한국 한자어에 관련된 최근까지의 연구 성과를 분석하여 그 기초 위에 새로운 연구를 전개하였다.
3. 한·중·일 한자어에 대한 비교분석을 진행하였다.

한국 한자어의 전면적인 이해에 많은 도움이 되며, 중국에서의 한국어 교수법 및 한국에서의 중국어 교수법에도 그 활용가치가 높을 것으로 기대된다.

역자가 진류 교수와 인연을 맺은 지 10년이 훌쩍 넘어선 지금, 그의 역작을 번역 출간하게 되니 감개무량할 뿐이다. 번역상의 오류는 모두 나의 잘못이니 여러 제현들의 지정指正을 간절히 기대한다.

영남대학교 중국언어문화학부 교수
2012년 십이월 박운석

차 례

제1장

한국 한자어 개설

1. 한반도와 한자문화권
2. 한자의 응용과 한문 문체의 변천
3. 한자어의 흡수와 융합

제1장

한국 한자어 개설

한국의 산맥·수맥·혈맥·문맥은 중화문화의 흐름과 직·간접적으로 연결되어 있다.

중화문화의 흐름 속에는 한 줄기 한자어의 맥이 흐르고 있다.

광대한 태평양 서안, 동북에서 서남까지, 일본열도와 한반도, 중남반도가 중국 대륙의 둘레를 돌며 오래된 한자문화권을 구축하였다. 사피어E.Sapir는 "다섯 종류의 언어만이 문화를 전파하는데 있어 압도적 우세를 보였는데, 그것은 고대중국어·범어·아랍어·희랍어와 라틴어다"[1)]라고 하였다. 이러한 언어들은 모두 각자 독자적 특색을 지닌 언어문자권을 형성했지만 형성된 역사와 범위·영향의 깊이와 넓이는 한자문화권과 함께 논할 수 없다. 일반적으로 하나의 문화권이 형성될 때는 반드시 중심적 지위를 가진 강대한 문화가 있다. 이러한 강대한 문화는 반드시 완전한 언어 문자 체계를 가지고 있다. 긴 역사의 발전 과정 속에서 한자문화는 의심할 여지없이 확실히 우세한 지위를 차지하고 있었다. 한자의 과학성과 체계성·간단명료성

1) 사피어《語言論》 p.174, 상무인서관, 2003년.

은 한자가 기록의 기능과 민족문화 전승의 도구로서의 기능을 가지게 했을 뿐만 아니라 다른 나라에도 영향을 끼쳤다. 기원전·후, 한자의 세력은 사방으로 확장되기 시작했다. 당시 일본·조선·베트남 등은 통일 국가가 출현하기 전이었고 문화가 낙후되었다. 방언이 서로 뒤섞여 있었고 문자는 공백 상태였다. 당시 이들 나라에 한자가 유입되어 문화적 이기利器를 제공했으며 민족 문화의 발전에 커다란 활력을 불어 넣었다. 역사적으로 이천 년 간 중국 문화의 영향을 받은 일본·한국·베트남은 한자를 능숙하게 사용할 수 있게 되었고, 대량의 한자어가 이미 그들의 민족문화에 녹아 들어가 각자의 모국어에 빠질 수 없는 구성성분이 되었다. 한자문화권에 속한 국가들은 모두 한자어를 외래어라고 보지 않는다. 한자의 수입과 사용이 전성기였을 때 일본어·한국어·베트남어에서 한자어는 압도적으로 우세를 차지했다. 현대에 와서 한자어의 비율은 비록 조금 위축되었지만 여전히 상당히 큰 비율을 차지한다. 통계에 따르면 현대 일본어 속의 한자어는 대략 전체 어휘의 53.6%를 차지한다.[2] 현대 한국어 속의 한자어는 대략 60%를 차지하고, 그 중 정치·경제 관련 글에서는 63%를 차지한다.[3] 현대 베트남어 속의 한자어도 60% 정도를 차지하며 정치·경제 관련 글에서는 거의 80%를 차지한다.[4] 이는 한자어가 아시아의 이웃 국가들에게 중국문화를 흡수하게 하는 중요한 매개체일 뿐 아니라 그 민족의 언어어휘체계를 충실하고 완벽하게 하는 중요한 수단이라는 것을 알 수 있다.

우리가 여기서 말하는 한자어는 글자 그대로 한자로 표기할 수 있는 단어를 가리킨다. 구체적으로 말하면, 한자 어휘에서 도입되거나, 한자를 활용하여 스스로 만들어 내거나, 이미 그 나라 민족의 어휘체

2) 유원만(劉元滿)《漢字在日本的文化意義研究》p.19, 북경대학출판사, 2003년.
3) 하구영(何九盈) 등《中國漢字文化大觀》p.374, 북경대학출판사, 1995년.
4) 우유아(于維雅)《東方語言文字與文化》p.246, 북경대학출판사, 2002년.

계에 녹아 들어간 한자 표기의 단어이다. 이러한 단어는 대부분 중국어에서 왔다. 비록 베트남은 이미 한자를 사용하지 않고, 한국과 일본 또한 한자 사용을 제한하지만 한자어는 여전히 그들의 언어에 남아 있다. 단지 기록 부호가 바뀐 것 뿐이다. 또한 반드시 언급해야 할 것은 소위 한자어라는 것은 모두 중국어에서 온 것이 아니라, 각 국가들이 사용하는 한자도 포함되어 있고, 중국어의 조어법 규칙에 따라 창조된 단어도 포함되어 있다. 근대 이래로 서양 학문이 점점 동양으로 들어오면서 개방을 해야 한다는 풍조가 우선이었던 일본은 대량의 한자어를 창조하고 사용하여 서양 학문의 개념을 설명했다. 이러한 한자어들은 점차 다시 중국으로 흘러들어갔고, 중국어 어휘를 적극적으로 보충하는 작용을 하였다. 이렇게 단어가 그 나라로 되돌아가는 현상은 전통 문명의 쇠락과 근대 문명의 흥기를 반영한다. 이런 의미에서 본다면 한자어는 역사적으로 중국문화의 수출에 아주 큰 작용을 하였고, 근대에는 중국의 근대화 과정에 귀중한 문화 자원을 제공했다. 1980년대 이래로 중국의 개혁개방은 끊임없이 진행되었다. 날로 강대해지는 중국은 세계의 주목을 받고 있으며 중화문화는 다시 한 번 각 국의 관심어린 시선을 받게 되었다. 언어 환경이 세계화되는 오늘날 우리는 중국과 외국의 문화 교류에 있어 한자어의 작용 및 지위에 대한 전면적 고찰을 통해, 중국어의 중요한 의의를 알 수 있었다.

"조류가 고금을 왔다갔다하고 바다는 서쪽으로 이어지나 수많은 봉우리로 막혀 있네.(潮來潮去幾今古, 大海西連數峰隔)!"(李滉) 지리적 편의 때문에 한국은 가장 일찍 한자문화권에 진입한 나라이며 중국문화의 전통이 가장 완전하게 보존된 국가이기도 하다. 한자는 역사적으로 일찍이 한국의 통용 문자였으며 이러한 과정은 천 여 년 동안 계속되었다. 한국어와 중국어는 비록 다른 언어 유형에 속하지만 어휘에 있어서는 오히려 뗄 수 없는 밀접한 혈연관계가 있다. 대량의 한자어는 고대의 문화 정보를 담고 있을 뿐 아니라 체계성이 강한 고대 독음을 보존하고 있다. 이 때문에 한국어 속의 한자어는 중국어 어음사漢語語音史와 어휘사詞彙史 연구에 중요한 언어 자료가 되었다. 그러므로 한국어 속의 한자어는 높은 학술적 가치를 가진다. 일반적으로 다른 민족의 언어들 간의 상호 차용은 대부분 동일한 언어 유형의 언어 간에 발생하며 차용된 단어는 어휘 중에서 비교적 작은 비중을 차지한다. 그러나 한국어는 다른 언어 유형에 속한 중국어 속에서 대량의 한자어를 흡수하였다. 한국어 속의 한자어는 규모의 방대함과 사용 시기의 장구함 면에서 놀라울 정도이다. 언어 유형의 측면에서 보면 중국어는 고립어Isolating language이고, 한국어는 교착어Agglutinating language이다. 단어 구조의 측면에서 보면 중국어는 복합구조 위주이고, 한국어 고유어는 파생구조 위주이다. 이렇게 현저히 다른 언어 환경 속에서 한국어의 어휘체계는 엄청난 수량의 한자어를 받아들였고 게다가 한민족 언어의 어음형식·문법형식과 자연스럽고 완벽하게 결합하였다. 이러한 현상은 그 자체로 전형적인 의의를 가진다. 모두가 알다시피 차용어의 발생은 반드시 그 나라 민족 언어 규율의 제약을 받는다. 그러나 한자어는 형식상에서 개조를 거치지 않고 한국어에 들어가 깊이 뿌리를 내렸다. 이는 본인으로 하여금 민족 언어의 외래성분 수용 능력을 다시 인식하게 하였으며 본인이 한국어의 한자어를 연구 대상으로 선택한 중요한 원인이기도 하다.

본 연구의 학술적 의의는 아래의 몇 가지로 말 할 수 있다.

첫째, 한·중 양국 문화 교류와 언어 유입의 관계를 깊이 연구 토론하였다. 한국어 속의 한자어는 문화 교류의 매개일 뿐 아니라 언어 유입의 결과물이다. 깊고 세밀한 고찰과 연구를 통해 한자어의 다른 문화 배경 속에서의 생존 상태를 드러내 보일 수 있다. 이를 통해 한국어 속 한자어의 기본 유형 및 한자어의 다른 언어 환경에서의 변이를 귀납한다.

둘째, 어휘학의 기본 이론을 더 깊이 검증하여 한층 더 풍부하게 하며, 방법론에 있어 어느 정도 새로운 방법을 제시하였다. 비교언어학에서 어휘의 비교는 줄곧 취약한 부분이었다. 본 과제의 연구는 차용어이론, 예를 들어 차용어의 이식과 변이·차용어의 파생과정·차용어와 언어 환경의 관계 등의 방면에 모두 새로운 발견이 있을 것이므로 어휘학이론을 풍부하게 할 것이다.

셋째, 한국인의 언어문화심리를 전반적으로 살펴보고 이해하여, 더욱 전면적이고 깊은 문화 교류의 통로를 열었다. 한·중 양국은 장기간 문화를 교류하였고 한국인은 한자어를 전면적으로 받아들였기 때문에 점차 중국인과 유사한 한자 문화 양식과 언어 심미 취향을 형성했다. 언어에서 개념을 표현하는 단어는 특히 문화적으로 자아 표현의 역량을 가진다. 이것은 그것이 만들어 질 때 이미 획득된 것이다. 다른 언어에 의해 주체적으로 차용되었을 때 비록 의미의 변화가 발생한다고 하더라도 그 속의 문화 인자에 따라 여전히 거대한 감염 작용을 발휘하여 차용자의 사유와 심리에 영향을 끼친다. 이러한 의미에서 말하자면 한민족이 대량의 한자어를 사용할 때 이미 '내가 말하고 있는 것'이 아니라 '말이 나를 말하고 있는 것'이다.

넷째, 한국어의 유형 특징과 그 형성 과정을 고찰하여 한국어의 어계를 확정하는데 있어 사고의 방향을 제시하였다. 한국어가 어떤 언어 유형에 속하는가는 줄곧 정설이 형성되지 않았는데 이는 유형언어학의 완비에 영향을 끼쳤다. 학계에서 교착어는 굴절어와 고립어의 중간에 위치한 언어유형이라 여긴다. 그러나 우리는 한자어를 대량으로 흡수한 모든 국가, 즉 고립어(베트남어 같은)든 교착어(일본어·한국어와 같은)든 모두 굴절어로 변화·발전하지 않는다는 하나의 재미있는 사실을 발견했다. 이것은 한자어가 교착어 유형의 형성에 중요한 의의를 가진다는 것을 설명한다. 왜냐하면 교착어의 중요한 특징은 주로 어근에 접사를 덧붙여 문법 의미를 표시하는 것이기 때문이다. 어근이 없으면 접사를 덧붙일 수 없기 때문에 한자어는 줄곧 어근의 역할을 담당해 왔다. 한국어는 중국 문화의 장기적 영향과 중국어의 깊은 영향으로 인해, 어음·어휘·문법·문자 등 많은 요소에 중국어의 흔적이 남지 않을 수 없었다. 이는 필연적으로 유형의 특징을 형성하는데 중요한 의의를 가진다. 한국 한자어에 대한 연구를 통해 우리는 한국어에 표현되는 유형적 특징을 정리할 것이며 최종적으로 한국어 어계를 확정하는데 하나의 새로운 사고의 방향을 제공할 것 이다.

1. 한반도와 한자문화권

한반도韓半島는 한자문화권에서 중요한 지역이며 중국문화의 전파와 한자문화권의 형성 방면에서 중요한 작용을 한다. 왕력王力은 "한족의 문화가 뛰어났기 때문에 중국어는 진한秦漢이후부터 점차 외국, 특히 일본·한국·베트남에 전해졌다. 일본어·한국어·베트남어는 모두 중국어의 큰 영향을 받았으며 중국어에서 다량의 단어를 흡수하여 그들 자신의 어휘에 구성부분이 되게 하였다."[5]고 지적했다.

한자는 한자문화권의 연결고리로 일본·한국·베트남에서 모두 장기간 통용문자의 역할을 담당한 적이 있다. 비록 이후 각 나라들이 자신의 문자를 창제하였지만 여전히 '언문'·'가나'·'쯔놈(속자라는 의미)' 등으로 겸손하게 일컬어, 한자의 확고한 권위를 표명하였다.

5)《漢語史稿》p.597, 중화서국, 1980년.

근대 이후 베트남과 북한은 한자를 폐지했고, 일본과 한국 역시 한자를 제한하여 사용했다. 그러나 그 언어들 속에는 한자를 사용하여 기록한 단어들이 여전히 보존되어 있다. 이것이 바로 한자어가 여전히 한자문화권의 존재를 유지하고 있다는 것을 보여준다. 그러면 한자문화권은 어떻게 형성된 것인가? 한반도는 한자문화권에서 또한 어떠한 지위를 차지하는가? 이것이 우리가 먼저 토론해야 할 문제이다.

중국과 일본은 좁은 바다를 사이에 두고 있는 이웃 나라이다. 신석기 시대부터 일본 문화는 대륙 문화의 영향 하에서 끊임없이 발전하였다. 일본관계사에는 서복徐福이 일본으로 건너갔다는 전설이 있다. 그러나 전설은 전설일 뿐이다. 《사기史記》·《한서漢書》·《후한서後漢書》·《삼국지三國志》 등 중국 사적에 서복이 일본으로 건너간 기록이 있으나 '지왕止王'의 땅이 일본이라는 것은 아직 명확하지 않다. 남아 있는 근거를 토대로 조사한 바에 의하면 중·일 간 인적 교류는 한漢 광무제 건무중원 2년(57)보다는 늦지 않음을 알 수 있다. 《후한서·동이전東夷傳》에 기록된 바에 의하면 그 해 "왜로국이 공물을 받들어서 조하(궁중에서 거행되었던 신년하례)를 하고 사신은 스스로를 대부라 칭하며 나라는 왜국의 끝을 남쪽 경계로 한다고 했다. 광무제는 인을 하사했다(倭奴國奉貢朝賀, 使人自稱大夫, 倭國之極南界也. 光武賜以印綬)"고 한다. 소전체로 '한왜노국왕漢委奴國王'이라 조각된 금인이 1784년 일본 사가佐賀현에서 발견되었다. 이를 근거로 일본인이 한자를 접촉한 것도 이 시기부터 시작되었음을 추정할 수 있다.

문화의 후진성으로 인해 일본은 한자가 더욱 절박하게 필요했다. 문자의 창제는 문화의 뒷받침을 필요로 한다. 나라가 처음 세워지고 갖가지 법률·제도를 확립하는 과정에서 하나의 문자 계통을 창제하는 것은 절대로 하루아침에 할 수 없는 것이다. 가장 간편하고 빠른 방법은 기존의 한자를 채택하는 것이다. 일반적으로 하나의 새로운 낯선 문자 체계를 파악하고, 더 나아가 그 문자 체계를 보급하여 공식적으로 사용하게 되려면 인적 교류만으로는 부족하다. 반드시 한자를 매개체로 하는 중국 서적을 대규모로 받아들이고 학습해야 한다. 일본은 이러한 일을 담당할 문화 사자文化使者를 찾고 있었는데 당시 한반도에서 한 명의 백제인이 초청에 응했다. 712년에 쓰여진 일본《고사기古事記》에 기록된 바에 의하면 "또 백제국에 현인이 있으면 보내라고 했다. 고로 명을 받고 보낸 인물이 화이길사(왕인이라는 일설이 있다)이다. 논어 열 권, 천자문 한 권, 모두 열한 권을 이 인물 편에 바쳤다.(又科賜百濟國, 若有賢人者貢上, 故受命以貢賢上人, 名和邇(一說卽王仁)吉師. 卽《論語》十卷,《千字文》一卷, 幷十一卷, 付是人卽貢進.)" 720년에 쓰여진《일본서기日本書紀》에 기록된 바에 의하면 "(오진[應神]천황)16년(285) 봄 2월, 왕인이 와서 태자 우치노와 키이로츠코菟道稚郎子의 스승이 되었다. 여러 전적을 왕인에게 배우고 통달하지 않은 것이 없었다. 그러므로 왕인이라는 자는 후미노오비토書首(문인직(文人職)의 시조)의 시조이다((應神天皇)十六年(285) 春二月, 王仁來之, 則太子菟道稚郎子師之, 習諸典籍於王仁, 莫不通達. 故所謂王仁者, 是書首之始祖也)" 두 전적의 기록은 비록 문자 상으로 다르나 한적 계통의 경전이 한반도에서 일본 열도로 유입된 것은 일치한다. 751년에 쓰여진《회풍조懷風藻》서문 중에서도 왕인을 언급한다. "왕인이 처음으로 가루시마輕島에서 사람들을 계몽하기 시작했으며 신지辰爾왕이 야쿠타譯田(일본 비다쓰敏達 천황의 도읍)에서 교육했다. 공자의 학풍은 점차 퍼져 나가게 되었고, 사람들은 공자의 학문을 향하게 했다(王仁始導蒙於輕島, 辰爾終敷教於譯田. 遂使俗漸洙泗之風, 人趨齊魯之學)" 유입된 한적은 일본인들에게 중국어·한자를 배우는 독본이 되었고 자연히 중국문화를 받아들이는 발걸음이 빨라졌다. 6세기 중국에 전해진 불교 경전이 한반도에서 일본으로 유입되어 신속히 일본에 널리 퍼졌다. 만약 한적의 유입이 일본인으로 하여금 전면적으로 한자를 이해하고 파악하게 했다면 불경의 광범위한 전파는 한자를 더 많이 보급하고 지식층을 확대하였다고 볼 수 있다. 한자가 일본에 유입된 후 한문은 일본의 정식 관방 문체가 되었다. 예를 들어 478년 왜왕 무武가 송순제宋順帝에게 올린 상소문 및 596년 여도후온탕비予道後溫湯碑의 명문, 모두 일본어 내용을 순수 한문 형식으로 전환한 것이다. 한자 문화의 광범위한 보급에 따라 한자의 표기 기능은 점차 극치의 경지로 발전하여 어휘 속의 핵심층 즉 고유 명칭을 직접 표기하는데 사용되었다. 7세기부터 일본은 전면적으로 중국의 전장 제도를 끌어와 천황의 연호·시호·인명·지명 등 가장 민족성이 강한 단어를 잇달아 중국화했다. 일본의 가장 빠른 연호는 '다이카大化'(645~650)로 출처는 《여씨춘추呂氏春秋·대락大樂》이다. 그 후 출현한 연호는 '다이호大寶'·'게이운慶雲'·'칸나寬和'·'에이소永祚'·'텐난天安'·'조토쿠長德'·'메이지明治' 등이며 지금까지 일본은 여전히 동남아에서 유일하게 한자 연호를 사용하는 국가이다. 천황의 시호는 8세기부터 출현하기 시작했다. 오미노 미후네淡海三船(722~785)는 명을 받아 중국을 모방하여 일본 천황의 시호를 만들었다. 제 1대 천황의 시호는 '진무神武'라 했고, 그 후는 '스이제이綏靖'·'안네이安寧'·'이토쿠懿德'·'고켄孝謙'·'준닌淳仁'·'쇼토쿠稱德'로 오미노淡海가 속한 시대 '고닌光仁'까지 이르렀다. 일본의 연호·시호는 모두 중국 고대 전적에서 취한 것으로 유가문화에 대한 존중을 나타냈다. 나라詩良시대부터 일본의 인명은 이미 한자를 사용하기 시작했다. 초기의 인명은 대부분 동물 명칭을 사용하거나 다른 글자를 배합했다. 헤이안平安시대의 인명은 '문예를 숭상하기 시작하여始尙文焉', 한자의 함의를 아름답게 하는 것을 중시하기 시작했다. 이렇게 이름을 짓는 전통은 가마쿠라鎌倉시대에도 지속되어 두 글자 복명의 체재를 확립하였다. 지명의 표기는 가장 먼저 한자 표기음 방식을 차용하였다. 예를 들어 '오시사카意柴沙加'·'기키시마斯歸四麻' 등이 있다. 후에 한자 문화의 영향을 받아 일본인은 한자의 함의를 중시하기 시작하여 의식적으로 지명에 사용되는 한자를 선별했다. 《속일본기續日本記》에 기록된 바에 따르면 "모든 나라와 군의 이름은 두 자를 병용해서 쓰며 반드시 아름다운 이름으로 취해야 한다(凡諸國郡內·郡里等名, 併用二字, 必取嘉名)"라 했다. 의미와 무관한 음독 가나를 더 이상 사용하지 않고, 함의가 아름다운 한자로 바꿔 사용하였으나 독음은 여전히 훈독으로 읽었다. 한자 문화는 일본 문화에 깊숙이 침투했다. 한자가 정보를 전달하는 과정 중에 이미 의심할 여지 없는 권위성 즉 '문자적 명망'(소쉬르Ferdinand de Saussure)을 부여 받았음을 나타낸다.

한자의 보급으로 일본인들은 문자의 표기 거능을 인식하게 되었고, 그들은 한자를 사용하여 자기 민족의 언어를 기록하려고 시도했다. 사실상 이는 한자 표기 기능의 확대와 발전이다. 일본학자 키로야스히코木宮泰彦는 중국어·한자가 "일본 언어의 내용을 더 깊이 있게 했고 일본 국민의 사상을 풍부하게 했다"고 여긴다. 이는 언어 문자는 깊고 두터운 문화를 그 내용으로 하고 있기 때문이다. 하나의 언어·하나의 문자를 전면적으로 받아들이려면 문자 속에 담긴 사상과 문화 또한 전면적으로 받아들여야 한다. 일본인이 한문·한자의 기능을 파악하고 더 나아가 한자를 사용해 기록하고 자신의 언어와 사상을 표현할 때 우리는 일본이 이미 한자문화권의 구성원이 되었다고 여긴다. 그러나 한자는 결국 외부에서 온 문화자원이다. 한자의 자수는 아주 많으나 일본어는 단지 47개의 음 밖에 없다. 동시에 한자로 고립어에 속하는 중국어를 기록할 때는 자유자재로 할 수 있으나, 교착어에 속하는 일본어를 기록할 때는 융통성이 없다. 게다가 자신들의 문자를 창제하는 것을 항상 동경하게 되었다. 일본인은 8세기 말 헤이안시대 초, '만요가나'의 기초에서 한자 초서를 이용하여 '히라가나'(평이하고 통속적인 글자라는 의미)를 창제했다. 12세기 인세이시대에 한자의 '글자 생략'에서 근원한 '가타카나'(불완전한 글자라는 의미)가 만들어졌다. 일본인은 한자의 표의적 성질을 표음적 성질로 바꾸어 한자 독음의 도움을 받았고, 한자의 기능을 교묘하게 차용하여 한자의 독음을 조용히 흔적 없이 일본어의 어음 체계에 녹아들게 했다. 그로부터 '가나'는 일본 문자 체계에 진입하였고, 이러한 기초 상에서 점차 한자·가나 혼용의 작문문체가 형성되었다.

가나의 발명과 사용으로 인해 일본인으로 하여금 한자에 대한 애정이 사라지지는 않았다. 그들은 근대에 서양 학문을 도입할 때 대량의 한자어를 창조했을 뿐만 아니라, 한자문화권 국가 중 일본만이 현재도 여전히 대량의 한자 서면 문체를 사용하고 있다. 또한 한자어의 존재 때문에 일본어의 텍스트는 단어 사이에 간격이 필요 없게 되었다. 이 때문에 일본의 지식 계층과 일반인들이 모두 한자를 사용하지 않으면 어떤 결과가 초래될지 상상조차도 할 수 없게 되었다.

베트남은 중국과 인접한 이웃 국가이다. 양국 간의 교류는 적어도 이천 년 이상이다. 《사기史記·남월위타전南越尉佗傳》에 기록된 바에 의하면 "진나라 때 천하를 이미 아울러 양월을 공약해 평정하여 계림, 남해, 상군을 설치하여 죄수 등 백성을 이주시켜 13여년을 월나라 인들과 섞여 살게 했다.(秦時已竝天下, 略定揚越, 置桂林·南海·象郡, 以謫徙民, 與越雜處十三歲)" 진秦나라 말, 남해군위南海郡尉 조타趙佗는 혼란한 틈을 타 계림·상군을 공격하여 병합하고 스스로 왕이 되어 남월국南越國을 세워 중국 남방의 한 지역을 할거하고 정권을 잡았다. 기원전 111년 남월국을 멸하고 교지交趾를 기지로 아홉 군을 나누어 지금의 베트남 북부와 중부 지역에 대해 효과적인 관리를 하기 시작했다. 바로 이때 중국어와 한자가 베트남으로 전파되기 시작했다. 《후한서·남만서남이전南蠻西南夷傳》에 기록된 바에 의하면 "교지의 통치관이 통치하는 구역에는 군현이 배치되어 있었으나 서로 말이 달라 통역을 거쳐야 통할 수 있었다. ……후에 여러 차례 중국 죄수를 보내와 그들을 그 지역에 섞여 거주하게 하였고 거주민들은 그 언어를 배워 예를 갖추게 되었다(凡交趾所統, 雖置郡縣, 而言語各異, 重譯乃通.……後頗徙中國罪人, 使雜居其間, 乃稍知言語, 漸見禮化.)" 동한 때까지 한족 정권의 직접 관할과 중원으로부터의 이민의 대량 유입 때문에 중국어와 한자는 더욱 더 보편화 되었고 베트남어에서 대량으로 한자어를 흡수한 것이 바로 이때부터 시작되었다는 것을 알 수 있다. 특히 반드시 지적해야 할 것은 동한 후기 교지交趾의 태수 사섭士燮은 현지에 학교를 설립하여 사서오경·제자백가를 베트남 사람들에게 가르쳐 중국어와 한자가 중국문화 전파와 중국·베트남 두 민족이 소통하는데 중요한 도구가 되게 하였다. 동한 말기 삼국이 격렬히 전쟁을 하고 중원이 혼란하여 많은 문인 명사들이 교지로 피난을 왔다. 예를 들어 유희劉熙·설종薛綜 등이 있다. 그들은 중국어와 한자의 보급을 더욱 발전시켜, 한 편으로는 제자를 받아 학교를 설립하고 한 편으로는 글을 지어 이론을 내세웠다. 중국어와 한자가 교실에 유입되었을 때 중국문화는 이미 베트남 민족 문화의 혈맥에 스며들었다.

수隋·당唐시기 중국 봉건 왕조는 교지에서 과거를 시행하고 광범위하게 인재를 망라하였다. 《신당서新唐書·강공보전姜公輔傳》에 기록된 바에 의하면 일남日南(지금의 베트남 중부)사람인 강공보姜公輔는 한학에 정통하고 뛰어난 재능을 지녀 진사에 합격한 후 한림학사翰林學士·우습유右拾遺를 역임했다. 이 때 교지지역에는 두 가지 언어 즉 중국어와 베트남어가 통용되었다. 그러나 문자는 한자 한 가지만 통용되었다. 일부 학자들의 통계에 의하면 베트남어 속의 한자어의 대부분이 이 시기에 유입되었으며 그 발음은 당음唐音(장안음)이며, 《절운切韻》과 대응 관계가 있다. 왕력은 이러한 한자를 '한월어漢越語'라고 칭한다.

13세기 초엽의 이조시대, 베트남에는 한자를 조자 재료로 하고 한월음을 독음으로 하는, 베트남어의 한자를 기록하는데 사용되는 '쯔놈'(또는 '놈쯔')가 출현했다. '쯔놈'의 뜻은 '속자'이다. 이것은 '유학의 글자[한자]'에 상대되는 말이다. 이는 일본이 자신이 만든 문자를 '가나假名(가짜 글자)'라 하고 한자를 '신나眞名(진짜 글자)'라 하는 것과 같이 결코 한자를 대신하려는 것이 아니라 단지 본 민족의 언어를 기록할 때 부족한 부분을 보완하는 일종의 보조 도구이다. 그래서 쯔놈은 시종일관 한자를 대신하여 국가의 정식문자가 될 수 없었다. 한자의 쇠락은 19세기부터 시작됐다. 당시 프랑스 제국주의자의 침입으로 베트남의 봉건체제와 한학을 기초로 하는 전통문화가 치명적인 충격을 받았다. 이 때 베트남에는 3가지 언어 즉 베트남어·중국어·프랑스어가 통용되었다. 한자는 여전히 유통되고 있었지만 이미 퇴락하게 되었고 17세기 초 서양 전도사가 창제한 라틴어화된 병음문자인 '쯔꾹응으國語字'가 크게 사용되기 시작했다. 1945년 8월 베트남 민주공화국이 성립되었고 쯔꾹응으가 국가통용문자로 선포되었으며 한자는 최종적으로 베트남의 구어에서 서면어로 퇴출되었다.

한반도와 중국은 산과 물이 인접한 이웃 국가로 두 지역 간의 교류는 예전부터 지속되었다. 한국 학계는 비록 아직 완전히 '기자조선箕子朝鮮'의 전설을 인정하지 않지만 양국의 문화교류는 춘추전국시대로 거슬러 올라갈 수 있다. 이는 이미 의심의 여지가 없는 역사적 사실이다. 중국문화가 각종 형식과 각종 경로를 통해 한반도에 영향을 끼쳤기 때문에 한반도는 화하문화華夏文化 정신에 더욱 근접하다. 《한서漢書·지리지地理志》에 이르기를 "동이족은 천성이 유순하고,

삼방의 다른 족속들과는 다르다, 그래서 공자는 도가 행해지지 않음을 슬퍼하여 뗏목을 바다에 띄워, 구이에 살고자 함은 까닭이 있었으니 그렇지 않겠는가(東夷天性柔順, 異於三方之外, 故孔子悼道不行, 設桴於海, 欲居九夷, 有以也夫.)" 여기서 말하는 '동이'는 통상적으로 중국 동부의 황·발해지역과 한반도를 가리킨다.

한자가 정식으로 유입된 시기는 정확하게 고증하기 어려우나 일반적으로 기원전 2·3세기 전국시대로 추정된다. 조선 북부에서 대량의 중국 전국시대 화폐가 출토되었는데 모두 3,000여개의 다른 형체의 한자가 주조되어 있었기 때문이다. 1세기 한반도는 이미 지명과 국명을 기록하는 한자 '취음어取音語'가 출현했다. 예를 들어 개마산중蓋馬山中의 '蓋馬' 두 글자는 바로 한국어의 음을 기록한 글자이다. 삼한시대의 '마한馬韓'·'진한辰韓'·'변한弁韓' 또한 모두 한자 취음자다. 그 중 '馬'는 '남쪽'이라는 뜻, '辰'은 '동쪽'이라는 뜻, '弁'은 '광명'이라는 뜻이고 '韓'은 '크다'는 뜻을 가지고 있다. 신라 건국 초기에는 문자가 없었다. 《양서梁書·제이전諸夷傳》에 신라는 "문자는 없고 나무에 새겨서 약속 한다.(無文字, 刻木爲信)"고 기록되어 있으나 아주 빠르게 한자를 도입했으며 한자를 차용하여 국호와 관직 명칭을 바꾸었다. 6세기 전 한반도에는 한자가 유입되었을 뿐 아니라 이미 한자를 사용해 한국어음을 표기하기 시작했다. 한국 학자들은 보편적으로 한자·한문의 정식 유입시기는 위만조선이 건립된 기원전 195년 전후라고 여긴다. 한사군漢四郡의 설립 및 한민족의 한반도에 계획적 이민에 따라 한자·한문은 점차 한반도에 보급되었다. 한무제는 낙랑樂浪·진번眞番·현도玄菟·임둔臨屯 사군을 설립하여 한반도 서북부에 대해 효과적인 관리를 실시하기 시작했다. 정령政令이 정확하게 이행되기 위해 반드시 한문·한자의 권위적 지위를 확립해야 했다. 그래서 이 시기의 한자가 통용문자 즉 관방문자가 되었을 가능성이 있다.

지리적 이점과 함께 중국 문화를 도입하는데 전력을 기울여 한적을 계속해서 반도에 도입했기 때문에 엄청난 문화 자원이 되었다. 고구려시대부터 시작해《옥편玉篇》·《자통字統》·《자림字林》 등은 이미 귀족자제들의 기본 교재였고 통치 계층의 한자·한문 수준은 이미 상당히 높은 정도에 달했으니 길림성吉林省 집안시集安市에 있는 호태왕비好太王碑(광개토대왕비라고도 한다)가 확실한 증거이다. 이후 한반도의 통치자는 '사대모화事大慕華'의 기본 국책을 신봉했고 더 나아가 한자·한문의 권위적 지위를 다졌다. 한자가 민간에 보급된 진정한 원인은 중국에 전해진 불교가 한반도에 전파되었기 때문이다. 일찍이 동진東晉시기에 불교는 이미 고구려에 들어왔고 당나라의 불교는 이미 중국의 전통문화와 융합되어 점차 중국적 특색을 지닌 선종이 생겨났다. 신라에 들어온 불교는 이미 분명한 중국 전통문화 특색을 지니고 있었으며 통일신라의 주된 의식 형태가 되었다. 고려왕조의 개국 군왕 왕건부터 역대 제왕들 모두 불교를 독실히 믿었다. 그리하여 중국에서 들어온 불경이 널리 분포하게 되었으며 불교신도가 한반도에 널리 퍼지게 되었다. 현재 한국 해인사에 소장된《팔만대장경八萬大藏經》이 바로 당시 독경·송경의 갈구를 만족시키기 위해 만들어진 것이다. 한자는 불경의 전파에 따라 한반도의 곳곳에서 사용되었다.

바로 이러한 역사적 배경 하에서 한자는 한반도 통치자가 통치에 사용한 문화적 도구가 되었을 뿐만 아니라, 점차 일반 백성들의 일상생활에서도 빠지면 안 되는 교제 수단이 되었다. 그래서 대량의 한자어가 서면에서 구두로 진입했으며 점차 한국어 속으로 융합되었다. 그 중 일부 한자어는 심지어 한국어의 고유어를 대신했으니 한자어는 한국어 어휘 가운데서 강력한 지위를 형성했다. 동시에 한글이 아직 만들어지지 않았으므로 한자는 또한 점차 어음을 기록하는 부호가 되었다. 그러나 중국어와 한국어는 두 가지 다른 유형의 언어로, 중국어를 기록하는데 있어 자유자재인 한자가 한국어를 기록할 때는 오히려 종종 뜻대로 되지 않았다. 한국어 가운데 어미변화 및 각종 조사 표지는 단음절의 표의한자가 감당할 수 있는 것이 아니다. 언어와 문자가 서로 통일되지 않는 모순을 해결하기 위해 한반도의 일부 학자, 예를 들어 설총 등은 '이두'·'구결' 등의 표기 방식을 발명했다. 그러나 근본적인 문제를 해결하지 못하고 오히려 한자 때문에 표음을 소홀히 하거나 표의를 소홀히 하여 서로 엉켜 혼란스럽고 복잡하게 되었다. 그래서 조선시대 세종대왕(1419~1450 재위)은 단호하게 결단을 내려 집현전 학자 정인지鄭麟趾·신숙주申叔舟·성삼문成三問·최항崔恒 등을 모아 《훈민정음訓民正音》(1444)을 집필하고 한민족 자신의 문자-한글을 창제했다. 한글은 일종의 병음문자로 11개의 모음과 17개의 자음 모두 28개의 자모이다. 비록 한글과 표의적 한자의 성질은 다르지만 어음의 표현 및 자형의 구조상에서는 여전히 한자의 영향을 받았다.

한글의 창제는 하층민의 환영을 받았고 일부 민간 창작에서 한글을 사용하기 시작했으나 상류사회와 사대부들은 한글을 인정하지 않고 여전히 계속해서 한자·한문을 사용했다. 아주 오랜 기간 동안 관부의 정식문서와 문인의 각종 창작들은 여전히 한자·한문으로 이루어졌으므로 한반도에는 두 종류의 문자와 두 종류의 문체가 출현했다. 하나는 아雅문화를 대표하는 한자와 한문체이고, 하나는 속俗문화를 대표하는 한글과 국문체이다. 19세기 말에 이르러서야 비로소 저명한 개화학자 유길준兪吉濬이 처음으로 창제한 국한혼용문체가 출현했다.

한자문화권의 기타 국가와 비교하면 한국의 한자문화는 아래의 몇 가지 특징을 나타낸다.

첫째, 한국은 한자문화를 가장 일찍 흡수하였고, 한자 사용의 역사 또한 가장 길다. 한반도·일본열도와 중남반도는 모두 기원전·후에 전면적으로 중국문화를 받아들였는데 이는 당시 중국이 강성한 시기였고 중국문화는 강력한 전파력을 가지고 있었기 때문이다. 한반도와 중국 대륙은 산과 물이 서로 연결된 인접국이기 때문에 중국문화의 동쪽 전파에 매우 편리한 조건을 제공했다. 그리하여 한반도는 가장 먼저 한자문화를 받아들였을 뿐만 아니라 '가교'가 되어 한자문화를 일본 열도에 전파했다. 또한 일본은 8세기에 '가나'를 창제했고 베트남은 13세기에 '쯔놈'을 창제했으나 한국은 15세기 중엽 정도에 비로소 '한글'을 창제했다. 게다가 '한글'의 창제 이후에도 한자의 세력은 조금도 줄지 않았고 19세기 말기에 가서야 비로소 한자 사용이 쇠퇴하는 경향을 나타냈다.

둘째, 한국어의 한자어는 수가 많을 뿐만 아니라 독음 계통성도 아주 강하게 나타난다. 한국의 한자어가 많을 때는 80% 이상에 달했고 지금도 여전히 60% 정도를 차지하고 있다. 이는 한자문화권의 기타 국가들에 비해 한자어의 수가 월등히 많은 것이다. 또한 한국의 한자어는 계통성이 강하고 한자 고유의 음과 뜻을 많이 보존하고 있다. 특히 자음子音은 중국어의 원음原音과 아주 가깝다. 설령 음이 변하더라도 강한 대응규칙이 있기 때문에 하나의 한자는 대부분 하나의 독음을 가진다. 일본어 중의 한자어의 발음은 유입시기와 유입지역이 다르기 때문에 오吳음·한漢음·당唐음의 구분이 있으며 일부 단어는 음독·훈독의 차이가 있어 비교적 복잡하다. 베트남에도 일본과 유사한 상황으로 한자의 독음이 한월漢越음·고한월古漢越음·베트남화된 중국어漢語음이 존재하여, 하나의 한자가 한 가지 이상의 독음을 가질 수도 있는 상황이 존재한다. 베트남어 중의 한자어는 실제로 두 종류의 독음 체계를 근원으로 한다. 하나는 한나라 때 유입된 상고上古독음 체계이고, 또 하나는 당나라 때 유입된 중고中古독음 체계이다.

셋째, 한국어 한자어 가운데는 상당한 양의 중국어 백화어가 있다. 지리적 편리 때문에 한·중 양국의 구어 교류는 한자문화권의 기타 국가에 비해 빈번하고 오래되었다. 그래서 많은 백화어가 한국어의 단어 속에 진입하였다. 예를 들어 '자장면'·'모자'·'악수'·'박수' 등이 있다.

소쉬르는 언어의 부호성은 현재 단어의 부호 성질에서 체현되며 어떠한 부호라도 '능지能指'와 '소지所指'[6]의 이중적 특징을 가지고 있다고 여겼다. 표의성은 부호의 기능이며 또한 부호의 영혼이다. 그러나 부호는 일정한 의미를 나타낼 때 우연히 말하는 것이 아니라 부호를 사용하는 사람이 약속하여 정한 것이다.[7] 언어의 지칭 내용은 사람의 문화에 의해 결정된다. 다른 민족에게는 각기 다른 언어가 존재하나, 언어를 기록하는 부호인 문자는 오히려 언어와는 두 가지 다른 개념이다. 언어는 일종의 자연현상이며 자연적으로 습득할 수 있으나, 문자는 일종의 문화현상으로 반드시 훈련을 통해서야 비로소 숙달될 수 있다. 어떠한 부호를 채용해서 언어를 기록하느냐는 언어에 의해서만 결정되는 것이 아니라 그 속에는 문화적 요소가 섞여 있다. 그래서 하나의 언어가 다른 문자를 채용해 표현될 수 있고 하나의 문자가 또한 다른 언어를 채용해 표현될 수 있다. 단어를 표기하는 부호인 한자는 중국어문법의 규칙에 따라 조합될 때 비로소 중국어가 된다. 한자는 맨 처음 중국어를 기록하기 위해 생겨난 것으로 음音·형形·의義 세 요소를 가지고 있으며 아주 강한 적응 능력을 가

6) 능지는 부호의 물질형식 즉 음성과 형상 두 부분으로 구성된 것을 가리킨다. 이러한 음성-형상은 사회적 약속에 의해 분배되고 모종의 개념과 관계가 발생하여 사용자 간에 모종의 개념의 연상을 일으킬 수 있다. 이러한 개념이 소지이다. 능지와 소지간의 관계는 자유 선택이나 그것을 사용하는 언어사회에 있어서는 또한 강제적이다. - 옮긴이

7) 《普通語言學教程》제1편 제1장 "언어부호의 성질" 참조, 상무인서관, 1980년.

지고 있다. 단어는 음과 뜻의 결합체이나 형태는 단지 부호의 기록 형식으로 한자 기록 기능의 표현은 반드시 한자어가 절대 우세를 차지한 기초 위에서 건립되어야 한다. 한자어가 소실되지만 않는다면 한자의 작용은 대체할 방법이 없다. 또 한 가지 지적해야 할 것은 한자는 중국문화의 산물로 중국문화의 강한 영향 하에서 중국과 일본·한국·베트남 등의 국가는 하나의 긴밀한 문화공동체를 결성했다는 것이다. 서로 같은 문화배경 하에서 하나의 넓은 한자문화권을 구축할 수 있다.

2. 한자의 응용과 한자 문체의 변천

문화의 해외 전파는 항상 가까운 곳에서 먼 곳으로, 얕은 곳에서 깊은 곳으로 이루어지나 언어문자는 일반적으로 이민족과의 교류 초기 단계에 이미 문화의 전파가 개입되어 있다. 한·중 양국 간의 문화교류는 역사가 유구하다. 중국학자들은 상나라 말·주나라 초까지 거슬러 올라갈 수 있다고 본다. 그러므로 한반도의 선민들이 중국어·한자를 접촉한 시기는 기원전 11세기보다 늦지 않을 것이다. 가장 먼저 한반도에 들어 온 중원 이민자는 기자箕子일행이다. '기자가 조선으로 갔다'는 사실史實은 중국 고대 문헌에 많이 기록되어 있다. 《상서대전尙書大傳》에 기록된 바에 의하면 "(주)무왕은 은나라에 승리하자 공자 녹부에 이어(녹부는 은나라의 마지막 왕인 주왕의 아들이다.) 기자를 석방하였으나 기자는 주나라의 석방을 견디지 못하고 조선으로 갔다. 무왕은 이를 듣고 조선의 왕으로 봉했다((周)武王勝殷, 繼公子祿父, 釋箕子之囚, 箕子不忍周之釋, 走之朝鮮. 武王聞之, 因以朝鮮封之.)" 《한서·지리지》에 의하면 "은나라의 도가 쇠퇴하자, 기자가 조선으로 가서 그 백성에게 예와 의, 농사와 양잠, 길쌈을 가르쳤다. 낙랑의 조선 백성들이 8가지 조항을 범하면 응당의 벌을 받았다. 즉 서로 죽이면 즉시 사형에 처하고, 서로 상하게 하면 곡식으로써 배상하며, 도둑질한 자는 남자는 집의 노예로 삼고, 여자는 노비로 삼되, 면죄 받고자 하면 1인당 50만전을 내야 했다. 그들의 노비 신분이 면해져도 사람들은 여전히 그들을 업신여겼으며 그들과 결혼하려 하지 않았다(殷道衰, 箕子去之朝鮮, 教其民以禮義·田蠶·織作. 樂浪·朝鮮民犯禁八條；相殺, 以當時償；殺相傷, 以穀償；相盜者, 男沒入爲其家奴, 女子爲婢, 欲自贖者人五十萬. 歲免爲民, 俗猶羞之, 嫁娶無所讐)" 다른 나라를 이렇게 다스릴 수 있다는 것은 정말 대단한 일이다. 유사한 전설은 한국사 책 중에도 있다. 예를 들어 《삼국사기三國史記·연표상年表上》에 의하면 "해동에 국가가 있은 지 오래되었는데 기자가 주황실로부터 봉함을 받았고 위만이 한나라 초에 분수에 넘치게 스스로를 임금이라 일컫었다. 연대가 요원하며 문자가 소홀하니 상서롭지 아니했다(海東有國家久矣, 自箕子受封於周室, 衛滿僭號於漢初, 年代邈邈, 文字疏略, 固莫得而詳焉)" 기자는 상나라 걸왕의 숙부로 관직이 태사였다. 걸왕이 무도하여 기자가 여러 차례 간언을 하다 걸왕에게 연금되었다. 주 무왕이 상을 멸망시키고 기자를 석방했다. 기자는 여전히 상나라를 잊지 못하고 오천 명을 이끌고 조선으로 가서 도읍을 정하였다. 역사에서는 '기자조선'이라 칭했다. 만약 이 전설이 믿을 만한 것이라면 서주 초기 고대중국어와 고대 한국어는 이미 접촉하기 시작했다. 위만 조선시기 연나라에서의 이민이 더욱 끊이지 않았는데 한국사에서는 '부족동진部族東進'이라 칭한다. 《사기·조선열전》에 의하면 "조선의 왕 위만은 원래 연나라 사람이다……조선의 왕위는 위만에게서 그 손자 우거에게 전해지고, 그동안 한나라에서 도망쳐 나온 사람들을 불러 살게 하니 그 수가 많았다(朝鮮王滿者, 故燕人也.……傳子至孫

右渠, 所誘漢亡人滋多)"고 한다. 진나라의 폭정으로, 중원 한족들은 힘든 노역을 피하거나 봉기를 하거나 소문을 듣고 도망갔는데 도망하여 동쪽 나라에 간 사람이 많았다. 《후한서·동이전》에 의하면 "진한에 대대로 살아온 늙은이가 스스로 말하기를 자신들은 힘든 노역을 피해 한국으로 왔다(辰韓耆老自言秦之亡人, 避苦役, 適韓國)"고 했다. 삼국시대의 백제·신라에 모두 중원 이민이 있었다. 《수서隋書·동이전東夷傳》백제 부분에 "그곳엔 신라인, 고구려인, 왜인들이 혼재되어 있으며, 중국인도 있었다(其人雜有新羅·高麗·倭等, 亦有中國人)"고 기록되어 있고, 신라 부분에 "그곳엔 화하사람도 섞여 있었다(其人雜有華夏)"고 기록되어 있다. 백제·신라가 이러한데 어찌 고구려를 논하겠는가. 한족 이민 수의 증가 및 거주 기간이 길어짐에 따라 중국어와 한국어가 더욱 더 융합되는 현상을 야기했다.

한 무제 원봉元封 3년(기원전 108) 낙랑·진번·입둔 삼군을 설립하였고 원봉 4년(기원전 107) 현도를 더 설립하여 한반도 서북부를 완전히 한족 정권의 통제 하에 두고자 했다. 당시의 한반도는 아직 문자가 없었다. 효과적으로 사회를 관리하기 위해 필연적으로 한문·한자가 강한 지위를 확립해야 했고 한자는 점차 일종의 권력의 매개가 되었다. 다시 말해, 한자에 숙달한 자가 바로 권력을 가지는 것이었다. 복잡한 한자의 어려움과 한국어와의 거리감 때문에 일반 민중들이 한자에 숙달되기 어려웠는데 그것이 바로 한자가 문화자원을 독점할 수 있게 하였다. 이 점은 분명히 한반도의 상류층을 유혹할 만했고 그들은 있는 힘을 다해 한자와 한문을 학습하기 시작했다. 바꿔 말하면 이 시기의 한국어 가운데 중국어에서 온 성분이 끊임없이 증가했으며 특히 한자어가 활발하게 증가해 엄청난 양이 한국어에 들어오기 시작했다. 당시 조선 사람들이 쓰던 구어까지 "진秦나라 말과 유사해서 혹은 이곳을 진한이라 했다(有似秦語, 故或名之爲秦韓)"[8]고

한다. 여기서 '秦'은 분명히 진나라 영토를 말하는 것이 아니라 진나라 왕조를 가리킨다. 즉 당시의 중국이다. 강세强勢언어의 권위성 및 약세언어에 대한 침투는 전형적인 문화적 의의를 가지고 있다. 11세기 노르망디인이 영국을 정복했다. 당시 영국 국왕은 노르망디 공작이었으며 프랑스와 매우 긴밀한 관계를 맺고 있었다. 그래서 1066년에서 1399년까지 영국 국왕 모두가 프랑스어를 할 줄 알았을 뿐만 아니라 정계·법정·군대·교육 등 영역에서도 모두 프랑스어가 유행했다. 당시 상류사회에서는 프랑스어를 고귀한 언어라 여기고 영어는 하층민들이 사용하기 적합하다 여겼다. 그런 까닭에 프랑스어는 한 사람이 지위가 있는지, 교양이 있는지를 가늠할 수 있는 중요한 표준이 되었다. "위에서 어떤 것을 좋아하면 아래에서는 그 좋아함이 훨씬 심해진다.(上有所好, 下必甚焉)《예기禮記 · 치의緇衣》"는 말이 있듯이 프랑스어는 점차 장기적인 관방언어가 되었다. 바로 이러한 배경 하에서 대량의 프랑스어 단어가 영어에 유입되었을 뿐 아니라 프랑스어의 표음자모 표기 규칙·발음방법·문법구조 또한 영어에 큰 영향을 주었다.

중국문화가 한반도에 전파될수록 한자는 광범위하게 응용되었다. 이주해서 살게 된 중원 이민들이 계속해서 한자를 사용했을 뿐만 아니라 현지 주민들도 점차 익숙해지기 시작했다. 외부이민자와 토착주민이 복잡하게 섞여 있는 상황 하에서 이민자는 반드시 언어 소통 때문에 현지 언어에 접근하게 되어 있고, 현지 주민들은 오히려 문서상의 소통 때문에 한자·한문에 접근하게 된다고 가정할 수 있다. 한자는 일종의 중국 문명의 산물로서 한반도에 전해진 뒤 신속히 발전하였는데 훔볼트Baron von Wilhelmvon Humboldt가 지적한 것과 같다. "만약 이민족의 문명이 하나의 민족에 이식되면 그것은 현지 문명보

8) 《후한서·동이전》 참고.

다 더 빨리 전파되며 게다가 더 많은 사회생활 영역에 침투할 것이다."[9] 이러한 문화적 배경 하에서 고대 조선 문인들은 익숙하게 한자를 사용했을 뿐 아니라 정통 한시와 한문을 써낼 수 있었다. 한나라 사군四郡시기에 이미 문인들이 한자로 쓴 창작이 있었다. 〈공후인箜篌引〉에 의하면 한반도에서 최초로 출현한 한시는 고조선 곽리자고霍里子高의 아내가 지은 것이라 전해진다. 시는 "公無渡河, 公竟渡河. 墮河而死, 當奈公何!(그대 건너지 마오, 그대 끝내 건너네. 물에 빠져 죽으니 이제 그대 어이하리!)" 이 시는 《사기史記·항우본기項羽本紀》중의 〈별우희別虞姬〉시와 분명한 연관관계가 있다. 한국 《삼국사기三國史記》에는 고구려 대무신왕(18~43 재위)이 요동태수에게 보낸 한 통의 편지가 수록되어 있다. 편지에는 "과인이 우매하여 상국에 죄를 지어, 이렇게 장군으로 하여금 백만의 군사를 이끌고 오게 하여 황폐한 땅에서 이슬을 맞게 하였도다. 장군의 후의에 보답할 방법이 없어 좌우 군영에 보잘 것 없는 물건을 보낸다(寡人愚昧, 獲罪於上國, 致令將軍率百萬之軍, 暴露弊境. 無以將厚意, 輒用薄物致供於左右)"라 쓰여 있다. 이 편지는 문장이 매끈하고 의미가 잘 통하는데 이는 이 시기 고구려인의 한문 수준이 이미 어느 정도의 수준에 이르렀음을 나타낸다.

중국 성당盛唐의 문화는 휘황찬란했고 그 영향은 거의 미치지 않은 곳이 없었다. 당문화가 세계적으로 퍼져 나갈 때 한반도는 중국 문화를 전면적으로 흡수하였다. 신라인들은 앞다투어 출국하여 중국 장안으로 유학을 가서 직접 중국의 선진문화를 배우게 되었다. 대만학자 엄경망嚴耕望은 "중화문화가 사방으로 전파되었는데 한반도에서 가장 깊이 있게 받아들였다. 당나라 때 중국과 국교가 있는 이웃 여러 나라 중 가장 관계가 좋은 나라는 신라였으며 중국의 문화를 가장 철저히 받아들이고 중화문화를 열정적으로 애모한 것은 신라가 최고

9) 〈論人類語言結構的差異及其對人類精神發展的影響〉 p.36, 상무인서관, 1997년.

였다."[10]라고 지적했다. 《신당서新唐書·유학상儒學上》에 기록된 바에 의하면 정관貞觀 6년(632) "문치의 풍조가 점차 흥기하여 신라·고창·백제·토번·고려 등의 통치자들은 자제를 보내 입학시켰고 이를 따르는 자의 수는 8000여 명에 달했다(文治蔚然勃興, 於是新羅·高昌·百濟·吐蕃·高麗等群酋長並遣子弟入學, 鼓笥踵堂者, 凡八千余人)." 9세기에 이르러 신라 유학생의 수가 최고조에 달해 가장 많았을 때는 216명이었다. 과거 응시합격자가 많아 전후로 모두 58명이 있었는데 그 중 가장 유명한 사람은 최치원崔致遠이다. 이 유학생들은 중국 문화의 세례를 받은 후 능숙하게 한자를 구사할 수 있을 뿐만 아니라 중국인과 다르지 않았으며 게다가 귀국 후 곧 중국 문화 전파의 중견이 되었다. 그들은 중국에 있는 기간 동안 대량의 한문·한시를 썼고 중국 문인학사들에게 크게 칭찬 받았다. 예를 들어 최치원의 〈추야우중秋夜雨中〉은 고국을 그리워하는 정이 두보를 그대로 이어받은 것 같았다. 시에 쓰여 있기를

> 秋風唯苦吟, 世路少知音. 窓外三更雨, 燈前萬里心.
>
> (가을 바람에 오직 괴롭게 읊조리니, 온 세상에 나를 알아주는 이 적구나. 한밤중에 창밖으로 비가 오는데, 등불 앞에 이내 마음 만리로 향하는구나.)

최치원은 한문 또한 아름답게 썼는데 그의 중국 친구 고운顧雲은 "12살에 배를 타고 바다를 건너왔으며, 문장이 중화를 감동시켰다(十二乘船渡海來, 文章感動中華國)"라고 말했다. 신라 상류사회도 한시와 한문의 창작을 매우 숭상했다. 진덕여왕(647~654 재위)이 지은 한문시 〈태평송〉은 기백이 웅대하고 단어의 사용이 우아하며, 대

10) 〈新羅留學生與僧徒〉, 《日韓佛教研究》 p.233 게재, 대만대승문화출판사, 1978년.

구가 짜임새 있어 가작이라 할 만하다. 전체 시는 아래와 같다.

> 大唐開洪業, 巍巍皇猷昌. 止戈戎衣定, 修文繼百王.
> 統天崇雨施, 理物體含章. 深仁諧日月, 撫運邁時康.
> 幡旗何赫赫, 鉦鼓何煌煌. 外夷違命者, 剪覆被天殃.
> 淳風凝幽顯, 遐邇競呈祥. 四時和玉燭, 七曜巡萬方.
> 維岳降宰輔, 維帝任忠良. 五三成一德, 昭我唐家皇.

> 대당大唐 큰 왕업을 개창하니, 높디 높은 황제의 포부 빛나도다.
> 전쟁을 그치니 천하가 안정되고, 전 임금 이어 받아 문치를 닦았도다.
> 하늘을 본받음에 기후가 순조롭고, 만물을 다스림에 저마다 빛나도다.
> 지극한 어진 해, 달과 짝하고 시운時運을 어루만져 태평으로 나아가네.
> 깃발들은 저다지도 번쩍거리며, 군악소리 어찌 그리 우렁찬가!
> 명을 어기는 외방外方 오랑캐여, 칼날에 엎어져 천벌을 받으리라.
> 순후한 풍속 곳곳에 퍼지니, 원근에서 다투어 상서祥瑞를 바치도다.
> 사철이 옥촉玉燭처럼 고르고, 해와 달은 만방을 두루 도네.
> 산악의 정기 어진 재상 내리시고, 황제는 신하를 등용하도다.
> 삼황오제三皇五帝 한 덕을 이루니, 길이 길이 우리 당나라 황실을 밝게 비추네.

신라시대부터 한반도 사람들은 한자를 사용해 시를 읊고 문장을 짓는 것이 이미 익숙한 것을 알 수 있으며 한자와 한문이 이미 한반도에 깊이 뿌리 내려 한韓민족 문화에서 빼놓을 수 없는 구성성분이 되었다.

한자와 한문이 비록 광범위하게 보급되어 한자를 사용하고 한문으로 글을 쓰는 것 또한 상당히 높은 수준에 달했으나 한자는 결국 중국어의 서면 기록 부호이며 중국어와 한국어는 두 가지 확연히 다른 언어다. 한반도 사람들은 순수한 한자 문체를 사용하여 완전히 중국어의 표현 습관에 따라 말과 글이 분리되던지, 새로운 민족 문자를 창제해 완전히 조선의 표현 습관에 따라 말과 글이 일치하던지의 어려운 선택에 직면하게 되었다. 분명히 전자대로 할 수는 없었지만 장기간 중국 문화의 영향을 받았기 때문에 한자와 한문의 권위적 지위를 흔들 수는 없었으며, 한자·한문을 버리면 분명히 문화에 혼란을 초래할 것이다. 그러나 새로운 민족 문자를 창제하려면 민족의 언어에 대한 심오한 연구가 필요한데, 특히 어음에 대한 분석이 이루어져야 한다. 그러나 분명히 이 시기에는 미성숙 단계였다. 그렇다면 조화와 절충의 길을 갈 수 밖에 없다. 바로 새로운 한자 문체를 창제해 한자의 표음 기능을 발휘하고 한자를 더욱 한국어의 표현과 부합하게 하여 말과 글을 새로운 층면에서 새로운 규칙을 통해 조합하기 시작한 것이다. 한자가 한반도에 안정적으로 발을 붙인 이후, 문화를 표현하는 작용을 하는 동시에 언어 도구적 작용이 끊임없이 강화되어 문인학자들이 중국인처럼 중국어를 이용하여 사유하고 한자를 사용해 사유를 표현하였다. 하지만 일반 백성들은 그렇게 자유자재로 구사할 수 있는 정도에 도달하기 어려웠다. 이러한 백성들의 상황을 이해하는 일부 학자들이 한문 문체를 본토화하려는 노력을 시작했고 한자 문체가 자기 민족 언어의 화용범주에 들어가도록 시도했다.

한문 문체의 개조는 일찍이 삼국시대 말기부터 이미 시작되었고, 장기간의 발전 과정에서 점차 네 가지 종류의 한문 문체 즉 서기문체, 이두문체, 구결문체, 한한韓漢혼용문체가 형성되었다. 아래에서 구별해 설명하겠다.

1) 서기문체

중국어문법과 한국어문법에는 분명한 차이가 존재한다. 특히 어순이 차이가 나는데 중국어는 SVO식이나 한국어는 SOV식이다. 이 점은 한반도 사람들이 특히 불편하게 느끼는 것이다. 이러한 모순을 조화시키기 위해 한자를 사용해 한국어를 기록할 때 뜻에 따라 한국어의 어순으로 바꾸었는데 '서기문체'는 그렇게 생겨난 것이다. '서기문체'는 경주에서 출토된 임신서기석壬申誓記石에서 이름 붙여졌다. 1940년 5월 경주군慶州郡 견곡면見谷面 금척리金尺里 석장사石丈寺 유적에서 비석 하나가 출토되었는데 확실한 연대는 이미 고증할 수 없었으나 비문 중에 '임신년'이라는 말에 근거하여 대략 신라 진흥왕 12년(552) 혹은 진평왕 34년(612)에 만들어졌음을 알 수 있다. 비문은 아래와 같다.

> 壬申年六月十六日, 二人竝誓記. 天前誓, 今自三年以後, 忠道執持, 過失無誓. 若此事失, 天大罪得誓. 若國不安大亂世, 可容行誓之. 又別先辛未年七月卄二日大誓, 詩·尙書·禮·傳論得誓三年.

이상의 비문은 한국어의 어순에 따라 한자를 배열한 것으로 만약 정확하게 고증하고 해석하려면 반드시 중국어의 어순으로 환원해야 전문을 비로소 확실하게 이해할 수 있다. 이하는 중국어 어순에 따라 재구성한 비문이다.

> 壬申年六月十六日, 二人竝記誓. 誓(於)天前, 自今三年以後, 執持忠道, 誓無過失. 若失此事, 誓得大罪(於)天. 若國不安大亂世, 誓之可容行. 又別先辛未年七月卄二日大誓, 誓三年得論詩·尙書·禮·傳.

이 비문의 뜻은 두 명의 맹세자가 하늘을 향해 맹세하는데 3년 후에 반드시 충성을 견지하고 절대 잘못을 해서는 안 된다. 그렇지 않으면 하늘이 대죄를 내린다는 것이다. 어째서 3년 후에 충성을 실행하는가? 이는 작년에 그들이 맹세한 적이 있었는데 이 3년을 이용해 유가 경전을 공부하고 정통하여 자신을 수양하고자 했기 때문이다. 만약 난세를 만난다면 맹세를 잠시 유예할 수 있다. 이는 한 편의 매우 완벽한 비문으로 두 명의 맹세자는 한학 경전에 애정을 가지고 있었으며 분명히 비교적 깊은 한문 교양을 지니고 있었다. 그들은 능숙하게 한자를 다룰 수 있을 뿐만 아니라 자유자재로 사상을 표현할 수 있었다. 맹세의 말 중에 언급한 '傳'은 도대체 무엇을 가리키는 것인가? 한국한자들은 통상적으로 《좌전左傳》이라 생각하나 실질적으로는 유가 경전을 해석한 저작들을 총괄하여 가리킨다. 일찍이 5세기에 유가 경전은 이미 고구려에 전해졌고 《북사北史》에 기록된 바에 의하면 당시 고구려에 유행했던 경전은 '오경삼사五經三史'가 있었는데 《역경易經》·《상서尙書》·《시경詩經》·《의례儀禮》·《춘추春秋》와 《사기史記》·《한서漢書》·《후한서後漢書》이다. 신라가 유학을 받아들인 것은 고구려·백제에 비해 늦지만, 늦어도 5세기 중엽에 유가 경전은 이미 신라에 유입되었고 신라인들은 유가 학설에 대해 이미 상당히 익숙했다. 신라 황초령 〈진흥왕순수비〉(568)에는 이러한 비문이 있다. "純風不扇, 則世道乖眞 ; 玄化不敷, 則邪爲交競. 是以帝王建號, 莫不修己以安百姓.(순풍이 일지 않으면 세상의 도리가 참됨에 어긋나고, 그윽한 덕화(德化)가 펴지지 않으면 사악한 것이 서로 싸우게 됩니다. 때문에 제왕이 연호를 세울 때엔, 몸을 닦아 백성을 편안하게 하지 않으면 안 되는 것입니다.)" 그 중 "修己以安百姓"이라는 구절은 《논어·헌문憲問》에서 나왔다. 이렇듯 신라에 유학의 기풍이 크게 흥했기 때문에 두 명의 맹세자는 유가 경전을 잘 배우자고 맹세하였던 것이다.

이 '서기문체'는 '이두문체' 이전에 유행했던 일종의 한자문체이다. 서기문체의 출현은 한반도 사람들이 중국어와 한국어의 어순 차이에 대해 분명하게 인식하고 있다는 것을 나타낸다. 사실상 이러한 인식은 막 한자를 접했을 때 이미 형성되었다. 장기간 한자 문화의 영향을 받았기 때문에 일부 한반도 사람들은 이미 두 가지 언어에 정통하였고 그들은 언어 소통을 할 때는 한국어를 사용하고 공식 문서에는 한문·한자를 사용했다. 영남대학 중문과 이장우는 필자에게 조선시대 국왕은 국정을 처리할 때 말은 자기 민족의 말을 하나, 당상의 사관記事館이 기록할 때는 정통 중국어 문언으로 한다고 이야기한 적이 있었다. 다시 말해 그들의 머리 속에는 두 가지 언어 부호가 자주 전환되어야 했고 이러한 글과 말이 분리된 곤란함이 그들로 하여금 항상 두 가지 언어를 섞으려는 노력을 포기하지 않게 하였으니 서기문체가 생겨나게 된 원인이다.

2) 이두문체

'이두吏讀'는 '이두吏頭'·'이토吏吐'·'이투吏套'·'이독俚讀'·'이찰吏札' 등으로도 불리며 삼국시대 신라인 설총에 의해 만들어졌다고 전해진다. 《대명률직해大明律直解》(1392) 발문에 "삼한시기, 설총이 만든 방언문자를 이도라 칭한다(我本朝三韓時, 薛聰所制方言文字謂之吏道)"라 기록되어 있다. 이외에 이조시대 최만리崔萬理의 《반대상소문反對上疏文》·정인지鄭麟趾의 《훈민정음해례서訓民正音解例序》·어숙권魚叔權의 《패관잡기稗官雜記》·이의봉李義鳳의 《고금석림古今釋林》·이규경李圭景의 《오주연문장전산고五洲衍文長箋散稿》 등의 저술에 모두 설총을 이두의 창시자로 인정했다. 이두는 《훈민정음해례서》 "昔新羅薛聰始作吏讀"에서 이름 붙여졌다. 이두 명칭의 유래와 성질은 최만리가 《반대상소문》에서 설명한 적이 있다. "신라 설총의 이두는 비록 비속한 말이오나, 모두 중국에서 통행하는 글자를 빌어서 어조에 사용하였기에, 문자와 원래 서로 분리된 것이 아니므로, 비록 서리나 복예의 무리에 이르기까지 반드시 익히려 합니다. 먼저 몇 가지 글을 읽어서 대강 문자를 알게 된 연후라야 이두를 쓰게 됩니다(新羅薛聰

吏讀雖爲鄙俚, 然皆借中國通行之字施於語助, 與文字元不相離, 故雖至胥吏僕隸之徒必欲習之. 先讀數書, 粗知文字, 然後乃用吏讀)." 이두는 한자를 써서 한국어를 표기하는 어조사이고 하층 관리 및 민간 백성이 즐겨 듣고 즐겨 보는 일종의 한자 체계다. 이두는 통용문체였으나 여전히 관방의 문자 생활 밖으로 배척되었고 관례에 따라 화려하고 고아한 전당에 올라가지 못했으며 주류어는 여전히 정통 한문이었다.

이두문체는 전부 한자를 사용했지만 만약 문자의 표면상의 뜻으로만 이해한다면 사람을 오리무중으로 빠져들게 한다. 이는 그 중 일부 한자는 한국어의 한자어가 되고 다른 일부 한자는 한국어 중의 조사와 의미를 표시하기 때문이다. 다시 말해, 전자는 의미를 나타내고 후자는 음을 기록한다. 아래는《대명률직해이독문》중의 두 가지 용례이다.

> 凡奴子亦, 良人矣婦女乙, 犯姦爲在乙良, 犯姦罪良中, 加一等齊. 良人亦, 他矣婢子乙, 行姦爲在乙良, 減一等齊. 奴婢亦, 相姦爲在乙良, 犯姦例以論爲乎事.(이두문)
> 凡奴姦良人婦女者, 加犯姦罪一等. 良人姦他人婦女者, 減一等. 奴婢相姦者, 以犯姦論.(한문)
>
> 凡同伴人亦, 他人乙, 謀害爲去乙, 知想只遣, 卽時遮擋禁止救護不冬爲彌; 他人亦, 被害後良中置,
> 現告不冬爲在乙良, 杖一百爲乎事.(이두문)
> 凡知同伴人欲行謀害他人, 不卽阻擋救護, 及被害之後不首告者, 杖一百.(한문)

상술한 두 가지 예의 이두문 가운데 '亦'은 한국어 중의 주격조사이고, '乙'은 목적격조사, '矣'는 접속조사, '良中'은 시간을 표시하는 조사, '齊'·'冬爲彌'·'爲在乙良'·'只遣'·'爲乎事' 등은 한국어 중

동사의 어미이다. 이두문체는 서기문체보다 더 고급의 표기 형식으로, 한국어의 어순에 따라 원문에 대해 교정을 진행할 수 있을 뿐 아니라 한국어에는 있고 중국어에는 없는 격조사 및 동사 어미변화를 보충할 수 있어 한자로 한국어를 기록할 때의 장벽을 없앨 수 있다는 것을 알 수 있다.《대명률직해이독문》은 이조 초기 작품으로 초기의 이두와 비교해 크게 개선되었다. 이두의 전신은 한 때 유행했던 '향찰표기법'이다. 향찰표기법은 한자를 채용해 한국어를 기록하는 일종의 방법으로, 주로 6세기에 발전하기 시작한 신라향가를 기록하기 위한 것이다. 아래는 신라 진평왕(579~631 재위)시기에 유행한 〈서동요〉를 향찰표기법을 채용해 표기한 것이다.

善花公主主隱 他密只嫁良置古 薯童房乙 夜矣卯乙抱遣去如

(선화공주는 몰래 시집을 갔다. 밤이 깊어지면 서동을 안고 잠든다.)

설총은 향찰표기법을 기초로 개조·발전을 거쳐 이두를 형성하고 완비시켰다. 이두의 창제는 한반도 언어문자 역사에 있어 큰 사건이었다. 한국어를 사용해 중국 고대 전적을 해독하는 통로를 개척했을 뿐 아니라 중국 문화 전파의 효율을 대대적으로 향상시켰고 게다가 한韓민족 언어를 표현하고 기록할 도구를 찾았다. 한반도 문자 이전 시대의 구두 문학은 거의 모두 이두에 의지해 세상에 존재할 수 있었다. 이런 의미에서 봤을 때 이두는 그 공로가 위대하다고 할 수 있다.《삼국유사三國遺事》권2에서는 이두를 채용해 삼국시대에 사람들 사이에 널리 회자된 〈처용가〉를 기록했다. 가사에 다음과 같이 말하였다.

원문 : 東京明期月良	역문 : 徐伐明月夜(徐伐 : 서라벌, 신라의 옛명칭)
夜入伊游行如可	夜游遲遲歸
入良沙寢矣見昆	入室手一探
脚烏伊四是羅	赫然四條腿
二肹隱吳下於叱古	二條屬內人
二肹隱誰支下焉	二條又屬誰
本古矣吳下是如馬於隱	本應是吳腿
奪叱良乙何如爲理古	奈何奪吳位

(명문당 1993년, p.73)

이두가 광범위하게 사용됨에 따라 사람들은 한국에만 있는 독자적인 한자를 창조하여 '이두자' 혹은 '고유한자'라 부르며 한자로는 표현할 방법이 없는 한국어 조사와 일부 바꿔쓰기 어려운 한국어 단어에 사용되었다. 이두자의 수에 관해서 학계에서는 의견이 일치하지 않는데 김종훈金鐘塤은 500여개가 있다고 주장한다(《한국고유한자연구》). 이 문제에 대해서는 이 책의 후반부에 언급할 것이다.

이두현상의 출현은 두 가지를 설명한다. 하나는 한자가 한반도에 전해진 후 한자어가 대량으로 유입되어 한국어 중의 고유어는 압출되고 한자어가 점차 강력한 지위를 얻었다. 둘은 서기문체의 부족함을 채웠다. 서기문체는 어순문제만을 해결했지 조사와 어미변화문제를 해결하지 못했는데 이것이 표의문자의 약점이다. 서기문체와 비교했을 때 이두문체는 확연히 진일보했다. 이두문체가 비교적 원만하게 한국어를 기록할 수 있었기 때문에 강한 생명력을 보였으나 이조말기에 가서 퇴출되었다.

3) 구결문체

'구결' 또는 '구결석의'라고 불리고 구결을 부가한 한문을 '구결체'

·'구결문' 혹은 '구결체 한문'이라 부르는데 '구두어'라는 뜻이다. 구결문체의 창시자에 관해서는 지금까지 아직 정설이 없고 일반적으로 신라인 설총이 창제해 정몽주·권근이 완비시켰다고 여긴다. 이 설은 《증보문헌비고增補文獻備考》권243 〈예문고藝文考〉에 보인다. "문순공 박세채가 이르기를 우리 나라의 경서 구결석의는 중국에서도 없었던 것으로 설총으로부터 시작되어 정포은(정몽주)·권양촌(권근)에 이르러 완성되었다(文純公朴世采曰, 我國經書口訣釋義, 中期所未有, 始於薛聰, 成於鄭圃隱·權陽村)." 구결이 설총 전에 이미 출현했다고 생각하는 사람도 있다.[11] 필자는 구결문체의 형태가 고정되기 전의 최초의 형식은 삼국시기에 생겨났으나 유입되어 전해지거나 응용되는 범위가 매우 제한적이어서 규범과 완비를 논할 수가 없었을 것이라고 생각한다. 이조시대에 구결문체가 비로소 광범위하게 응용되었는데 이는 당시 이학理學이 성행하였고 구결문체는 경전을 읽기 위한 도구로 적절하였기 때문이다.

소위 구결문체는 한문 원문의 어순을 바꾸지 않고 단지 한문 단어 뒤나 끊어 읽는 부분에 특정한 한자 부호를 첨가하여 한국어의 어순 및 문법구조를 제시함으로써 한국인이 순조롭게 한문 문장을 읽고 이해할 수 있도록 하는 것을 가리킨다. 이하는 《동몽선습》 중의 구결체 문장 한 단락을 가지고 온 것이다.

한문원문 : 天地之間, 萬物之中, 唯人最貴. 所貴乎人者, 以其有五倫也. 是故孟子曰 : 父子有親, 君臣有義, 夫婦有別, 長幼有序, 朋友有信. 人而不知五常, 則其違禽獸不遠矣.

구결문체 : 天地之間 萬物之中(厓) 唯人(伊)最貴(爲尼) 所貴乎人者(隱) 以其有五倫也(也羅) 是故孟子(伊)曰 父子有

11) 《단재 신채호전집》의 〈조선 고래의 문자와 시가의 변천〉 참고.

親(爲尼) 君臣有義(爲尼) 夫婦有別(爲尼) 長幼有序(爲尼) 朋友有信(是羅爲時尼) 人而不知五常 則其違禽獸(伊)不遠矣(里羅)

아래 구결체의 단문은 여전히《대명률직해》에서 고른 것이다. 구결체와 이두체의 같은 점, 다른 점을 비교하기 위해 둘을 동시에 예로 들었다.

한문원문 : 凡奴姦良人婦女者, 加犯姦罪一等 ; 良人姦他人婢者, 減一等 ; 奴婢相姦者以犯姦論.

이두문체 : 凡奴子亦 良人矣婦女乙 犯姦爲在乙良 犯姦罪量中 加一等齊 良人亦 他矣婢子乙 行姦爲在乙良 減一等齊 奴婢亦 相姦爲在乙良 犯姦例以論爲乎事

구결문체 : 凡奴姦良人婦女者(面) 加犯姦罪一等(爲告) 良人姦他人婢者(面) 減一等(爲告) 奴婢相姦者(面) 以犯姦論(爲罷)

위에 인용된 구결문 괄호 안의 한자는 모두 음훈音訓한자로 한국어의 조사와 어미 변화를 나타내며 뜻을 차용한 것이 아니라 음을 차용한 것이다. 그 중 '厓'은 처격조사, '伊'와 '隱'은 주격조사, '奴'는 도구격조사이고 '面'은 가설을 나타내는 접속어미, '爲尼'·'也羅'·'里羅'·'爲彌'·'爲告'·'爲罷' 등을 모두 동사나 형용사의 어미 형태를 나타낸다. 기타 구결문체에서 자주 보이는 음훈한자로는 '伊難'·'於以他可'·'爲古'·'割史'·'無三日高' 등이 있다. 이런 조사와 어미는 일반적으로 단어 뒤나 끊는 곳 앞에 첨가되기 때문에 '구결' 또는 '토'·'현토'라 불린다.《세종실록》10년 무신 10월 조에 "무릇 독서는 언어의 절구를 가지고 독자는 이것을 속俗으로 토吐라고 한다(凡讀書以諺語節句讀者, 俗謂之吐)." 구결문체의 성질은 서기문체·이독문체와는 달리 일반적으로 한문을 풀이해서 읽을 때만 사용되고 한국어를 기록할 때는 사용되지 않는다고 하였다. 서기문체와 이두문체는 모두 서술과 창작에 쓰일 수 있으나 전자는 반드시 한문 어순을 바꿔야 하고 후자는 음훈한자를 그 중에서 빼내야 하니 이미 원래의 한문이 아니다. 비록 모두 한자지만 어느 글자가 음을 나타내고 어느 글자가 뜻을 나타내는지, 한자어가 어느 것인지 한국어가 어느 것인지 글자 표면상의 뜻으로는 찾아서 해답을 구하기 어렵다. 구결문체는 이런 결손을 피하기 위해 특히 구결한자를 정형화시켰고 후세에는 간략화시켰다. 예를 들어 '隱'은 '阝'로 간략화 되고 '爲'는 'ソ'로 '厓'는 '厂', '尼'는 '匕', '也'는 '㇖' 등으로 간략화 되어 한문 원문과 음훈한자를 뚜렷하게 구별하게 하였다. 구결문체는 한문 원문을 유지한 바탕 위에서 주를 붙이는 형식을 이용하여 관계와 문법 의미를 표명한 더 편리하면서도, 더 과학적인 표기방법이다. 한문을 읽고 해석한 이러한 방법은 일본의 '가에리뗑(返點)'과 매우 유사하며 한자문화권의 국가들은 모두 일찍이 유사한 한자 이식 단계를 거쳤다는 것을 설명한다.

구결문체가 표기방면에서 우세하기 때문에 한자 문체 중에서 빼어났고 광범위하게 응용되었다. 일찍이 고려왕조 말기에 유가 경전인 '사서삼경'은 이미 구결문체로 나타났고, 조선왕조는 '사대모화'를 기본 국책으로 삼아 유가경전의 거의 전부를 구결문체로 바꾸었다. 《세종실록》10년 조에 기록된 바에 의하면 "태종이 권근에게 명하여 오경에 토를 달라고 했다(昔太宗命權近著五經吐)" 그 주에 이르기를 "무릇 독서할 때에 우리말의 절구로서 읽는 것을 시속에서 토라 한다(凡讀書以諺語節句讀者, 俗謂之吐)." 또한 성견成見의 말에 의하면 아래와 같다. "조선의 양촌[권근]과 형제 매헌[권우]는 명경학에 능하고 문장에 능하여 사서오경에 구결을 정하였으며, 또한 《천견록》·

《입학도설》 등을 지었으니 그 공로가 적지 않다(至我朝陽村·梅軒兄弟, 能明經學, 又能於文. 陽村定四書五經口訣, 又作《淺見錄》·《入學圖說》等, 羽翼之功不少).” 한반도가 한자문화권의 일원이 될 수 있고 유가문화가 보급되고 주류문화가 될 수 있었던 데는 구결문체가 보좌한 공로를 무시할 수 없다는 것을 알 수 있다.

이조시대, 하급관리의 공문·상소·고소장·계약 및 기타 증명문서는 이두문체를 채용했고, 성균관·향교·서원·사숙의 학자계층들은 구결문체를 통용했는데 그들은 구결을 빌어 한문을 학습했기 때문이다.

4) 한한韓漢혼용문체

‘한한혼용문체’는 한자와 한글이 혼용된 문체를 가리킨다. 15세기 중엽(1444) 《훈민정음》이 나오고, 한민족은 드디어 자신만의 문자를 가지게 되었다. 그러나 《훈민정음》이 공포·시행된 후 효과가 뚜렷하지 않았다. 관방문서는 여전히 한문을 채용했고 선비들은 한자를 포기하기를 원치 않았다. 원래 구결문체의 표기한자는 정형화와 간략화의 과정을 거친 후 일본 가나와 유사한 병음문자로 변천되었을 가능성이 있으며 그리하여 한자와 구결이 혼용된 일종의 형태가 형성되었다. 그러나 이런 과정은 오히려 맥이 끊어졌다. 한자문화는 한반도에서 이미 깊이 뿌리 박혀 있었기 때문에 사람들은 마음속으로 한자를 외부에서 온 손님으로 보지 않았다. 그래서 한글이 창제된 후 이조정부가 언문청간경도감諺文廳刊經都監을 설치하고 한문의 언문해석 사업을 추진했으나 여전히 한자·한문을 대신하지는 못했다. 이런 부진에는 여러 가지 원인이 있었는데 가장 주요한 것은 통치 집단과 상류사회가 ‘사대숭유’의 깃발을 휘날리며 ‘속자俗字’에 애정을 가지기를 원치 않고 공연히 한글을 배척했기 때문이다. 세종 26년(1444) 《훈민정음》이 갓 창제되었을 때 집현전 부제학 최만리崔萬理

등은 상소를 올려 반대했고 이러한 거동을 "가벼이 옛 성현들이 이루어 놓은 운서를 고치어 근거 없는 언문으로 부회附會한다(輕改古人已成之韻書, 附會無稽之諺文)"고 비난했다. 결과적으로 한글은 냉대를 받았고 '언문'·'향촌문자'라 폄하되어 불렸으며 최하층의 문화도구로 전락하여 속문화의 도구가 되었다. 이는 실로 세종대왕도 예상하지 못했던 것이다.

《훈민정음》이 제 소리를 내지 못한 것은 19세기 말까지 이어졌다. 기세가 드높은 개화운동 속에서 한글은 민족 문화와 민족정신의 상징으로 한자 문화와 충돌하기 시작했다. 1984년 6월, 정치계에는 격렬한 개혁을 꾀하는데 목적이 있는 갑오경장이 발생한다. 정치 개혁은 비록 실패로 끝났지만 '애국愛國·애족愛族·애어愛語'의 신문화운동을 촉진시켰다. 학부대신을 맡고 있던 유길준兪吉濬(1856~1914)이 첫 번째 칙령을 발표하고 공문문체의 개혁을 선포하였다. 칙령에 이르기를 "법령·칙령은 모두 국문을 기본으로 하고 한문은 추가로 번역하거나 국한문을 혼용한다."[12] 이와 동시에 소학교 교과서에 국한혼용문체를 채용하기 시작했다. 1895년 고종이 선포한 교육입국조서에도 한한혼용문체를 채용하였다. 같은 해 유길준이 지은《서유견문西遊見聞》이 출판되어 전국을 뒤흔들었다. 이 책 역시 한한혼용문체를 채용하였으며 출판 후 문장을 짓는데 본보기가 되었다. 1914년 유길준은〈선한혼용작문법鮮漢混用作文法〉[13]을 발표하여 '나의 글이 곧 자신이다'라는 사상을 고취시키고 한글 사용을 부르짖었다. 당시 민족 정서가 전에 없이 드높아진 역사적 배경 하에서 한글은 이미 민족 문화토템으로 여겨지며 더 이상 멸시당하지 않았다. 그리하여 한한혼용문체는 신속하게 확립되어 한반도의 규범화된 통용문체가

12)《고종실록》권32.
13)《滿漢實業》제98호 게재.

되었다. 2차 대전이 끝난 후 조선은 1948년에 한자를 폐지하기 시작했고 고문을 제외한 문장은 일률적으로 한글을 사용하도록 규정했다. 한국은 1948년 〈병음문자전용법〉을 제정하고 공문은 표음자로만 쓰도록 규정하였으나 역사적 원인 때문에 한자의 겸용을 허락했다. 1970년부터 한국의 초등학교·중학교 교과서에서 한자가 취소되었다. 상당히 긴 시간동안 한자는 한반도에서의 권위적 지위가 점차 약화되었고 한자문체는 소리 없이 자취를 감추었고 순한문체는 마침내 순국어체에 자리를 양보하였다.

한자의 유입과 한자문체의 형성은 한민족이 문화를 창조하고 문화를 전파하는 재제를 장악하도록 했을 뿐 아니라 대륙과 한반도의 문화교류를 유지하고 한반도가 역사의 과정 속에서 언제나 대륙과 함께 나아가도록 했다. 근대에 이르러 유럽과 미국의 영향을 받아 시야를 서양으로 돌렸고 한자와 한문의 경향을 벗어나게 했다. 이천 년 동안 몇 번의 변천을 거쳐 최종적으로 한한혼용문체가 확립되었다가 한 걸음 더 발전해 순국어체가 되었으나 근래에는 또 혼용문체로 회귀하는 추세이다. 이러한 현상은 두 가지를 설명한다. 하나는 한민족의 민족정신이 끊임없이 강화되어 계속해서 한자문체를 본토화 하는 것을 포기하지 못했다는 것이다. 둘은 한민족의 문법에 대한 의식이 끊임없이 강화되어 줄곧 가장 적합한 문법표기수단을 탐색한다는 것이다. 여기서 강조할 것은 한글이 생겨난 후 한국어의 조사와 어미는 이미 한자를 사용하지 않았고 대량의 한자어가 이미 국어로 대체되었다는 것이다. 비록 지금의 한국어에서는 한자의 천하가 부활되지 않을 것이나 중국어·한자가 끼치는 영향이 사라지지는 않을 것이다. 요컨대 한반도 한자문체의 변천 및 한·중혼용문체에 최종형성은 교착어의 기본 특징을 두드러지게 나타내었고 한자문화를 흡수하고 개조한 성공 사례이다.

3. 한자어의 흡수와 융합

한국어의 어계에 관해서 국내외학자들은 예로부터 다른 의견이 있었고 두 가지로 개괄할 수 있다. 하나는 퉁구스-알타이어계에 속한다는 것이고 하나는 어계가 불분명하다는 것이다. 한국학자들은 일반적으로 전자에 찬성하는 편이다. 최종적으로 결론을 내리자면 아직 시일이 걸리겠지만 한국어가 언어유형 상에서 교착어에 속한다는 것은 이미 공인되었다. 전형적인 교착어로 인정된 일본어와 한국어는 같은 문법형식 외에 어휘방면에서도 대량의 한자어를 흡수했다. 베트남어는 고립어에 속하여 한자어가 들어오고 흡수될 때 자연스럽게 특별히 좋은 조건을 갖추었으며 사람들은 이상하게 여기지 않았다. 그러나 두 종류의 뚜렷이 다른 언어 사이에 이와 같이 대규모로 단어가 차용되는 현상이 발생하고 게다가 자기 민족 언어의 고유 어휘와 이처럼 완벽하게 결합되는 것은 확실히 기적이라고 느끼게 할 만 하다. 영어 중에도 외부에서 차용된 단어가 많지만 대부분 같은 유형의 언어에서 온 것이다. 예를 들어 덴마크어의 window(창문)·bank(은행)·sky(하늘)·call(호출)·lift(들어올리다)·cast(던지다)·happy(행복한)·odd(이상한) 등이다. 동일한 유형의 언어는 서로 차용하여 전환해서 쓸 때 매우 편리하기 때문에 받아들일 때 생소한 느낌이 덜 든다. 예를 들어 영어 중의 600여 개의 -by로 끝나는 지명·약 300개의 -thwaite로 끝나는 지명·또 대량의 -son으로 끝나는 인명은 모두 북미어가 남긴 흔적이다. 중국어와 한국어는 두 종류의 완전히 다른 언어유형으로 한자어를 받아들임에 있어 필연적으로 거대한 유형적 장벽에 부딪치게 된다. 이는 한국어의 어의·문법·화용 방면에 전면적인 타협을 요구했다. 바꿔 말하면, 대량의 한자를 근원으로 한 단어의 유입이 필연적으로 한국어의 유형특징에 영향을 주었고, 이것이 바로 한국어 한자어를 전면적으로 고찰해야겠다고 마음먹은 최초의 이유이다. 우리가 가장 관심을 가지는 것은 다른 민족문화의 사자使者인 한자어의 낯선 언어 환경 중에서의 생존 상태이다. 여기서 말하는 '한자어'는 말이나 문서를 통해 한국어에 진입한 것을 가리키며, 원래 있던 독음을 차용하거나 약간의 개조를 가한 것을 채용하였고, 한자를 사용해 쓸 수 있는 한자어이다. '한자 어휘漢字詞'가 아닌 '한자어'를 채택한 이유는 이런 어휘 가운데 상당한 수의 성어와 기타 숙어 형식이 포함되어 있기 때문이다.

김형규의 연구14)에 의하면 한국어의 역사는 대략 5개의 시기로 나눌 수 있다.

고대어(역사 기록전 신라) ~934
중고어(고려) 935~1391
중기어(조선 태조에서 임진왜란까지) 1392~1591
근대어(임진왜란에서 갑오경장까지) 1592~1893
현대어(갑오경장에서 지금까지) 1894~

한자 유입 이전의 고대 한국어 어휘의 상황은 현재 찾아내기 어렵다. 일부 산발적인 기록들로는 어휘의 전모를 통찰할 수 없다. 김형규는 고대 한국어가 비록 6000년에서 7000년 전까지 만주어·일본어와 다르지만 농후한 공동 기원어의 흔적을 지니고 있다고 여겼다. 예를 들어 인칭접미사에는 모두 [chi]가 있고, 파생명사에 [gɛ]가 많이 쓰이는 것 등이다. 이는 몽고어·터키어·만주어 등 퉁구스-알타이어계의 언어와 매우 유사하다. 그러나 확신할 수 있는 것은 고대 한국어시기 한자문화가 동쪽으로 전파되면서 한자어는 이미 한국어

14) 《국어사개요》 pp.5~6, 1995년.

에 진입하기 시작했는데 단지 수가 제한적이었을 뿐이다. 필자의 연구에 의하면 늦어도 서한시대에는 한반도 서북부지역에 이미 중국어와 한국어가 섞인 상황이 출현하였고 한자어는 이미 유입되기 시작했다. 중요한 증거로는 서한西漢학자 양웅(揚雄 : 기원전53~기원후18)이 쓴 《방언方言》에 26개의 한반도에 유행했던 단어가 남아있다는 것이다. 이 단어들이 당시의 '중국어방언'인지 '소수민족어'인지는 여전히 미해결로 남아있는 문제이다. 대진戴震의 《방언소증方言疏證》, 전역錢繹의 《방언전소方言箋疏》, 주조모周祖謨의 《방언교전方言校箋》, 임어당林語堂의 《전한방언구역고前漢方言區域考》(1927), 정계진丁啓陣의 《진한방언秦漢方言》(1991) 이현숙李賢淑의 논문 〈《방언》 중의 조선 열수 간의 어휘석례연구〉15) 등은 모두 그 단어들을 '연나라방언' 즉 '연북燕北방언'의 지류에 속한다고 여긴다. 주진학周振鶴·유여걸游汝傑의 《방언과 중국문화》(1986), 유엽추劉葉秋의 《중국자전사략中國字典史略》(1983) 등은 26개 단어들을 '소수민족어' 즉 '한국어'라고 여긴다. 필자는 이 두 가지 확연하게 상반된 관점을 협의·검토할 필요가 있다고 생각한다. 왜냐하면 이러한 두 가지 관점의 건립은 이 방언의 단어 자료를 깊이 고찰하는데서 근원한 것이 아니라 이러한 단어들이 유행한 지역에 미혹된 것이다. 《방언》 중에 '북연北燕'과 '조선'은 종종 함께 언급되었기 때문에 '연나라방언'이라는 설이 있기도 하고, 조선을 민족의 이름으로 이해한 소수민족어라는 설이 있기도 하다.

《방언》 중의 26개의 단어의 성질을 분명히 알기 위해서는 먼저 단어들이 유행했던 지역을 분명히 알아야 한다. 《방언》에서 방언구역을 나눌 때는 '북연北燕'·'조선朝鮮'·'열수洌水' 세 지역이 자주 언급된다. '북연' 즉 '燕之北鄙'는 전국시대 연나라의 북부 지역을 가리킨다. 《한서·지리지》에 기록된 바에 의하면 연북은 신성新城·고안故

15) 《中語中文學》 제17집 게재.

安·탁현涿縣·양향良鄕·신창新昌 및 발해渤海의 안차安次, 이외에 한무제 원봉 3년(기원전 108)에 설치된 낙랑·현도 두 군이 포함되어 있다. 조선은 원래 옛 나라의 이름으로《전국책戰國策·연책일燕策一》에 "연나라 동쪽에 조선·요동이 있다(燕東有朝鮮·遼東)"는 부분이 보인다. 한나라 때는 현의 이름으로《한서·지리지》의 기술에 의하면 낙랑군은 모두 25현으로 나뉘었는데 그 중 조선이 있었다.《방언》에서 언급한 조선은 지명이지 민족의 이름이 아니란 것을 알 수 있다. '열수'는 강이름으로 낙랑군의 탄열현呑列縣에서 발원하였다. "서쪽으로는 점선黏蟬까지가 바다로 들어가며, 팔백 이십리를 간다(西至黏蟬入海, 行八百二十里)."(《한서·지리지》 안사고顔師古의 주석) '점선'은 낙랑군에 속하며, 지금의 평양 서남지역이다. 열수는 굽이굽이 흘러 평양 서남쪽 100km 되는 곳에서 바다로 들어간다. 지리적 위치로 봤을 때 열수는 바로 지금의 대동강이다. 이조시대 저명한 실학자 정약용은 한반도 지리에 정통하여《아방강역고我邦疆域考》라는 책을 저술했다. 그는《아언각비雅言覺非》권2에서 "한무제는 특별히 위만을 멸하여 열수 북쪽을 사군으로 나누고, 열수 남쪽을 한국(즉 삼국)으로 윤허했다(特以漢武帝旣滅衛滿, 以洌水以北列外四郡, 以洌水以南許爲韓國(卽三韓))"고 지적했다.

《방언》 중 26개 단어의 분포 상황은 아래와 같다.

北燕朝鮮之間(5례)
朝鮮洌水之間(2례)
燕朝鮮洌水之間(1례)
燕代朝鮮洌水之間(1례)
東北朝鮮洌水之間(1례)
燕之東北朝鮮洌水之間(5례)
北燕朝鮮洌水之間(3례)

燕之外郊朝鮮洌水之間(4례)
燕之外鄙朝鮮洌水之間(2례)
燕之北郊朝鮮洌水之間(1례)
燕之北鄙朝鮮洌水之間(1례)

《방언》에서 말하는 '北燕'·'燕代'·'燕之東北'·'燕之外郊(鄙)'·'燕之北郊(鄙)'는 동일한 지역으로 지금의 요동지역을 가리킨다. '北燕朝鮮洌水之間'은 요동과 대동강 사이의 지역을 가리킨다. 《방언》을 고증해보면 '북연'·'조선'·'열수' 세 명칭은 질서정연하게 나열되어 확연히 서쪽에서 동쪽으로 점차 확장되었고, 그 지칭하는 범위는 지금의 요녕성 동북부에서 한반도 서북부이다. 《방언》에 수록된 '조선'과 관련된 26개의 단어는 조선일대에서만 유행한 것이 아니라 청천강 서쪽의 한사군 지역에서도 유행했다. 그 지역은 한족 이민과 현지 토착거주민의 교류가 가장 빈번한 지역이었다.

26개 단어가 유행한 지역을 분명히 알고서 필자는 진지한 고증을 통해, 26개의 단어 중 일부는 전형적인 한자어로 단지 발음상에서 양웅이 익숙했던 진진秦晉방언과 약간 차이가 날 뿐인데 다른 종류로 분류하였고, 일부는 조선어의 고유어인데 양웅이 한자로 기록했다고 생각한다. 26개의 단어 중 18개는 한자어로 나열하면 아래와 같다.

(1) 燕之北鄙·朝鮮洌水之間, 少兒泣而不止曰喧(연의 북비·조선열수 사이에서는 아이가 울면서 그치지 않는 것을 훤咺이라고 한다). '훤咺'은 즉 '훤喧'자이다. 《한서·효무부인전孝武夫人傳》에서 "悲愁于邑, 喧不可止兮"라 했다.

(2) 化也. 燕朝鮮洌水之間曰涅, 或曰譁. 雞伏卵而未孚, 始化之時謂之涅(연의 조선열수 사이에서 열涅 혹은 화譁라 하였다. 닭이 알을 품었으나 부화하지 않고 막 부화할 때를 열涅이라고 한다). '열涅'은 본래 '검은 진흙'을 가리킨다. 《순자·권학勸學》에서 "흰모래가

진흙 속에 있으면 함께 검어진다(白沙在涅, 與之俱黑)"라 하였다. 여기서는 병아리가 아직 알을 까고 나오지 않았을 때 부화된 알에 이미 변화가 생겨 빛을 받아 관찰하면 "검은 흙이 물속에 있다(黑土在水中)."(《설문해자說文解字》)는 것과 같음을 가리킨다. 그러므로 '열涅'이라고 칭한다. '화譁'는 평성으로 '화化'의 변독變讀이다.

(3) 汁也. 北燕朝鮮洌水之間曰斟(북연의 조선열수 사이에서 짐(斟)이라고 하였다). '짐斟'의 본래 의미는 자루가 달린 술 푸는 기구[勺]로, 《설문해자》에서 "斟, 勺也"라 하였고, 인신되어 "湯汁"·"羹湯"를 가리킨다. 《사기·장의열전張儀列傳》에서 "요리사가 국을 따르다가 금두를 거꾸로 잡아 대왕을 쳐서 죽였습니다(廚人進斟, 因反斗以擊代王, 殺之)"라 하였고, 사마정司馬貞 색은索隱에 짐斟은 국 푸는 기구이므로, 국은 짐斟이라 하였다(斟謂羹勺, 故名羹爲斟)"고 했다.

(4) 履也. 東北朝鮮洌水之間謂之印角(동북 조선열수 사이에서 앙각印角이라고 하였다). '앙각印角'은 '앙각仰角'이라고도 쓰는데, 고대의 일종의 가죽신이다. 《석명釋名·석의복釋衣服》에서 "앙각仰角은 마치 오늘날 나무 신 밑창에 이가 있는 것과 비슷하다(仰角, 形若今之木屐而下有齒焉)."고 하였다. 또한 《급취편急就篇》에서 "靸䩕印角褐袜巾"이라 하였고, 안사고顔師古 주注에 "앙각仰角의 형태는 마치 오늘날 나무 신 밑창에 이가 있는 것과 비슷하다. 넘어지지 않으려면 그 각을 우러러 보아야 한다(形若今之木屐而下有齒焉. 欲其下不蹶, 當印其角)."고 했다.

(5) 鍑, 北燕朝鮮洌水之間或謂之錪, 或謂之鉼(북연 조선열수 사이에서 전錪이라고 하고 병鉼이라고도 하였다). '복鍑'·'전錪'·'병鉼'은 모두 취사기구로 '부釜'와 한 종류이다. 《급취편急就篇》에서는 "鐵鈇鑽錐釜鍑鍪"라 하였고, 안사고顔師古 주注에서는 "부釜는 죽을 끓이는 기구이다. 큰 것을 부釜라 하고, 작은 것은 복鍑이라 한다(釜, 所以炊鬻也. 大者曰釜, 小者曰鍑)"고 했다. 정유분丁惟汾은 《방언음석方言音釋》에서 '병鉼'은 '팽烹'과 음이 비슷하고 의미가 통하기 때문에, 취사기구를 가리킨다. '전錪'은 '정

鼎'과 또 음이 비슷하고 의미가 통한다. 아마도 '정鼎'의 음전音轉인 듯하다.

(6) 罃, 燕之東北, 朝鮮洌水之間謂之瓺(연의 동북쪽과 조선열수 사이에서 장瓺이라고 하였다). 《광아廣雅·석기釋器》에서 "瓺, 瓶也."라 하고, "瓺, 罃也."이라고 하였다. '앵罃'은 일종의 불씨를 담는 긴 목의 병으로 《설문해자》에서는 "罃, 備火長頸瓶也."라 하였다. '장瓺'의 이름붙임은 "長頸瓶"의 '長'에 근원을 둔다.

(7) 臿, 燕之東北, 朝鮮洌水之間謂之斛(연의 동북쪽과 조선열수 사이에서 토斛라고 하였다). 《이아爾雅·석기釋器》에서 "토斛는 잡䤶이다(斛謂之䤶)"라 하였고, 곽박郭璞주注에는 "모두 옛 초鍬·삽鍤자이다(皆古鍬鍤字)"라 하였다. 정유분은 《방언음석》에서 '잡䤶'과 '삽臿'은 이체자이므로, '斛'와 또한 쌍성자로 여겼다. 학의행郝懿行은 "오늘날 연燕·제齊 사이에서 땅을 파고 일구는 기구를 철초鐵鍬라 하니, 《方言》과 일치한다(今燕齊間以插地起土者爲鐵鍬, 與《方言》合)."라고 지적하였다. '斛'은 '초鍬'자로 연燕 땅의 방언임을 알 수 있다.

(8) 橛, 燕之東北, 朝鮮洌水之間謂之椴(연의 동북쪽과 조선열수 사이에서 단椴이라고 하였다). 《광아廣雅·석궁釋宮》에서 "椴·橛, 弋也."라 하였다. '익弋'은 즉 '익杙'자로, 작은 말뚝·짧은 나무 막대기를 가리킨다. 《좌전·양공襄公 17년》에 "막대기로 자기의 상처를 때려 자살했다(以杙抉其傷而死)."라 하였다. '단椴'은 '단段'·'단短'·'단斷'·'단端' 등의 글자와 근원을 같이 한다.

(9) 牀, 其杠, 北燕朝鮮之間謂之樹(북연 조선열수 사이에서 수樹라고 하였다). 《설문해자》에서 "강杠은 침대 앞 쪽의 횡목이다(杠, 床前橫木也.)."라 하였고, 또한 《설문계전說文繫傳》에서 "오늘날 사람들은 상정牀程이라 한다(今人謂之牀程)."고 하였는데 '정程'은 지금의 '탱樘'자로 침대 다리 사이에서 고정 작용을 하는 횡목을 가리킨다. '수樹'와 '수竪'는 통한다. 어찌하여 '횡목'을 가리키는가? 《설문해자》에서 "橫, 闌木也."라 한 것에 근거하여 단옥재段玉裁는 "대개 나무로 가로지르는 것은 모두 횡橫이라 한다(凡以木闌之, 皆謂之橫也)."고 주를 달았다. '횡橫'과 '수

竪'는 서로 통한다. 예를 들면 유향劉向의《구탄九嘆·우고憂苦》에서 "눈물이 가로 흘러 내려 줄을 이루었다(涕橫流而成行)."라 하였다. 기왕에 "줄을 이루었다(成行)."라 하였으니 "세로로 내려간다(竪下)."고 할 수밖에 없다.

(10) 暴也. 燕之外郊·朝鮮洌水之間, 凡暴肉·發人之私·披牛羊之五藏, 謂之膊(연의 근교·조선열수 사이에서 暴肉·發人之私·披牛羊之五藏를 박膊이라고 하였다).《설문해자》에서 "暴, 晞也."라 하였다. '폭暴'은 並母와 藥部에 속하며 입성入聲이고, '박膊'은 幇母와 鐸部에 속하며 입성이다. 두 글자는 성전聲轉의 관계이고 음과 뜻이 서로 통하니, 모두 "햇볕에 널어 말리다"는 뜻이 있다. 또한《설문해자》에서 "膊, 薄脯膊之屋上."이라 하였으니, 얇은 고기 조각을 옥상에서 햇볕에 말리는 것을 가리킨다. "發人之私"는 죄인의 옷을 벗는 것을 가리킨다. '사私'는 "燕居之服", 즉 일상적으로 입는 옷을 가리키니, 예를 들면《시경·갈담葛覃》에서 "평상복을 빤다(薄汚我私)."라 하였고, 모전毛傳에서 "私, 燕服也."라 하였다. '박膊'은 원래 고대의 일종의 육형肉刑을 가리키는데,《주례周禮·추관秋官·사형司刑》에서 "형을 집행하는 관리가 도둑과 첩자를 찢어 죽였다(掌斬殺賊諜而搏之)."한 것을 근거로 정현鄭玄은 '박搏'이 마땅히 '박膊'의 잘못이라고 여겼다. 뜻은 "옷을 벗겨 찢어 죽이다"이다. "發人之私"는 아마도 죄인의 옷을 벗겨서 육형(즉 磔)을 가한 후 시체를 널어놓는 것임을 알 수 있다. "披牛羊之五藏"는 그 뜻이 뚜렷한데, 소와 양의 복강腹腔을 갈라서 오장을 꺼내어 햇볕에 말리는 것을 말한다. 총괄하면, '폭暴'은 '박膊'과 모두 '햇볕에 말림'·'폭로하다'는 뜻이 있는데, 다만 발음에 약간 차이가 있어서 양웅揚雄은 방언으로 보았다.

(11) 怒也. 燕之外郊·朝鮮洌水之間, 凡言呵叱者謂之嫢盈(연의 근교·조선열수 사이에서 큰 소리로 꾸짖는 것을 규영嫢盈이라고 하였다). '규嫢'에는 '세細'의 뜻이 있는데,《설문해자》에서 "秦晉謂細爲嫢."라 하였다. '규嫢'는 '가척呵斥'과 뜻이 전혀 관련이 없는데, 어떻게 (귤이) 회수淮水를 건너면 탱자가 되듯이 조선열

수 사이에서 '가척呵斥'의 뜻이 있는가? 전역錢繹의 《방언전소方言箋疏》에서는 "상반된 의미以相反爲義"라고 여겼는데 옳지 않다. 《옥편玉篇》에서 "규嫢는 가득 찬 모습이다(嫢, 盛貌.)."라 하였으므로 '규嫢' '성盛' 두 글자는 뜻이 같고, 모두 가슴에 기운이 가득 찬 것을 가리킨다. 상술한 바와 마찬가지로 '규嫢'·'성盛'은 또한 '노怒'자와 뜻이 같아서 '노怒'도 '가슴에 기운이 가득 차다'는 뜻을 가진다. 예를 들면《한비자·내저설외상內儲說外上》에서 "월왕 구천이 화가 난 개구리를 보더니 예식을 올렸다. 곁에 선 종자가 여쭈기를 '어찌 개구리에게 예를 갖추십니까?' 구천이 말하기를 '개구리에게도 저런 용기가 있으니 어찌 예를 차리지 않을 수 있겠는가?(越王句踐見怒蛙而式之, 御者曰 : '何爲式?' 王曰: '蛙有氣如此, 可無式乎?')"(拙文 〈釋"忿"〉참고, 《遼寧師範大學學報》 1983年 3期)라 하였다. 기운이 있으면 발산해야한다. '규영嫢盈'에는 이 때문에 인신되어 '큰 소리로 꾸짖다'는 뜻이 있다.

(12) 漗也. 朝鮮洌水之間, 煩漗謂之漢漫, 顚眴謂之眴眩(조선열수 사이에서 번만煩漗은 한만漢漫이라고 하고 전현顚眴은 현현眴眩이라고 하였다). '한만漢漗'은 아마도 '번만煩漗'의 성전聲轉이고, '전현顚眴'은 즉 '전간癲癇'으로 옛날에 풍질風疾을 가리킨다. 예를 들어 양웅의 〈극진미신劇秦美新〉에서 "신은 자주 간질이 발병하여 아마도 갑자기 죽을 것 같습니다(臣常有顚眴病, 恐一旦先犬馬填溝壑.)."이라 하였다. 이선李善은 "현眩과 현眴은 예전에 서로 통하는 글자다(眩與眴古字通)."라 주를 달았다. 조선열수 사이에서 이 두 개의 한자어는 옛날 음으로 발음되어 한나라 때와 달랐으므로 양웅은 방언으로 여겼다.

(13) 樹植, 立也. 燕之外郊·朝鮮洌水之間, 凡言置立者, 謂之樹植(연의 근교·조선열수 사이에서 치립置立을 일러 수식樹植이라고 하였다). '수樹'·'식植'은 모두 '곧게 세우다'·'똑바로 세우다'는 뜻이 있는데, 전형적인 중국어 단어이다. 예를 들어 《사기·이사열전李斯列傳》에서 "취봉기를 세우셨으며 영타고를 설치하셨습니다(建翠鳳之旗 樹靈鼉之鼓)."라 하였고, 또 《주례·하관夏官

·전복田僕》에서 "사냥을 하여 수확이 있는 자에게 깃발을 꽂고 사냥감을 바치라고 명령하였다(令獲者植旌及獻比禽)."이라 하였으며, 정현이 "植, 樹也."라고 주를 달았다.

(14) 貔, 北燕朝鮮之間謂之豾否(북연 조선열수 사이에서 비豾否라고 하였다). '비貔'는 일종의 맹수로, 《상서·목서牧誓》에서 "호랑이 같고 비(貔: 일종의 표범)과 같으며, 곰[熊]과 같고 비(羆: 큰 곰)와 같다(如虎如貔, 如熊如羆)."라 하였다. '비貔'는 並母와 脂部에 속하고, '豾否'는 幫母와 脂部에 속한다. 두 글자는 아마도 이체異體일 것이다.

(15) 北燕朝鮮洌水之間, 謂伏雞曰抱(북연 조선열수 사이에서 복계伏鷄를 포抱라고 하였다). '복계伏鷄'는 즉 '부계孵鷄'이다. '복伏'은 並母와 職部에 속하고, '부孵'는 並母와 幽部에 속하여, 두 글자가 근원을 같이 한다. '포抱'도 並母와 幽部에 속하여 '부孵'와 음이 같고 뜻이 통한다. 지금 동북·화북 지역은 여전히 '孵小鷄'를 '抱小鷄'라 부른다.

(16) 猪, 北燕朝鮮之間謂之豭(북연 조선열수 사이에서 가豭라고 하였다). 《설문해자》에서 "豭, 牡豕也."라 하였으니, 즉 수퇘지이다. 예를 들어 《좌전·소공昭公 4년》에 "(목자가)얼떨결에 주위를 둘러보니 한사람이 곁에 있는데 색깔이 검고 곱추에다 눈이 움푹 들어가고 돼지주둥이를 한 자였다((穆子)顧而見人, 黑而上僂, 深目而豭喙.)."라 하였고, 두예杜預는 "입은 돼지를 닮았다(口像猪)."라고 주를 달았다. 아마도 북연조선 사이에서 '가豭'는 일반적으로 돼지를 가리키는데 秦晉의 말과 맞지 않아서 양웅이 특별히 적어둔 것 같다.

(17) 鳲鳩, 燕之東北·朝鮮洌水之間謂之鶝或鳥(연의 동북·조선열수 사이에서 복역鶝或鳥이라 하였다). '시구鳲鳩'는 지금의 뻐꾸기이다. 《이아·석조釋鳥》에서 곽박의 주는 "今之布谷也."라 하였다. '복부鶝鴀'는 또한 '부부鳺鴀' '부부夫不'라고도 쓰는데, 곽박은 '시구鳲鳩'로 여겼다. '시구鳲鳩'·'부부鳺鴀'·'복부鶝鴀'는 모두 뻐꾸기의 울음소리를 모방하여 이름을 붙인 것으로 전형적으로 하나의 음에서 변환된 것이다. 전역은 《방언전소》에서

《광운廣韻》에 '역복或鳥鷗'이 있기 때문에 《방언》에서의 '或鳥' 다음에 아마도 '복鷗' 한 자가 빠졌을 것이라고 여겼다.

(18) 鼅鼄, 蛛蝥也. 北燕朝鮮洌水之間謂之蝳蜍(북연조선열수 사이에서 독서蝳蜍라 하였다). '지주鼅鼄'는 즉 '지주(蜘蛛 : 거미)'이다. '지주鼅鼄'는 쌍성연면사이고, '독서蝳蜍' 또한 쌍성연면사로, 두 단어 역시 아마도 성전聲轉의 관계일 것이다. 또한 《옥편》에서 "蝳, 蝳蜍, 肥大蜘蛛."라 한 것에 근거하면, 서한 때 '지주鼅鼄'는 '독서蝳蜍'와 대략 종속적인 구병이 있었으니, 북연조선열수 사이에서 '독서蝳蜍'라 한 것은 아마도 작은 종류로써 큰 종류를 칭한 것이므로, 양웅은 방언으로 여겼다.

조선어에 속하는 단어는 모두 8개로 나열하면 아래와 같다.

(1) 盱·揚, 雙也. 黑瞳之子, 燕代朝鮮洌水之間曰盱, 或謂之揚(노동黸瞳의 아들로, 연나라 때 조선열수 사이에서 우盱라고 하기도 하고 양揚이라고도 하였다). 곽박은 원양씨圓揚氏의 견해로써 《시경》의 "美目揚兮" 한 구절을 인용하여 '우盱'·'양揚' 두 글자가 "본래는 쌍을 이루는 것을 말하나 그 뜻을 넓혀 눈을 말한다(本論雙耦, 因廣其訓復言目耳)."라 여겼는데, 여기서는 더욱 본말이 뒤바뀌었다. '우盱'·'양揚' 두 글자는 본래 눈을 들어 위를 바라보는 것을 가리키는데, 《설문해자》에서 "눈을 뜨다(張目也)."라 하였고, 《옥편》에서 "눈을 들다(擧目也)."라 하였다. 두 글자는 결코 '쌍雙''의 뜻이 없는데, 고서에서도 '우盱'·'양揚'을 '쌍雙'으로 삼은 용례는 없음을 알 수 있다. 사실 '우盱'는 조선어에서의 고유수사인 '이二'로 발음은 둘[tul]인데, '우盱'의 발음인 '우'[u]와 매우 가깝다. '양揚'은 조선어에서의 한자어인 '량兩'의 음역인데, '량兩'의 발음인 '양'[yang]은 '양揚'의 발음 '양'[yang]과 같다. 양웅은 조선어를 몰랐으므로, '우盱'·'양揚' 두 글자의 '쌍' 의미는 '동자瞳子'에 근원을 둔다.

(2) 小也. 燕之北鄙·朝鮮洌水之間謂之策(연의 북비·조선열수 사이에서 책策이라고 하였다). 《설문해자》에서 "策, 馬箠也."라 하였으

니 본래 말채찍을 가리킨다. '책策'에는 '소주小籌' '시초蓍草' 등의 뜻이 있으나, '작다'라는 뜻으로 쓰인 예증이 보이지 않는다. 사실, '책策'은 조선어에서의 고유사인 '小'의 음역이다. 조선어에서의 형용사인 '小'의 발음은 '작다'[chakda]인데, 어미 '다'[da]를 없애면 '策'의 발음 '책'[ch'æk]과 매우 가깝다.

(3) 毳也. 燕之北郊·朝鮮洌水之間曰葉褕(연의 북교·조선열수 사이에서 섭유葉褕라 하였다). 《설문해자》에서 "취毳는 짐승의 가는 털이다(毳, 獸細毛也.)."라 하였고, 《옥편》에서는 "短度絹."이라고 하였는데, "견絹"은 "짐승의 털"과 관계가 없다. 또한 《설문해자》에서 "유褕는 유적褕翟이다. 깃털로 장식한 옷이다(褕, 褕翟, 羽飾衣.)."라 한 것에 근거하여, 주복보周福保의 고증에 근거하면 "유적褕翟"의 "적翟"은 산꿩의 꼬리 중 긴 것이다. 또한 "유적褕狄"이라고 하는데 "적狄"은 제복祭服으로 푸른 바탕에 다섯 색깔의 翟 모양이 그려져 있다.16) "섭유葉褕"에는 결코 "취毳"의 의미가 없다. 사실, 조선어에서 "짐승의 가는 털"을 나타내는 고유어 '솜털'은 "葉褕"의 한자음 '섭유'[səptu]와 음이 가까운데, 양웅이 "葉褕" 두 글자로 대체하였을 것이다.

(4) 疾也. 燕之外郊, 朝鮮洌水之間曰搖扇(연의 외교·조선열수 사이에서 요선搖扇이라고 하였다). 고서에서 '요搖'에는 '급속急速'의 뜻이 있다. 예를 들면 《초사·구장九章》에서 "바라기는, 멀리 떠나 내 멋대로 달리고 싶지만(願搖起而橫奔兮)"라 하였으나, '요선搖扇'이 '질疾'의 뜻으로 쓰인 것은 들어본 적이 없다. 《광아》에서 "령逞·요선搖扇은 빠르다는 뜻이다(逞·搖扇, 疾也.)."라 하였고, 《이아》의 곽박이 단 주에 "(파리가) 아주 빠르다. 요선搖扇은 빠르다는 뜻이다((蠅)好搖扇, 是搖扇皆有疾義也)."라 한 것은 모두 《방언》의 영향을 받아 억지로 끌어다 붙인 말이다. 정유분은 《방언음석》에서 '요搖'는 '수수颼颼'의 '수颼'로 읽혀 '선扇'과 쌍성연면사인 것 또한 억지로 갖다 붙인 것이라 여겼다. 사실, '요선搖扇'은 조선어의 고유어 '어서'의 음역이다. 조선어의 발음인 '어서'[əsə]는 '搖扇'의 한자어 발음인 '요선'[yosən]과

16) 《中國古代服飾史》 p.126, 중국희극출판사, 1986년.

매우 가깝다. 서한 때 조선에는 아직 문자가 없어서 습관적으로 한자로 음을 적었던 것이 양웅으로 하여금 중국어 방언의 단어로 오해하게 하였다.

(5) 凡草木刺人, 北燕朝鮮之間謂之策, 或謂之壯(대개 草木刺人은 북연 조선열수 사이에서 책茦이라고 하거나 장壯이라고도 하였다). 《설문해자》의 단옥재 주에서 "나무의 까끄라기를 자朿라 하고, 풀의 까끄라기를 책茦이라 한다(木芒曰朿(棘), 草芒曰茦.)."이라 하였고, 전역의 《방언전소》에서는 "자刺·책茦·자莿는 방언과 속어에서 경중輕重의 차이가 있다(刺·茦·莿, 方俗語有輕重.)."라고 하여 발음에 차이가 있음을 말하였다. '자刺'자는 옛날에 이미 있었으니, 예를 들어 《맹자·양혜왕상梁惠王上》에서 "이러한 말은 칼을 들고 사람을 찔러 죽이고서 …라 한 것과 무엇이 다르겠습니까(是何異於刺人而殺之…)"라 하였다. 그러나 '책茦'이 '자刺'의 뜻으로 쓰인 것은 현재 용례를 발견하지 못하였다. 양웅은 이 조목만 기록하였으니, 북연조선 일대가 "草木刺人"을 나타내는 단어임을 분명히 인정하였는데, 그 발음은 '자刺'와 차이가 구별이 있으므로 '책茦'자로 적었다. 사실, '茦'은 조선어에서 '刺'의 뜻을 나타내는 고유어 '찌르다'[jjirida]의 음역으로, 어미를 없애면 '茦'의 한자음 '자'[ja]와 매우 가깝다. '찌르다'는 '자刺'의 뜻을 나타내는 것 외에 "밀고하다" 등의 뜻도 있는데, 중국어에서 '자刺'가 '자탐刺探(은밀히 살펴보다)"'의 뜻이 생겨난 것처럼 인신된 것이다. '장壯'에 '자刺'의 뜻이 있는 것은 예부터 이미 있었던 것으로 전형적인 한자 단어이니, 예를 들면 《광아·석고釋詁》에서 "茦·刺·壯·箴(針)也."라 하였다.

(6) 凡飮藥傅藥而毒, 北燕朝鮮之間謂之癆(대개 약을 마시고 발라 중독되는 것을 북연과 조선열수 사이에서 로癆라고 하였다). 옛날에 '독약毒藥'은 '고약苦藥'을 가리키는데 사람을 죽음에 이르게 하는 약은 아니었다. 《주례·주관周官·의사醫師》에서 "독약을 모아서 의료의 일에 제공한다(聚毒藥以共醫事)."라 하였고 정현은 "독약은 약의 맵고 쓴이다(毒藥, 藥之辛苦者)."라고 주를 달았다. 지금 조선어에는 한자 단어인 '癆'가 있는데, 음은 '로'[ro]이고 뜻은

'약에 중독되다'로, 약을 먹었기 때문에 일어나는 불편함을 가리킨다. 한나라 때 '癆'는 이미 이러한 뜻이 없었으므로 양웅은 방언으로 여겼는데, 사실 중국어의 옛 단어이다.

(7) 行也. 朝鮮洌水之間或曰徥(조선열수 사이에서 시徥라고 하였다). 《설문해자》에서 "徥徥, 行皃."라 하였고, 또 《광아》에서 "徥·由, 行也."라 하였다. 그러나 고서에는 '徥'가 동사인 '行'으로 쓰인 용례가 드물다. 사실, '徥'는 支部 定母자로, 조선어의 '다닐다(步行)'의 음역으로 발음은 '다닐다'로, 그 첫 음 '다'는 '徥'의 발음 '터'[te]와 가깝다.

(8) 𦐇(播), 離也. 燕之外郊, 朝鮮洌水之間曰𦐇(연의 근교·조선열수 사이에서 파𦐇라고 하였다(𦐇는"播"의 異文)). 《설문자》에서 "播, 種也, 一曰布也."라 하였다. '파播'에는 '파종하다'·'분포하다'·'나누어 주다' 등의 뜻이 있으나, '분리하다'는 뜻은 없다. 대개 𦐇(播)는 月部 幫母자로 음은 [pat]이다. 사실, 파(𦐇)는 여기에서 조선어에서의 고유어인 '뿌리다'[pulida]의 음역으로, 뿌리다에는 '내버리다'·'포기하다'·'분리하다'·'벗어나다' 등의 뜻이 있다. 분명히 '뿌'[pu]는 [pat]과 음이 가깝다.

이상의 분석을 통해 《방언》에 기록된 26개의 '조선'과 관련된 단어는 대부분 한자어로 그 중 일부는 널리 유행한 아언雅言이고 일부는 연북지역에 유행한 것이다. 소수는 고조선어의 고유어다. 이외에 또 다른 하나는 조선어가 중국어 중에서 흡수한 한자어로, 발음이 서한시기 진진秦晉방언과 조금 차이가 날 뿐이다. 이 단어들의 분포는 당시 그 지역의 언어 융합현상을 반영하며, 고대 중국어와 고조선어의 융합을 야기한 것은 중원백성의 동쪽 이민이다. 이민과 토착민이 섞여 살면 필연적으로 언어의 상호융합을 야기하게 되는데 특히 가장 활발하게 사용되는 어휘가 쉽게 유입된다. "이민들과 현지 거주민들이 세력이 비슷한 상황 하에서 서로 다른 방언은 사람들이 교제하는데 보이지 않는 장막이 생기게 했고 이러한 언어적 장애물을 없애기 위해 이민들 사이에서 종종 신구지역 방언의 융합이 생겨났다."[17] 그러므로《방언》에 수록된 조선과 관련된 단어는 순수한 '연북방언'이 아니며 순수한 '소수민족어'도 아닌 중국어와 조선어가 뒤섞인 것이라 추정할 수 있다.

양웅이 살던 서한 말기는 고조선어가 활발하게 한자어를 대량으로 흡수하고 사용하던 시기이다. 지역적으로 연관이 있기 때문에 연방언이 조선어에 끼친 영향은 명확하다. 그래서 양웅이 이 지역에서 수도 장안으로 온 사람들의 입에서 이러한 단어들을 들었을 때, 조선일대의 방언이라고 확신하는 선입견을 가지게 되었다. 이러한 단어는 대략 세 종류로 나눌 수 있다. 첫째, 선진시대의 아언으로 어음변화로 인해 방언으로 여겨진 양웅이 말하는 '절대어'다. 둘째, 한나라시대의 연북방언으로 양웅이 익숙한 진진방언과 차이가 있다. 셋째, 고대 조선어 중의 고유어로 양웅이 말하는 '별국別國방언'이다. 이 단어들을 양웅은 모두 한자로 기록하였기 때문에 오류를 면하기 힘들었다. 그러나 그의 기록 때문에 우리는 이천 년 전 중국 방언이 차이가 남을 엿볼 수 있었으며 또한 당시 한반도 서부방언의 한 측면을 이해할 수 있고, 당시 이 지역에서 발생한 민족문화 교류 및 언어융합의 상황을 발견할 수 있었다. 이 점에 있어서 양웅의 공은 무시할 수 없다.

고대 한국어가 한자어를 흡수함에 있어서 양적 변화의 과정이 있었다. 처음에는 단지 자신의 민족 고유어를 보충하기만 했다. 그러나 한자어가 급속하게 증가함에 따라 한반도 백성들은 이미 익숙하게 한자를 사용할 수 있게 되었고, 그들이 한자의 음·뜻을 사용해 대규모로 인명·지명 등 고유명사를 변경했을 때 그들은 이미 이 이국에서 온 문화사절을 인정했음을 의미한다.

대규모 개명운동은 6세기 초 신라에서 시작됐다. 신라는 한반도 삼

17) 갈영옹(葛永雍)〈探索語言背後的社會史〉,《절강사회과학》에 게재, 1996년 5기.

국 중 중국과 가장 관계가 밀접하고, 중국 문화를 배우는데 가장 열심이었던 국가였다. 신라 제21대왕 '소지마립간'까지 신라의 왕명은 모두 고유어다. 예를 들어 '유리이사금'·'눌지마립간' 등이며 모두 한자를 써서 표기한 고유어다. '이사금'은 '계승하다'와 '고귀하다'의 의미이다. '마립간'의 '간干'은 알타이어계에서 '한汗'으로 통용되며 '마립간'은 '위대한 존장尊長'의 뜻이다. '거세간' ('거서간'이라고도 함)의 의미는 '시초의 대왕'이다. 《삼국유사》권1에 "신라왕으로서 거서간과 차차웅이란 이름을 쓴 이가 각기 하나요, 이사금이라고 한 이가 열 여섯이며, 마립간이라 한 이가 넷이다. 신라 말기의 유명한 학자 최치원이 〈제왕연대력帝王年代曆〉을 지을 적에는 모두 모왕某王이라고만 하고 거서간 등이라고 하지 않았다. 이것은 혹시 그 말이 야비해서 부르지 못할 것이라고 생각해서인가(新羅稱居西干次次雄者一, 尼師今者十六, 麻立干者五. 羅末名儒崔致遠作帝王年代曆, 皆稱某王, 不言居西干等, 豈以其言鄙野不足稱之也.)"라 기록되어 있다. 개명은 그들이 숭상하는 중국문화에 가까워지기 위해서이다. 그들은 중국 문화가 고아하고, 선진의 문화이며 반드시 맹목적으로 따라야 한다고 여겼으니 이는 당시 한반도의 보편적인 심리상태였다. 지증왕부터 시작해 신라 국왕의 칭호도 순수한 한자어(예를 들어 '법흥왕法興王'·'진평왕眞平王'·'선덕여왕善德女王'·'문무왕文武王' 등)로 바뀌었다. 게다가 지증왕부터 시작해 신라의 국호도 뜻이 있는 한자 고유명사로 바뀌었다. 이 역사적 사실은 《삼국사기》의 '지증마립간' 부분에 기록되어 있다.

4년(503) 겨울 10월에 여러 신하들이 왕에게 말했다. "시조가 나라를 창건한 이래로 나라 이름을 아직 정하지 못한 채 사라斯羅라고 부르기도 하고, 사로斯盧라고 부르기도 하였으며 또는 신라新羅라고 부르기도 하였습니다. '신新'은 덕업이 나날이 새로워진다는 뜻이요, '라羅'는 사방을 모두 덮는다는 뜻이므로 '신라'를 나라 이름으로 삼는 것이 옳다고 생각합니다. 또한 예로부터 나라의 군주를 살펴보면, 모두 '제帝'나 '왕'으로 칭호를 삼았는데, 우리 시조가 나라를 창건하고 지금까지 22대가 되도록 오직 방언으로 왕호를 삼았을 뿐 아직도 존귀한 칭호를 정하지 못했으니, 이제 여러 신하들이 한 뜻으로 삼가 '신라 국왕'이라는 칭호를 올립니다."라고 하자 왕이 이를 따랐다. (四年(503)冬十月, 群臣上言, 始祖創業已來, 國名未定, 或稱斯羅, 或稱斯盧, 或言新羅. 臣等以爲"新者德業日新, 羅者網羅四方"之義則, 其爲國號宜矣. 又觀自古有國家者, 皆稱帝稱王. 自我始祖立國, 至今二十二世, 但稱方言, 未定尊號. 今群臣一意, 謹上號新羅國王. 王從之.)

중국의 연호를 모방한 것 역시 신라가 가장 먼저였다. 한반도에서 가장 먼저 나타난 연호는 신라 법흥왕 시기의 '건원建元'(536~550)이고 이후에는 잇따라 '개국開國'(551~567)·'태창太昌'(568~571)·'홍제鴻濟'(572~583)·'건복建福'(584~633)·'인평仁平'(634~646)·'태화太和'(647~650)이였다. 이후에 고려의 연호는 '천수天授'(918~933)·'광덕光德'(950~951)·'준풍峻豐'(960~963) 등이 있다. 이조시대에 이르러서는 더욱 철저해져 아예 명나라 연호를 사용하였다.

지명의 대규모 변경은 신라 제35대 경덕왕시기(742~765)부터 시작되었고, 원래 고유어 형식의 지명을 모두 단음절의 한자어로 바꾸었다. 《삼국사기》권9의 경덕왕 16년(757)에 기록된 바에 의하면, 당시 신라 9개의 행정구를 모두 한자 이름으로 바꾸었는데, 구체적으로 변경된 사항은 아래와 같다.

사벌주沙伐州 - 상주尙州
한산주漢山州 - 한주漢州
완산주完山州 - 전주全州
삽양주歃良州 - 양주良州
수약주首若州 - 삭주朔州
하서주河西州 - 명주溟州
무진주武珍州 - 무주武州
웅천주熊川州 - 웅주熊州
청주菁州 - 강주康州

이와 동시에 고구려·백제·신라의 군현 이름 또한 모두 쌍음절의 한자 이름으로 바꾸었다. 예를 들면 다음과 같다.

기군基郡 - 부성군富城郡 근평군斤平郡 - 가평군嘉平郡
추화군推火郡 - 밀성군密城郡 가해현加害縣 - 가선현嘉善縣
악지현惡支縣 - 약장현約章縣 사량현沙良縣 - 신량현新良縣
금물노군今勿奴郡 - 흑양군黑壤郡 이진매현伊珍買縣 - 이천현伊川縣
파부리현波夫里縣 - 부리현富里縣 사열이현沙熱伊縣 - 청풍현淸風縣
갑화양곡현甲火良谷縣 - 기장현機張縣

지명변경에는 세 가지 원칙이 있다. 첫째, 가능한 중국 지명의 명명 형식에 가깝게 하는 것. 둘째, 원지명 표기 중에 폄의를 가진 한자를 바꾸는 것. 예를 들어 '가해加害'를 '가선嘉善'으로 바꾸었다. 셋째, 원지명 중의 고유어를 상응하는 한자어로 바꾸는 것. 예를 들어 '물勿'은 한국어의 '수水'의 뜻이다. 그래서 '덕물德勿'을 '덕수德水' 바꿨다.

이외에 신라는 삼국 통일 후 전면적으로 중국 당나라의 정부기관 및 명칭을 모방하기 시작했고 신라 관직명의 일부분도 중국과 일치시키기 시작해 고유명사를 한자이름으로 바꾸었다. 당시 신라는 당나라의 상서성尙書省·병부兵部·예부禮部·호부戶部·형부刑部·공부工部·어사대御史臺 등의 기구에 근거하여 집사성執事省·병부兵部·예부禮部·창부倉部·좌우이방부左右理方府·예작부例作府·사정부司正府 등을 설립하는 동시에 병부의 '대사大舍'라는 관직을 '낭중郎中'으로, '사지舍知'를 '집사원외랑執事員外郎'으로 바꾸었고, 예부의 '대사大舍'를 '주부主簿'로, '사지舍知'를 '사례司禮' 등으로 바꾸었다.

한국의 현재 성씨제도 또한 중국에서 온 것이다.《삼국사기·신라본기》에 기록된 바에 따르면, 신라 제3대왕 유리이사금(24~57 재위)은 서기 32년 봄 "여섯 현의 이름을 바꾸고 성을 하사했다. 양산부楊山部는 양부梁部로 바꾸고 이씨李氏를 하사하고, 고허부高墟部는 사량부沙梁部로 바꾸고 최씨崔氏를 하사했으며, 대수부大樹部는 점량부漸梁部로 바꾸고 손씨孫氏를 하사했다. 우진부于珍部는 본피부本彼部로 바꾸고 정씨鄭氏를 하사했고, 가리부加利部는 한지부漢祇部로 바꾸고 배씨裴氏를 하사했으며, 명활부明活部는 습비부習比部로 바꾸고 설씨薛氏를 하사했다." 그러나 진흥왕 시기(540~575) 〈순수비〉 등의 자료로 봤을 때 6세기까지 신라는 아직 한자 성을 사용하지 않았다. 아마도 《삼국사기》의 기록은 소문이었을 뿐 역사적 사실은 아니었을 것이다. 한국학자들의 고증에 의하면 한자 성은 신라 말기에 비로소 실시되기 시작했다. 처음에는 임관 귀족계급만이 채택하여 사용했고 고려시대에 점차 보편화되어 일반 백성들도 모두 한자 성을 가지게 되었다. 한자 성씨제도가 확립된 것은 중국의 종법제도와 윤리문화가 확립되었다는 것을 의미한다. "성이 달라야 혼인한다(姓所以別婚姻)" 《국어國語》에 "동성은 혼인하지 않으며, 자식을 낳지 못한다(同姓不婚, 惡不殖也)"의 훈계가 있어 고려 충렬왕(1274~1308 재위)때부터 중국 혼인제도와 예절풍속에 근거하여 동성 혼인을 금지하였다. 이 혼인 풍습은 오늘날까지 답습된다.

김형규는 개명은 문화의 진보를 나타내기도 하고 고유문화의 상실을 의미하기도 한다고 여겼다.[18] 강세를 띤 문화와 약세를 띤 문화가 접촉하는 과정에서는 강세를 띤 문화가 항상 많이 수출되고 약세를 띤 문화가 항상 많이 수입을 하게 되는데 이것은 하나의 규칙이다. 맹자는 "나는 중국이 오랑캐를 변화시킨다는 말은 들었으나 오랑캐가 중국을 바꿨다는 말은 듣지 못했다(吳聞用夏變夷者, 未聞變於夷者也)"《맹자·등문공상滕文公上》라 말한 적이 있다. 중국 문화의 동쪽으로의 유입은 물이 아래로 흐르는 것처럼 한반도에 선진의 물질

18) 《국어사개요》 p.42, 1995년.

문명을 가져다주었다. 전면적으로 중국 문화를 배우고 받아들이는 것은 자신의 민족 문화를 상실하는 것이 아니라 반대로 강세를 띤 문화와의 차이를 크게 줄일 수 있고, 그렇게 함으로써 더욱 완벽하게 자신의 민족 문화를 전승하고 보유할 수 있다.

중국 문화에 있어 특수한 형식인 한자는 이 방면에서 더욱 중대한 작용을 했다. 문자가 없는 언어는 문화를 전파하고 전승할 때 극복할 수 없는 어려움에 직면하는데, 한자의 유입이 이러한 긴급한 문제를 해결했다. 한자문화의 전파에 따라 대량의 한자어가 당시 한국어에 유입되었고 점차 고유어의 일부를 대신했다. 개명은 한반도 백성들이 한자를 사용해 단어를 만드는 시도였고, 그 돌파구는 고유명사를 바꾸는 것부터 시작되었다. 공자는 "이름이 바르지 못하면 말이 순하지 못하고 말이 순하지 못하면 일이 이루지 못하고, 일이 이루지 못하면 예악이 흥하지 못하고 예악이 흥하지 못하면 형별이 맞지 아니하고, 형벌이 맞지 아니하면 백성이 수족을 둘 바가 없느니라(名不正則言不順, 言不順則事不成, 事不成則禮樂不興, 禮樂不興則刑罰不中, 刑罰不中則民無所措手足)"(《논어·자로子路》)라 생각했다. 일반적으로 고유명사는 민족성·역사성·안정성을 지니고 있다. 블룸필드Leonard Bloomfield는 "세밀하고 추상적인 의미는 대부분 구체적 의미를 비교하는데서 생겨난다."·"모든 명칭은 전용명사로부터 시작되는데 하나의 사물만을 가리킨다."[19] 전용명사를 바꿀 수 있다면 어떤 단어를 바꾸지 못하겠는가? 그래서 전용명사를 바꾸는 것은 더 철저하게 단어가 중국화 되는 것이며 한반도가 이미 정식으로 한자문화권에 진입했다는 것을 표명한다.

19) 《語言論》 p.530, 상무인서관, 1980년.

제2장

한자어의 유래

1. 중국 고대 전적에서 온 한자어
2. 중국 불경 번역에서 온 한자어
3. 중국 고대 백화에서 온 한자어
4. 근대 일본에서 온 한자어
5. 한국이 스스로 창제한 한자어

제2장

한자어의 유래

한국어는 한자어를 흡수하는데 기나긴 과정을 거쳤다. 기원전·후부터 19세기 말까지 즉 삼국시대부터 조선시대까지 지속되었고 이천 년의 간격이 있었는데 이 기간 동안 한자어는 끊임없이 한국어에 스며들었다. 이 기간 동안 한자어휘도 상고上古·중고中古·근대近代 세 발전 단계를 거쳤으며, 새로운 단어가 끊임없이 생겨나고 오래된 단어는 끊임없이 쇠퇴하여, 문언 어휘와 구어 어휘의 차이가 점점 더 커졌다. 그러나 재미있는 것은 역대 한국어에 유입된 한자어는 이러한 낡은 것이 없어지고 새로운 것이 대신 생겨나는 과정과 시대와 같이 발전하는 과정을 거치지 않고 문어와 구어를 받아들였다는 것이다. 한국어 속의 한자어 가운데는 고대 문헌을 통해 유입된 문언체 어휘도 있고 입말을 통해 유입된 백화체 어휘도 있으며 불경의 유포를 통해 유입된 한자음역 어휘도 있다. 이번 장에서는 한국어 한자어의 유래에 대해 정리하고 그 근원을 찾아 그들의 출처와 유래·유입 경로를 연구하고 토론할 것이다. 박영섭은 한국어 속의 한자어에 대해 계보적 분류를 한 적이 있는데 크게 중국 문언어휘, 불교어휘, 중국 백화어휘, 일본식 한자어, 스스로 만든 한자어 등 다섯 종류로 나눌 수 있다고 여겼다. 이 분류는 기본적으로 합리적이며 필자의 분석도 기본적으로 이 분류를 채용한다.

한반도에 한자 문화가 유입된 초기단계에서 한반도의 문자 생활은 정통 한문과 향찰 표기가 병행된 이원화 방식이었다. 중국어와 한국어의 유형이 차이가 있기 때문에 향찰 표기체는 더욱 통행되었고 특히 민간 창작에서 그러했다. 삼국시대 이전의 시가는 세 수만이 전해지는데 〈구지가龜旨歌〉·〈공무도하가公無渡河歌〉·〈황조가黃鳥歌〉다. 이 세 수의 시는 모두 전형적인 한문 문체로 특히 《삼국사기》에 기록된 〈황조가〉는 한국 현존 최초의 한문시이며 고구려 유리왕이 기원전 17년에 만든 작품이라 한다. 시의 내용은 "훨훨 나는 저 꾀꼬리 암수 서로 정답구나 외로워라 이 내 몸은 뉘와 함께 돌아가리(翩翩黃鳥, 雌雄相依, 念我之獨, 誰其與歸)"이다. 사언구체와 시흥을 불러일으키는 기법이 확실히 《시경詩經》과 관계가 있다. 5~6세기 한대 시가의 주류 형식이었던 오언시가 이미 한반도에 유입되었으며 한시를 창작하는 현지 시인들이 나타났다. 신라가 통일된 시기는 마침 시가 창작의 최고조였던 당대여서 당대 문학이 한반도에 빠르게 전파되었다. 신라 문인은 당대 시인과 그 작품에 매우 익숙했을 뿐만 아니라 그 중 일부 시인과는 긴밀하게 왕래하여 서로 지음知音으로 삼기도 했다. 《전당시全唐詩》에는 신라의 벗에게 써서 선물한 시가 많이 남아있다. 작가로는 장적張籍, 가도賈島, 육구몽陸龜蒙, 피일휴皮日休, 두순학杜荀鶴, 배열裴說 등이 있다. 이 외에 몇몇 재능이 뛰어난 최치원崔致遠, 왕거인王巨仁, 김진덕金眞德, 설요薛瑤, 고원유高元裕, 김입지金立之 등의 신라 시인들의 작품 또한 《전당시》에 수록되었다. 상류층 문인이 한문을 사용해 창작을 할 때 다량의 한자어를 사용한 것은 자연스럽고 당연한 일이었으니 향찰로 표기된 향가 가운데 얼마의 한자어가 나타났나에 대해 우리는 관심을 가질 필요가 있다. '향가鄕歌'는 '사뇌가詞腦歌'라고도 하는데 '본토의 가요'라는 뜻이다. 이런 원시 형태의 민가는 초기에 모두 입에서 입으로 전해졌고, 후에 일부 민간 문인들은 한자의 음·훈을 사용하여 독특한 문자 표기 방식을 구성했다. 향가는 민간에서 생겨나고 전해진, 속문화에 속한 일종의 예술 형식으로 민족 특색이 강하고 중국어의 영향을 상대적으로 약하게 받았다. 그러나 이러한 민간 창작 가운데에서도 여전히 일정한 수량의 한자어가 출현하였으니 한자어가 한반도에 깊숙이 침투했음을 알 수 있다.

향가는 신라시대에 생겨났다가 고려시대에 없어졌다. 현재 총 25수가 전해지는데, 그 중 14수는《삼국유사三國遺事》, 11수는《균여전均如傳》에 기재되어 있다.《삼국유사》에 기재된 14수 향가의 작자로는 월명사, 충담사 등 불교 승려와 견우노인과 같이 이름을 알 수 없는 하층 문인도 있으며 신충·영재 등과 같이 정치와 밀접한 관계를 가진 정계 인물과 심지어 백제의 왕족도 있다.《균여전》에 기재된 11수는 균여대사(923~973) 한 사람이 지었다. 향가의 내용은 풍부하고 다채로우며 불교와 연관된 것이 많아 신라시대의 불교에 대한 열정을 반영한다. 향가는 형식상에 있어서도 특색이 있다. 일반적으로 4행으로 된 향가는 뚜렷한 동요의 특징을 지니고 있다. 8행으로 된 향가는 서정성과 무속·축원적 특징을 동시에 지니고 있고, 10행으로 된 향가는 격식화된 감탄사가 더해져 시체詩體로의 전환을 구현했다. 12세기 향가는 쇠락하기 시작했고, 쇠락의 주된 원인은 향가 창작의 주체인 '화랑'이 당시의 주류 사회에서 서서히 사라졌기 때문이다. 그러나 가장 주된 원인은 중국문화가 한반도에서 보편화되면서 한자의 지위가 강화되었고 한반도의 귀족과 승려 계층의 심미 정취가, 우아함과 속됨을 함께 감상할 수 있는 향가에서 점차 한시·한문으로 옮겨가 자리를 내주게 되었다.

아래는《삼국유사》에 기재된 14수의 향가에 사용된 한자어 수량 통계를 한국어 고유어와 비교한 것이다.

작품명	고유어 수	한자어 수	백분율 비
혜성가彗星歌	33	7	83% : 17%
서동요薯童謠	9	2	82% : 18%
원왕생가願往生歌	21	9	70% : 30%
모죽지랑가慕竹旨郎歌	26	1	96% : 4%
풍요風謠	9	1	90% : 10%
헌화가獻花歌	13	0	100%
원가怨歌	25	0	100%
도솔가兜率歌	10	4	71% : 29%
제망매가祭亡妹歌	28	4	88% : 12%
안민가安民歌	28	9	76% : 24%
찬기파랑가讚耆婆郎歌	26	3	90% : 10%
도천수관음가禱千手觀音歌	27	3	90% : 10%
우적가遇賊歌	31	2	94% : 6%
처용가處容歌	23	0	100%
합계	309	45	87% : 13%

위의 표에서《삼국유사》에 기재된 신라향가 14수의 총 단어 수는 354개이고, 그 중 고유어는 309개, 한자어는 45개로, 이 45개의 한자어의 대부분은 불교어(건달바乾達婆·보리菩提 등)와 호칭어(예를 들어 공주公主·신臣 등)이며 일반 단어(예를 들어 혜성彗星·태평太平 등)는 3% 정도를 차지한다는 것을 알 수 있다. 민간 창작에서는 작품의 주체를 받아들이고 적응하기 위해 여전히 고유어를 주된 재료로 하고 한자어는 단지 보충의 수단으로 삼았음이 확연하게 드러나지만 이러한 점은 이미 우리로 하여금 한자어 보급의 깊이와 범위를 느끼게 한다. 이외에 또 한 가지 반드시 언급해야 할 것은 향가 중의 고유어는 모두 한자 형식으로 기록된 '향찰체'라는 것이다. 다음은

〈찬기파랑가〉의 전문이다.

咽嗚爾處來	흐느끼며 바라보매
露曉斜隱月羅理	이슬 밝힌 달이
白雲音逐於浮去隱安支下	흰 구름 따라 떠간 언저리에
沙是八陵隱汀理也中	모래 가른 물가에
耆郎矣皃史是史藪邪	기랑耆郎의 모습과도 같은 수풀이여
逸烏川理叱磧惡希	일오逸烏 내 자갈 벌에서
郎也持以支如賜烏隱	낭郎이 지니시던
心未際叱肹逐內良齊	마음의 갓(끝)을 좇고 있노라.
阿耶柏史叱枝次高支好	아아, 잣나무 가지가 높아
雪是毛冬乃乎尸花判也	눈이라도 덮지 못할 고깔이여

이것은 10행체의 향가로 작자는 충담사忠談師이고 기파랑에 대한 그리움의 정을 나타내었다. 시인은 기파랑을 희고 깨끗한 달과 물가의 측백나무로 상상하여, 자신이 부서진 돌이 쌓인 강에서 힘들게 찾는 정경을 묘사하였다. 이 시가에서 앞 5행은 기파랑의 고아함과 성스러움을 나타내었고, 그의 높고 큰 형상을 묘사했다. 그 다음 3행은 자신을 미미하면서 평범한 부서진 돌덩어리에 비유하여 기파랑의 위용과 고결함을 두드러지게 했다. 마지막 2행에서는 '아야阿耶'라는 감탄사를 써 기파랑에 대한 애모와 찬미를 나타내었다.

고려시대 향가는 뚜렷한 쇠락의 기색을 나타내었고, 일종의 새로운 시가형식-경기체가 때마침 배태되어 13세기에 이르러 점차 성숙되었다. 그리하여 고려시대에 향가라는 유형의 민간시가는 '속요'로 통칭되었다. 고려속요는 구어성이 더욱 강하고 친사襯詞가 더욱 많았으니, 예를 들면 〈서경별곡西京別曲〉의 '아즐가'·'다링디리', 〈청산별곡靑山別曲〉의 '얄리얄리얄랑셩'으로 깊은 생활의 정취와 민족 특색을 지닌다. 고려속요의 구조는 크게 두 유형으로 나뉜다. 하나는

〈정읍사井邑詞〉·〈사모곡思母曲〉·〈상저가相杵歌〉 등으로 대표되는 단연체 가요이고, 다른 하나는 〈서경별곡西京別曲〉·〈청산별곡靑山別曲〉·〈만전춘滿殿春〉으로 대표되는 분연체이다. 주목할 만한 것은 고려 속요를 신라향가에 비교하자면, 한자어가 비록 조금 많아졌지만 고유어가 여전히 주된 역할을 했고 이미 민간 창작의 어체 풍격을 형성했다는 것이다. 다음은 고려속요에 사용된 단어의 통계이다.

작품명	고유어	한자어	백분율 비
정읍사井邑詞	20	1	95% : 5%
정과정곡鄭瓜亭曲	82	5	87% : 13%
처용가處容歌	122	79	61% : 39%
동동動動	129	36	78% : 22%
서경별곡西京別曲	83	11	88% : 12%
청산별곡靑山別曲	95	3	97% : 3%
정석가鄭石歌	96	20	83% : 17%
이상곡履霜曲	42	9	82% : 18%
사모곡思母曲	17	0	100%
귀호곡歸乎曲	24	4	86% : 14%
만전춘滿殿春	86	24	78% : 22%
쌍화점雙花店	127	8	94% : 6%
합계	699	115	86% : 14%

박영섭朴英燮은 한자어의 보편적 사용이 고려 시대 중기부터 시작된 것이고,[20] 이 추세는 설령 《훈민정음》의 창제·반포·시행 후에도 여전히 바뀌지 않았다고 여겼다. 관방에서는 사대숭유의 기본 국책을 계속해서 신봉하였고, 문인들도 한문과 한자의 기치를 계속 높

20) 《국어 한자 어휘론》 p.20.

였으므로 한자어가 한국어에서 깊게 뿌리내리게 되었다.

단국대학교에서 펴낸 《한국한자어대사전》은 현재 한국 출판계에서 규모가 가장 크고 수록된 내용이 가장 온전하며 상석詳釋이 가장 정밀한 한자어 관련 공구서로, 전체 15만개의 한자어를 수록하고 있다. 이 한자어들의 근원이 비교적 복잡한 이유는 한 시대·한 장소·한 사람·한 책에서 나온 것이 아니기 때문이다. 필자의 대략적인 통계에 근거하면, 대체로 다음의 다섯 가지 원인으로 확정할 수 있다. 즉, 중국 고대 서면어의 문언체 단어에서 온 단어·중국 고대 구어에서 온 백화단어·불경 한역에서 온 단어·근대 일본에서 온 일본식 한자어·한국 민족이 스스로 만든 한국식 한자어이다. 한국 한자어의 근원·수량·구조를 확실하게 알게 되면, 대체로 한자어가 한국어에 유입된 시간을 판단해 낼 수 있으며, 광활한 문화 교류의 배경 아래에서 한자어의 흐름을 알 수 있고, 아울러 한자어의 생존 상태를 한 걸음 더 나아가 고찰할 수 있다. 독일의 유명한 언어학자인 포트(A.F.Pott, 1802~1887)는 1833년 《사원탐토Etymological Investigations》라는 책을 출판했는데, 이 책에서는 언어 형식의 어원은 바로 이 형식의 역사임을 지적하였다. 어떠한 언어 형식의 어원을 얻고자한다면 그 단어의 해당 언어에서의 오래된 형식을 반드시 찾아야 할 뿐만 아니라, 그것들이 모두 동일한 모국어 형식의 변형체이기 때문에 각 친족어에서 그 단어의 형식도 찾아야 한다.[21] 그러므로 한국 한자어의 연구는 결코 고립된 개별 연구가 아니라 한자문화권내 기타 국가의 한자어 연구와 연관될 수 있다. 가장 중요한 것은 어원이론과 차용이론을 보충하고 완벽하게 하는 것이다. 다음에서 우리는 한국어에서 한자어의 근원 및 그 형식을 나누어 논술한다.

21) 풍지위(馮志偉)《現代語言學流派》 p.9, 섬서인민출판사, 1999년.

1. 중국 고대 전적에서 온 한자어

한국어에 가장 먼저 진입한 한자어는 당연히 중국 고대의 서면어에서 온 어휘일 것이다. 우리는 중국어와 한국어의 접촉이 기원전·후에 상당히 빈번했음을 알 수 있다. 언어 소통은 통상적으로 생활 범주에 속하며 사용된 어휘는 물질 방면의 어휘가 많았다. 그러나 이러한 어휘는 이질적인 것에 대한 저항이 가장 심한 고유어이다. 당시 한사군漢四郡 지역에서 활발히 활동했던 2개 국어를 하는 인재들과 일반 거주민들이 가장 자주 쓰는 말은 생활과 밀접한 어휘로 서로를 이해하려 했다는 것을 상상할 수 있다. 앞에서 이미 양웅揚雄의 《방언》에 수록된 26개의 '조선'과 관련된 어휘가 당시 조선과 중국이 섞여 있는 상황을 반영했다고 분석한 동시에, 이러한 어휘들에서 생활 방면의 어휘들이 많다는 것을 발견해 문화교류가 물질 방면에 국한되었다는 것을 설명했다.

중국 고대 문헌은 유학의 동쪽으로의 이동과 함께 한반도로 진입하였다. 한대에는 유학 저술만을 존중하여 유학 연구가 전에 없이 번영하였고 유학의 영향력도 전에 없이 커졌다. 그러나 유학이 구체적으로 어느 때 한반도에 들어왔는지는 지금도 논쟁이 있다. 어떤 학자는 일찍이 선진先秦시기에 이미 자연스럽게 흘러들어왔으며 기자箕子가 바로 고대 조선의 '유교의 조상'이라고 여기고(장지연(張志淵)《조선유교연원》), 어떤 학자는 전국시기에서 진대 말 중원 사람들의 이민 때 전해졌다고 여기며(유승국(柳承國)《한국유학사》), 어떤 학자는 한사군 건립 때 들어왔다고 여긴다(진식악(陳植鍔)《한국유문화사서론》). 또 어떤 학자는 통일신라시기에 들어왔다고 여긴다(현상윤(玄相允)《조선유학사》). 이 시기들은 1600년의 거리가 있다. 유학의 유입에는 유학이 이미 하나의 엄격하고 정연하며 심오한 현학으로 정립되어 외부로 영향을 줄 힘을 가지고 있다는 전제 조건이 반드시 있어야 하기 때문에 중국학자들은 대부분 '한사군설'을 찬성한다. '기자설'은 설득력이 없다. 유학은 기자가 창제한 것이 아니라 공자가 창제한 것이며, 기자가 창제한 것은 '팔조八條'로 치국 방법이나 비非치국의 이념이다. '전국시대에서 진말秦末이라는 설'도 설득력이 부족하다. 당시의 이민은 전쟁 난민이 많았는데, 전쟁을 피해 고향을 떠나 다만 목숨을 부지하기에 급급하였으니, 유학을 전파해야한다는 사명을 감당할 수 없었을 것이다. '통일신라설'은 상식적으로 이치에 맞지 않는다. 앞에서 이미 언급했듯이 일찍이 삼국시기에 한자·한문은 벌써 한반도에 진입하였고, 서기 3세기 백제인 왕인은 일본열도에 유학을 전파하기 시작했다. 위에서 서술한 바를 종합하면 유학이 한반도에 전해진 시기는 '한사군' 시기로 보는 것이 마땅하다. 한무제 때, 유학의 지위와 영향력이 전에 없이 높아졌을 뿐만 아니라 유학의 광범위한 전파에 확실한 뒷받침이 되기 위해 한사군은 유가적 정치 제도를 실행했다. 유학은 아주 빠르게 한반도 서북부에 퍼졌다. 양소전楊昭全은 제기祭器·목제기·조복朝服(관복)·의복과 두건·북과 피리 등의 유학 문물과 사군을 세우고 다섯 제후를 봉하는 등 유학 사상을 구현하는 정치·예의 제도가 한사군에서 건립되고 출현한 것은 유학이 조선에 전해진 것을 보여 준다고 지적했다.22)

지리적 원인 때문에 중국의 유학은 가장 먼저 고구려에 전해졌다. 소수림왕(371~383 재위)시기 이미 태학이 설립되어 정식으로 유학 교육이 실시되었다. 고구려의 평양 천도(427) 이후 유학은 더욱 보급되었다. 《북사北史·고구려전高句麗傳》에 의하면 고구려에는 "오경삼사, 삼국지, 진양추가 있다(書有五經三史·三國志·晉陽秋)." "오경"은 즉 《상서尙書》《역경易經》·《시경詩經》·《예기禮記》·《춘추春秋》이고,

22) 《中國—朝鮮·韓國文化交流史》 p.203, 곤륜출판사, 2004년.

"삼사"는 《사기史記》·《한서漢書》·《후한서後漢書》이며 《삼국지》(진수陳壽)와 《진양추》(손성孫盛)는 모두 진晉나라 사람이 쓴 역사서이다. 이러한 문화적 배경 아래서 유가의 정치사상은 고구려의 정치 이념에 깊은 영향을 끼쳤고 〈호태왕비〉의 비문에 생동감 있게 이러한 점이 반영되어 있다. 〈호태왕비〉(414)의 문체는 한문이며 비문에는 "세자 유류왕儒留王에게 도로써 잘 다스리라고 유언하셨도다. 대주류왕大朱留王께서 (나라의) 기틀을 이어 받으신 뒤, 십칠세손 국강상광개토경평안호태왕에 이르렀도다. 열 칠세에 왕위에 올라 연호를 영락永樂이라 했다. 태왕太王의 은택은 하늘에 두루 미쳤으며, 위무威武는 온 세상에 떨쳤도다. (태왕이) ㅁ을 쓸어 없애 백성들이 편안하게 생업에 종사케 하시니 나라가 부강하고 민호民戶가 불어나며 오곡이 풍성하게 익었다(顧命世子儒留王以道興治, 大朱六王紹承基業, 沓至十七世孫國岡上廣開土境平安好太王, 二九登祚, 號爲永樂太王. 恩澤洽於皇天, 威武振被四海, 掃除不ㅁ, 庶寧其業, 國富民殷, 五穀豊熟)."라 쓰여 있다. 비문 속의 '고명'이라는 단어는 《예기·대학大學》가운데 "大甲曰, 顧諟天之明命"에서 왔으며 "恩澤洽於皇天, 威武振被四海"는 분명히 《상서·요전堯典》 가운데 "光被四表, 格於上下" 구절을 모방하여 다시 쓴 것이다.

유학은 고구려를 거쳐 백제로 전해진 후, 다시 신라로 전해졌다. 중국 역사서의 기록에 의하면 고구려와 백제는 모두 '부여扶餘의 별종'이나 신라는 '변한弁韓의 후예'이다. 백제는 한반도의 서남부에 위치하며, 그 북쪽은 고구려와 인접하고 서남쪽은 중국과 바다를 사이에 두고 서로 바라보고 있어 중국과 직접적으로 왕래할 수 없었다. 삼국시대 백제의 항해 기술은 한계가 있어 대부분 고구려를 거쳐 중국과 왕래했고, 유학도 고구려를 통해 백제에 전해졌다. 《구당서舊唐書·동이전東夷傳》의 기록에 따르면 백제 건국 초기 "오경과 제자·역사가 널리 읽혔고 표와 소는 모두 중화의 법에 의하여 작성하였다(其書籍有五經子史, 又表疏併依中華之法)"고 하고 《신당서新唐書·동이전東夷傳》에 따르면 백제에 "서적이 많으며, 년·월을 기록하는 것이 중국인과 같다(有文籍, 紀時月如華人)"라고 기재되어 있다. 늦어도 서기 6세기 중엽, 백제에는 이미 유가 경전을 전문적으로 연구하는 '박사'라는 직책이 있었다. 백제에 유학의 기풍이 먼저 세워졌기 때문에 백제는 다른 지역으로 유학을 전파하는 임무를 자각하고 맡았다. 일본 《고사기》(712년 출판)의 기록에 근거하면 백제국의 왕실은 현인 화이길사和邇吉師(왕인)을 일본으로 파견하고 《논어》10권, 《천자문》1권 등의 한문 서적을 바쳤다고 한다. 《일본서기》(720년 출판)의 기록에 따르면, 오진천황 16년(285) "왕인이 일본에 왔고 태자인 우치노와 키이로츠코菟道稚郎子의 스승으로 삼았으니 여러 경전과 역사를 왕인에게서 배웠다. 왕인은 경전과 역사에 통달하지 않은 것이 없었다(王仁來之, 則太子菟道稚郎子師之, 習諸典籍於王仁, 莫不通達)."고 한다.

유학은 신라에 가장 늦게 전해졌으나 유학을 받아들이는 진도와 깊이로 말하자면 신라가 다른 나라를 추월했다고 할 만 하다. 《삼국사기》의 기록에 의하면 지증왕智證王(500~513 재위) 3년(502) 봄, 이미 법령으로 순장을 금지하였다. 이는 분명히 유가 사상의 영향을 받은 것이다. 공자는 사람의 순장을 취소할 것을 주장했다.(《맹자·양혜왕상梁惠王上》참고) 이외에 신라 황초령에 있는 〈진흥왕순수비眞興王巡狩碑〉(568)의 비문에도 유학의 깊은 영향이 드러나 있다. 비문에 쓰여진 "純風不扇, 則世道乖眞; 玄化不敷, 則邪爲交競. 是以帝王建號, 莫不修己以安百姓.(순풍이 일지 않으면 세상의 도리가 참됨에 어긋나고, 그윽한 덕화德化가 펴지지 않으면 사악한 것이 서로 싸우게 됩니다. 때문에 제왕이 연호를 세울 때엔, 몸을 닦아 백성을 편안하게 하지 않으면 안 되는 것입니다.)" 내용 중 '몸을 닦아 백성을 편안하게 하다(修己以安百姓)'

는 구절이 바로 《논어 · 헌문憲問》에서 온 것이다. 여기서 주의해야 할 것은 신라 진흥왕(540~575 재위)은 '화랑도'를 세우고 더 나아가 '화랑정신'을 정련해냈다. '화랑정신'은 원효대사가 세운 것으로 '융이불일融二不一'의 사유 방식을 취해, 중국에서 전해진 유교, 불교, 도교를 함께 융합하여 화랑의 수련에 도덕 규범을 제공하였다. 그 구체적 목표는 '사군이충事君以忠 · 사친이효事親以孝 · 교우이신交友以信 · 임전무퇴臨戰無退 · 살생유택殺生有擇'이다. '화랑정신'은 일종의 자아를 위주로 대내의 사상을 융합한 것으로 당나라 '삼교합류三教合流'의 간접적 영향을 받은 것이다. 신라의 저명한 학자 최치원은 '國有玄妙之道, 曰風流. 說教之源, 備詳仙史, 實乃包含三教, 接化群生. 且如入則孝於家, 出則忠於國, 魯司寇(孔子)之旨也；此無爲之事, 行不言之教, 周柱史(老子)之宗也；諸惡莫作, 諸善奉行, 竺乾太子(釋迦牟尼)之化也(나라에 현묘한 도가 있으니 풍류라고 일컫는다. 그 가르침을 만든 근원은 '선사'에 자세히 실려 있으니 실은 세 종교(유교, 불교, 도교)를 포함하여 여러 생명을 접하여 교화하는 것이다. 들어와서는 집에서 효도하고 나가서는 나라에 충성하는 것은 노나라 사구(공자)의 뜻과 같은 것이요, 무위로 일을 처리하고 말없이 교를 행함은 주나라 주하사(노자)의 종지와 같은 것이요, 악한 일을 하지 말고 선한 일을 받들어 행하는 것은 축건태자(석가모니)의 교화와 같은 것이다.).'라 지적했었다.[23] 또한 들여온 것만 있는 것이 아니라 나간 것도 있다. 대량의 신라 유학생들이 당나라 수도 장안으로 유학을 갔는데 《당회요唐會要》권36의 기록된 바에 의하면 당 문종 개성開成 2년(837), 신라 유학생은 216명 이었다. 이 유학생들은 주로 유가 경전을 배우고 적극적으로 당시 중국의 과거 시험에 참가하였다.

위에서 서술한 바를 종합하면 유학이 한반도에 전해진 데는 점진

23) 《최치원 전집》권2.

적 과정이 있었다. 고구려에서 백제로, 백제에서 신라로 점차 전국으로 퍼졌다. 유가 경전은 늦어도 한무제가 한사군을 설치할 때 이미 전해졌고, 한자와 한문은 일부 문인들이 능통하여 문서로 교제하는 도구로 사용되었다. 한자와 한문이 보급됨에 따라, 여기에 통달한 무리가 생겨났을 뿐만 아니라 고대 문헌에서 나온 대량의 단어들이 한국어에 진입하였다. 모든 한국 한문 속의 이러한 단어에 대해 정량 분석을 할 수는 없다. 게다가 이러한 단어들 중 일부는 이미 현대 한국어의 언어 사용에서 퇴출되어 더 이상 분석할 필요가 없다. 우리는 현대 한국어가 한자어를 여전히 간직하고 사용한다는데 초점을 맞추었기 때문에 《한국한자어대사전》에 근거하여 250개의 단어를 골라 근원을 찾고 분류하였다. 현대한국한자어가 주체이기 때문에 선정된 단어는 쌍음절 단어 위주이다. 한국 역대 한시와 한문 창작은 일반적으로 단음절 위주이고 전형적 의의가 부족하기 때문에 선택하지 않았다. 이 단어들은 관계호칭, 시간장소, 일상생활, 정치경제, 문화교육, 군사전술, 동물식물, 일상용어의 총 8가지로 나누었다.

(一) **관계호칭**

(1) 父母 : 告于父母(《三國遺事》卷二)
身體髮膚, 受之父母(《孝經·開宗明義》)

(2) 夫婦 : 我之夫婦子孫皆浮水上(《三國遺事》卷二)
有男女然後有夫婦(《易經·序卦》)

(3) 夫妻 : 釋夫妻罪二也(《三國史記》卷五)
夫妻反目(《易經·小畜》)

(4) 繼母 : 欲殺夫之繼母(《高麗史》卷四三)
繼母如母(《儀禮·喪服》)

(5) 繼父 : 繼父卽位(《三國史記》卷一)
繼父同居者(《儀禮·喪服》)

(6) 男兒 : 男兒不苟生(《三國史記》卷四三)

男兒當死于邊野(《後漢書·馬援傳》)

(7) 婦女 : 掠人婦女罪何及(《三國遺事》卷二)

公庭不言婦女(《禮記·曲禮下》)

(8) 大丈夫 : 善哉! 大丈夫(《三國遺事》卷四)

此之謂大丈夫(《孟子·滕文公下》)

(9) 未亡人 : 后正色曰 : 吳未亡人(《高麗史》卷八九)

今令尹不尋諸仇讎, 而于未亡人之側(《左傳·莊公二十八年》)

(10) 寡婦 : 遣寡婦處女推考別監(《高麗史》卷二八)

寡婦不夜哭(《禮記·坊記》)

(11) 處女 : 請臣等有所處女絶好者, 選入宮闈(《三國遺事》卷二)

處女莫不願得以爲士(《荀子·非相》)

(12) 少女 : 少女爲夫人(《三國史記》卷八)

兌三索而得女, 故謂之少女(《周易·說卦》)

(13) 主人 : 主人若到京師(《三國遺事》卷二)

主人不在(《禮記·坊記》)

(14) 妻子 : 五月祐徵懼禍及與妻子(《三國史記》卷十一)

昔三代明王之政, 必敬其妻子也(《禮記·哀公問》)

(15) 兄弟 : 分災恤患, 恩如兄弟(《三國遺事》卷一)

君臣上下父母兄弟非禮不定(《禮記·曲禮上》)

(16) 長男 : 爲長男之位(《高麗史》卷七)

(李)斯長男由爲三川守(《史記·李斯列傳》)

(17) 子婦 : 蹴殺子婦(《高麗史》卷一○七)

子婦有勤勞之事(《禮記·內則》)

(18) 姊妹 : 人有姊妹者(《三國史記》卷六)

姊妹之夫爲甥(《爾雅·釋親》)

(19) 子弟 : 會其子弟議曰(《三國遺事》卷二)

子弟守下室(《禮記·曾子問》)

(20) 童子 : 而六卵化爲童子(《三國遺事》卷二)

冠者五六人, 童子六七人(《論語·先進》)

(21) 爺娘 : 爺娘一昨夢中(《三國遺事》卷二)

爺娘妻子走相送, 塵埃不見咸陽橋(杜甫《兵車行》)

(22) 伉儷 : 選如宮中, 俾爲伉儷(《三國遺事》卷二)
非伉儷也, 請君無辱(《左傳 · 昭公二年》)

(23) 公主 : 第二公主甚美(《三國遺事》卷二)
公叔爲相, 尙魏公主(《史記 · 嗚起列傳》)

(24) 夫人 : 王與夫人喜甚三也(《三國遺事》卷二)
夫人見大子(《左傳 · 定公十四年》)

(25) 乳母 : 乳母皃好夫人(《三國遺事》卷二)
乳母, 飮食之者也(《荀子 · 禮論》)

(26) 聖人 : 聖人不生于新羅云(《三國遺事》卷二)
是以聖人抱一爲天下式(《老子》)

(27) 老人 : 又有一老人告曰故人有言(《三國史記》卷二)
與老人期, 後, 何也(《史記 · 留侯世家》)

(28) 舅姑 : 丈人 · 丈母亦俗稱, 宜從《爾雅》呼之曰"舅姑"
(《雅言覺非》卷二)
婦人不飾, 不敢見舅姑(《禮記 · 檀弓下》)

(29) 臧獲 : 臧獲者, 奴婢也, 東語訛傳爲莊獲(丁若鏞《雅言覺非》卷三)
如是, 則雖臧獲不肯與天子易勢業(《荀子 · 王霸》)

(30) 百姓 : 百姓一萬二千八百七人送京師(《三國遺事》卷一)
修己以安百姓(《論語 · 憲問》)

(31) 郡守 : 伯蓮率郡守(《三國史記》卷四五)
威重于郡守(《史記 · 酷吏列傳》)

(32) 監督 : 每有營造, 必命監督(《高麗史》卷四)
臣聞古之遣將, 上設監督之重(《後漢書 · 荀彧傳》)

(33) 專任 : 但以不識政體專任權豪(《三國史記》卷九三)
使專任軍政(《後漢書 · 董卓傳》)

(34) 大夫 : 宗戚及公卿大夫士女四散奔走(《三國遺事》卷二)
大夫受地視伯(《孟子 · 萬章下》)

(35) 寡人 : 今王以國與寡人, 其爲賜大矣(《三國遺事》卷二)
寡人雖死亦無悔焉(《左傳 · 隱公三年》)

(36) 侍郎 : 乃使侍郎金封休賫書(《三國遺事》卷二)
故郎掌守門戶, 出乘車騎, 有議郎 · 中郎 · 侍郎

(《漢書·百官公卿表》)

(37) 知事：十八日，餞知事李彦迪于南大門外(《退溪日記》)
參知政事張守曰(《宋史·選擧志》)

(38) 天子：今天子已降，宜覓有德女君配之(《三國遺事》卷一)
君天下曰天子(《禮記·曲禮下》)

(39) 太子：太子哭泣辭王(《三國遺事》卷二)
大(太)子少，是以改葬(《左傳·隱公元年》)

(40) 左右：乃命左右索王(《三國遺事》卷二)
左右欲刃相如(《史記·廉頗藺相如列傳》)

(41) 足下：足下始輕敵以直前(《三國遺事》卷二)
且僕楚人，足下亦楚人也(《史記·季布列傳》)

(二) 시간장소

(1) 今年：熱處者至今年收熱(《三國史記》卷六)
吳自今年來，蒼蒼者或化而爲白矣(韓愈〈祭十二郎文〉)

(2) 來年：來年五月來伐(《三國史記》卷五)
來年秦復攻王，王無以救矣(《戰國策·趙策三》)

(3) 前年：朕有如意珠四枚，前年失一介(《三國遺事》卷二)
王曰，前年國虛(《戰國策·秦策二》)

(4) 明年：明年七月七日，更遣使以金一千兩請之(《三國遺事》卷二)
明年，丞相薨(韓愈〈祭十二郎文〉)

(5) 正月：三年者正月下合(《三國史記》卷一)
正月之吉始和(《周禮·地官·司徒》)

(6) 太陽: 月曆在日下，與太陽同度(《高麗史》卷五○)
太陽虧光，饑僅薦臻(《後漢書·桓帝本紀》)

(7) 陰曆·陽曆：冬在陰曆，夏在陽曆(《高麗史》卷五○)
先藉半日，名曰陽曆；不藉名曰陰曆(《漢書·律曆志》)

(8) 日蝕：高麗四百七十五年間日蝕(《高麗史》卷四七)
以春秋二百四十二年之間，日蝕三十六(《史記·天官書》)

(9) 月蝕：永日月蝕甚(《高麗史》卷五○)
物候月蝕，鑄作刀劍(《漢書·韓延壽傳》)

(10) 吾後 : 每月吾後(《高麗史》卷九三)

吾後更不下樹(《北齊書·蕭放傳》)

(11) 時節 : 常憂時節變, 辜負百年心(《三國遺事》卷五)

攝提者直, 斗勺所指, 以建時節(《史記·天官書》)

(12) 每月 : 每月五日(《三國遺事》卷三)

每月更其品題(《後漢書·許劭傳》)

(13) 平日 : 瘡合如平日(《三國遺事》卷五)

遇(汲)加于平日(《後漢書·鄧皇后傳》)

(14) 當時 : 當時王及王妃喜(《三國史記》卷一一)

雖當時有用兵之術, 不能防其後患(《孫子·作戰》)

(15) 吉日 : 擇吉日請神孝寺上房蘊光(《三國遺事·卷三》)

吉日庚吾, 旣差我馬(《詩經·小雅·吉日》)

(16) 白露 : 白露八月節離上(《高麗史》卷五○)

涼風至, 白露降(《禮記·月令》)

(17) 驚蟄 : 驚蟄二月(《高麗史》卷五○)

三月二日庚申驚蟄(《漢書·律曆志》)

(18) 天下 : 上命畵工圖其狀, 遣使搜訪天下(《三國遺事》卷三)

奄有四海, 爲天下君(《尙書·大禹謨》)

(19) 丘陵 : 于是聚金, 積如丘陵(《三國遺事》卷二)

從長者而上丘陵(《禮記·曲禮》)

(20) 京師 : 又欲築京師城郭(《三國遺事》卷二)

京師之野, 于時處處(《詩經·大雅·公劉》)

(21) 島嶼 : 居陀愁立島嶼(《三國遺事》卷二)

島嶼綿邈, 洲渚馮隆(左思《嗚都賦》)

(22) 洞窟 : 至其洞窟地, 有石彌勒出(《三國遺事》卷三)

風出洞窟, 流離百物(柳宗元〈松說〉)

(23) 農家 : 詔日本農家(《高麗史》卷思二)

莫笑農家臘酒渾, 豊年留客足鷄豚(陸游〈遊山西村〉)

(24) 田園 : 舍田園爲元寧寺(《三國遺事》卷四)

陂池田園, 宗族賓客, 爲權利橫于潁川(《史記·武安侯列傳》)

(25) 人家 : 旣到太陽, 止于人家(《三國史記》劵一七)

遠上寒山石徑斜，白雲生處有人家(杜牧〈山行〉)

(26) 民家 : 放民家所養鷹鶻之類(《三國遺事》卷三)
燒殘民家，掘其丘冢(《史記·鳴王濞傳》)

(27) 客舍 : 釋見幕客舍(《三國史記》卷四七)
商君亡止關下，欲舍客舍(《史記·商君列傳》)

(28) 食堂 : 安置善法堂及食堂(《三國遺事》卷四)
新作食堂于縣內之右，始會食也(柳宗元〈周至縣新食堂記〉)

(29) 店鋪 : 各置店鋪以與使錢(《高麗史》卷一)
別有客舍店鋪等所(《舊唐書·食貨志》)

(30) 倉庫 : 所典倉庫無所失(《高麗史》卷一)
倉庫空虛，民多流亡(《史記·萬石張叔列傳》)

(31) 馬廐 : 馬廐之側(《高麗史》卷四六)
以爲馬廐·車庫·奴婢室矣(《漢書·公孫弘傳》)

(32) 陵園 : 故知陵園表裏，必有神物護之(《三國遺事》卷二)
營起陵園，功役其衆(《晉書·琅玡悼王煥傳》)

(33) 路上 : 城中群犬集于路上(《三國遺事》卷一)
清明時節雨紛紛，路上行人欲斷魂(唐·杜牧〈清明〉)

(三) 정치경제

(1) 政治 : 國家理亂政治得失(《高麗史》卷七四)
道洽政治，澤潤生民(《尙書·畢命》)

(2) 國家 : 兵農侵小，而國家日衰(《三國遺事》卷二)
社稷將危，國家偏威(《韓非子·愛臣》)

(3) 朝廷 : 其有功于朝廷，有德于生民甚大(《三國遺事》卷二)
其在宗廟朝廷，便便言(《論語·鄉黨》)

(4) 政府 : 同人政府不相避(《高麗史》卷七九)
李林甫領吏部尙書，日在政府(《資治通鑑·唐天寶二年》)

(5) 國政 : 大臣之祭總持國政(《三國史記》卷五)
君謀國政，士大夫謀家事(《禮記·喪服大記》)

(6) 中國 : 盍采佛法于中國(《三國遺事》卷三)
是以聲名洋溢乎中國(《禮記·中庸》)

(7) 國人 : 國人爭奉五斗米敎(《三國遺事》卷三)
國人皆曰可殺(《孟子 · 梁惠王下》)
(8) 內政 : 非是無以備內政(《三國遺事》卷二)
作內政而寄軍令焉(《國語 · 齊語》)
(9) 法律 : 戊申制曰法律刑罰(《高麗史》卷七)
明習法律(《後漢書 · 桓譚傳》)
(10) 訴訟 : 凡京外訴訟者(《高麗史》卷八五)
吏多姦貪, 訴訟日百數(《後漢書 · 陳寵傳》)
(11) 拷問 : 因而拷問騷擾(《高麗史》卷二八)
不聽拷問罪人(《魏書 · 고조기》)
(12) 告發 : 有軍機重務及告發姦狀者(《高麗史》卷五五)
如有告發, 不合爲受(《唐律 · 鬪訟疏議》)
(13) 死刑 : 八月己未決內外死刑(《高麗史》卷六)
是姦人之所以取危辱死刑也(《荀子 · 榮辱》)
(14) 拘留 : 拘留東女眞賊首何骨等七十七人(《高麗史》卷七)
單于亦輒拘留漢使(《漢書 · 匈奴傳》)
(15) 釋放 : 釋放戶口(《高麗史》卷一六)
誅其首惡, 余皆釋放, 復爲平民(《三國志 · 嗚志 · 呂蒙傳》)
(16) 逮捕 : 遣諜往南逮捕(《三國史記》卷四九)
于是上皆並逮捕趙王 · 貫高等十餘人(《史記 · 張耳陳餘列傳》)
(17) 無罪 : 朕意利人, 何殺無罪(《三國遺事》卷三)
若無罪而就死地(《孟子 · 梁惠王上》)
(18) 行政 : 王子布德行政(《高麗史》卷一○一)
大臣行政, 故月其和(《史記 · 晉世家》)
(19) 憲章 : 重居宰輔, 濫濁憲章(《三國史記》卷八)
仲尼祖述堯舜, 憲章文武(《禮記 · 中庸》)
(20) 會議 : 兩府會議邊事(《高麗史》卷一三)
其有疑事, 公卿百官會議(蔡邕《獨斷》上)
(21) 輔佐 : 此卿等輔佐之力也(《三國史記》卷一一)
皆有親昵以相輔佐也(《左傳 · 定公十四年》)
(22) 亡命 : 嘯聚亡命(《高麗史》卷一)

張耳嘗亡命遊外黃(《史記·張耳陳餘列傳》)

(23) 外交 : 無外交之理(《高麗史》卷四五)

親戚不附, 無務外交(《墨子·修身》)

(24) 歸化 : 阿道問今歸化(《高麗史》卷六)

然後發使告以利害, 嗚必歸化(《三國志·魏志·鄧艾傳》)

(25) 生產 : 轉相買賣以營生產(《高麗史》卷八五)

不事家人生產作業(《史記·高祖本紀》)

(26) 農事: 有害農事者一切逐之(《三國史記》卷二)

王命布農事(《禮記·月令》)

(27) 食邑 : 上柱國樂浪都王, 食邑一萬戶(《三國遺事》卷二)

賜食邑杜之樊鄕(《史記·樊噲列傳》)

(28) 貿易 : 及人相貿易者(《高麗史》卷三六)

以物相貿易(《史記·貨殖列傳》)

(29) 交易 : 諸店交易(《高麗史》卷七九)

何爲紛紛然與百工交易(《孟子·滕文公下》)

(30) 買賣 : 通商買賣(《高麗史》卷七)

或强令民賣買之(《史記·平準書》)

(31) 本錢 : 將本錢沒官(《高麗史》卷七九)

長安·萬年兩縣各與本錢一千貫(《舊唐書·玄宗紀》)

(32) 銅錢 : 其餘應有銅錢(《高麗史》卷三○)

銅錢識曰半兩, 重如其文, 爲下幣(《史記·平準書》)

(33) 收入 : 不論豊歉, 收入無法(《高麗史》卷八二)

鄜無水災, 邑收入多(《漢書·溝洫志》)

(34) 損益 : 損益取費使易(《三國史記》卷二一)

謹守其數, 愼不敢損益也(《荀子·榮辱》)

(35) 失業 : 士族失業, 生理難繼(《高麗史》卷一六)

以故天下失業(《白虎通·鄕射》)

(36) 經費 : 國家經費(《高麗史》卷一二五)

不領于天下之經費(《史記·平準書》)

(37) 市井 : 隣邑多有市井(《高麗史》卷七九)

處商必就市井(《管子·小匡》)

(四) 문화교육

(1) 教育 : 將欲教育(《高麗史》卷七四)
得天下英才而教育之, 三樂也(《孟子·盡心上》)

(2) 學校 : 辛酉京創制學校(《高麗史》卷一)
建立學校, 導之經義(《三國志·嗚志·薛綜傳》)

(3) 入學 : 常遣子弟造朝宿衛, 入學而誦習(《三國遺事》卷二)
春入學, 舍采合舞(《周禮·春官·大胥》)

(4) 教授 : 無師教授, 未學一經(《高麗史》卷三)
子夏居西河教授(《史記·仲尼弟子傳》)

(5) 博士 : 乃與博士芬節約曰(《三國遺事》卷三)
臣等謹與博士議(《史記·秦始皇本紀》)

(6) 風化 : 以襲聖賢之風化,革鴻荒之俗(《三國遺事》卷二)
夫養老興教.三代所以樹風化垂不朽也
(《三國志·魏志·高貴鄉公紀》)

(7) 學問 : 學問兼知地理(《三國史記》卷一)
北人學問淵綜廣博(《世說新語·文學》)

(8) 音樂 : 雲中有音樂之聲是也(《三國遺事》卷三)
更乞和親,並請音樂(《後漢書·南匈奴傳》)

(9) 藝術 : 九流藝術通乎默識(《高麗史》卷一一)
諸子傳記, 百家藝術, 整齊脫誤, 是正文字(《後漢書·安帝紀》)

(10) 合格 : 翰林院金孝純等十四人合格(《高麗史》卷一八)
須是本官親子孫, 年貌合格(《舊五代史·辭官志》)

(11) 才能 : 遞任唯有才能(《高麗史》卷七五)
才能不及中人(賈誼《過秦論》)

(12) 儒生 : 三日風, 儒生廷試(《退溪日記》)
故能說一經者爲儒生(《論衡·超奇》)

(13) 精舍 : 二十日, 自精舍來溫溪(《退溪日記》)
(劉)淑少學明五經, 遂隱居, 立精舍講授(《後漢書·黨錮列傳》)

(14) 讀書 : 十日雨, 讀書堂肅拜(《退溪日記》)
士大夫家, 其可使讀書種子衰息乎(羅大經《鶴林玉露》)

(15) 進士 : 進士出榜, 必有奏狀(丁若鏞《雅言覺非》卷一)

文宗從內出題，以試進士(《新唐書·選擧志》)

(16) 國子：周人謂之國子，非匹庶之子所得混稱也
(丁若鏞《雅言覺非》卷一)
四門學生補太學，太學生補國子學(《新唐書·選擧志》)

(17) 生員：生員者，學生之有額者也(丁若鏞《雅言覺非》卷二)
(高祖)下令置生員(《新唐書·選擧志》)

(18) 狀元：是科，金守溫爲狀元，姜希孟爲亞元，徐居正爲探花
(《增補文獻通考》卷一八六)
以其高出眾花之上，故名狀元紅．或曰舊制進士第一人即賜茜袍，此花如其色，故以名之(陸遊《渭南文集》卷四二)

(五) 일상생활

(1) 食器：食器進展援刀刺(《三國史記》卷七)
食器不刻鏤(《禮記·小儀》)

(2) 茶：東人認茶子，如湯丸膏飮之類(丁若鏞《雅言覺非》卷一)
烹茶盡具(漢王褒《僮約》)

(3) 湯餠：湯餠者，面煮之食也(丁若鏞《雅言覺非》卷三)
充虛解戰，湯餠爲最(晉·束晳《餠賦》)

(4) 角黍：吳東乃以煎餠裹餡者，謂之角黍(丁若鏞《雅言覺非》卷三)
仲夏端吾，烹鶩角黍(晉·周處《風土記》)

(5) 棗糕：棗糕者，俗所謂蒸餠也(丁若鏞《雅言覺非》卷三)
以面爲蒸餠樣，團棗附之，名曰棗糕(漢·崔寔《四民月令》)

(6) 豆腐：豆腐者，菽乳也.豆腐之名，原自雅馴
(丁若鏞《雅言覺非》卷一)
晨興，烹豆腐菜羹一釜(陸遊《書二公事》)

(7) 醬：醬有多品，豉醬其一也(丁若鏞《雅言覺非》卷一)
不得其醬不食(《論語·鄕黨》)

(8) 洗浴：將洗浴其垢醜(《三國遺事》卷二)
洗其足垢，……浴其身垢(《論衡·日譏》)

(9) 內衣：紬內衣只用小六(《三國史記》卷三三)
七者內衣(《溫室經》)

(10) 裙 : 故踏春秋之裙, 裂其紐曰, 請入吳家縫之(《三國遺事》卷一)
常衣大練, 裙不加緣(《後漢書·明德馬皇后紀》)
(11) 帽子 : 特的把帽子至於首(《高麗史》卷四四)
後殿早講, 皇帝服帽子紅袍(《宋史·輿服志》)
(12) 幞頭 : 夢脫幞頭著素笠.(《三國遺事》卷二
幞頭起於後周, 便武事者也.(《新唐書·輿服志》)
(13) 衲衣 : 衲衣者, 補紩之衣也(丁若鏞《雅言覺非》卷二)
衲衣線粗心似月(唐·貫休《深山逢老僧詩》)
(14) 褡褳 : 馬上衣衾之包也, 對搭相連, 故名曰褡褳
(丁若鏞《雅言覺非》卷二)
背上他那皮褡褳, 褡褳內盛著兩個藥葫蘆(《金瓶梅》四十九回)
(15) 結婚 : 原結婚於宗室, 以永甥舅之好.(《三國遺事》卷二)
(桓)階自陳已結婚, 拒而不受(《三國志·魏志·桓階傳》)
(16) 婚姻 : 約之以婚姻, 申之以盟誓.(《三國遺事》卷一)
男女之合, 夫婦之分, 婚姻, 娉內·送逆無禮(《荀子·富國》)
(17) 婚禮 : 自後現行婚禮.(《三國遺事》卷一)
昏(婚)禮, 下達納采, 用雁(《儀禮·士昏禮》)
(18) 未婚 : 幸未婚, 敢請自媒如何(《三國遺事》卷五)
昔別君未婚, 兒女忽成行(唐·杜甫《贈衛八處士》)
(19) 離婚 : 殺裕舅趙文柱, 脅裕離婚(《高麗史》卷一〇二四)
其特不聽, 離婚(《晉書·羊曼傳》)
(20) 同居 : 孌女同居焉(《三國遺事》卷二)
父母妻子與同居(《漢書·惠帝紀》)
(21) 納采 : 今以玄纁致書, 名之曰納采(丁若鏞《雅言覺非》卷二)
昏禮 : 下達納采, 用雁(《儀禮·士昏禮》)
(22) 白紙 : 諸行黏連數張白紙(《高麗史》卷三十五)
首尾與表同, 唯用白紙爲異(《宋書·索虜傳》)
(23) 鑰匙 : 常鑰匙殿門. 施香燈於外(《三國遺事》卷三)
籥, 即鑰匙也(《史記·魯仲連傳》張守節正義)
(24) 印章 : 改世子印章(《高麗史》卷三一)
爲刻印章, 賜以宮女爲夫人(《漢書·西域傳》)

(六) 군사전술

(1) 將軍 : (新)羅王遣將軍金庾信領精兵五萬以赴之(《三國遺事》卷一)
故三軍可奪氣, 將軍可奪心(《孫子·軍爭》)

(2) 元帥 : 使人蔔之, 曰必傷元帥(《三國遺事》卷一)
晉作三軍.謀元帥(《左傳·僖公二十七年》)

(3) 兵力 : 今日兵力救亡不難(《三國史記》卷二一)
憚兵力之損, 情存苟安(《後漢書·西域傳》

(4) 步兵 : 進攻西京, 步兵先入(《高麗史》卷三九)
嗚多步兵, 步兵利險(《史記·嗚王濞傳》)

(5) 陸軍 : 入江口陸軍已大破敵(《三國史記》卷七七)
若爲陸軍, 以向皖城(《晉書·宣帝紀》)

(6) 海軍 : 遣海軍將軍英昌(《高麗史》卷一)
招善操舟者以神海軍(《宋史·洪遇傳》)

(7) 水軍 : 水軍不使入伎伐浦(《三國遺事》卷一)
軍止譙, 作輕舟, 治水軍(《三國志·魏志·武帝紀》)

(8) 交戰 : 兵赴及交戰(《三國史記》卷四)
交戰, 大破亡(《三國志·魏志·武帝紀》)

(9) 攻擊 : 分軍七道攻擊(《三國史記》卷一八)
終身無相攻擊(《戰國策·楚策三》

(10) 防禦 : 我大擧防禦, 久不能抗(《三國遺事》卷一)
皆巧言辯辭, 以自防禦(《呂氏春秋·論人》)

(11)突擊 : 率軍三千突擊(《三國史記》卷一〇)
(賀)齊率吏民開城門突擊, 大破之(《三國志·嗚志·賀齊傳》)

(12) 速戰 : 唐兵遠來, 意欲速戰(《三國遺事》卷一)
不如速戰, 請以其私卒誘之(《左傳·襄公二十五年》)

(13) 野戰 : 攻城野戰(《高麗史》卷二九)
是故諸侯不相愛, 則必野戰(《墨子·兼愛》)

(14) 兵革 : 臣嘗觀時變, 必有兵革之危(《三國遺事》卷一)
兵革大強(《戰國策·秦策一》)

(15) 干戈 : 以申犬馬之(勤), 再擧干戈(《三國遺事》卷二)
能執干戈以衛社稷(《禮記·檀弓下》)

(16) 侵犯 : 興兵動衆, 侵犯邊陲(《三國遺事》卷二)
凌轢宗室, 侵犯骨肉(《史記·灌夫列傳》)

(17) 守備 : 大國之討, 設守備(《三國史記》卷二一)
將爲胠篋·探囊·發匱之盜而爲守備(《莊子·胠篋》)

(18) 堅守 : 右渠堅守, 數月未能下(《三國遺事》卷一)
命其堅守不出(《左傳·宣公三年》)

(19) 戒嚴 : 京城大駭, 戒嚴(《高麗史》卷五四)
(褚)裒上表請伐之, 即日戒嚴, 直指泗口(《晉書·褚裒傳》)

(20) 解圍 : 會大雪解圍還(《三國遺事》卷一)
華元以誠告子反, 得以解圍(《韓詩外傳》二)

(21) 軍資 : 急輸軍資(《三國遺事》卷一)
軍資委輸. 前後不絕(《後漢書·趙岐傳》)

(22) 輕敵 : (新)羅人恃大國之援, 有輕敵之心(《三國遺事》卷一)
但輕敵者必爲其所禽(《孫子·行軍》陳皞注)

(23) 屠城 : 侵削新羅, 破邑屠城(《三國遺事》卷一)
今之征伐, 非必略地屠城, 要在平定安集之耳
(《後漢書·馮異傳》)

(24) 甲胄 : 有躬擐甲胄, 張弓挾矢(《三國遺事》卷二)
惟甲胄起戎(《尚書·說命中》)

(七) 동물식물

(1) 昆蟲 : 鳥獸昆蟲(《高麗史》卷六)
昆蟲毋作(《禮記·郊特牲》)

(2) 螳螂 : 若螳螂之拒轍(《三國遺事》卷二)
小暑至, 螳螂生(《禮記·月令》)

(3) 虎 : 現直虎不得已而傷人(《三國遺事》卷五)
驅虎·豹·犀·象而遠之(《孟子·滕文公下》)

(4) 獅子 : 香爐足獅子(《高麗史》卷五三)
狻猊, 即師子(獅子)也, 出西域(《爾雅》注)

(5) 孔雀 : 鸚鵡孔雀以相瘖也(《三國遺事》卷三)
生翠四十雙, 孔雀二雙(《漢書·南越王趙佗傳》)

(6) 駱駝 : 東藩首領大信等來獻駱駝(《高麗史》卷六)
獲生口數千人, 駱駝, 畜產數萬頭(《後漢書 · 梁慬傳》)

(7) 牛 : 此龍爲牧牛之士, 供王乳酪(《三國遺事》卷三)
百里之內, 牛酒日至(《史記 · 淮陰侯列傳》)

(8) 狗 : 老樹下見二狗齧一屎塊(《三國遺事》卷一)
雞鳴狗吠相聞, 而達乎四境(《孟子 · 公孫丑上》)

(9) 驢 : 忘耳忽長如驢耳(《三國遺事》卷二)
駃騠驢騾(司馬相如《上林賦》)

(10) 鹿 : 有大犬如野鹿(《三國遺事》卷一)
呦呦鹿鳴, 食野之蘋(《詩經 · 小雅 · 鹿鳴》

(11) 龜 : 有一龜, 其背有文(《三國遺事》卷一)
筮短龜長, 不如從長(《左傳 · 僖公四年》)

(12) 雀 : 太子宮雌雞與小雀交婚(《三國遺事》卷一)
雀, 依人小鳥也(許愼《說文解字》)

(13) 鵲 : 何因鵲集而鳴(《三國遺事》卷一)
維鵲有巢, 維鳩居之(《詩經 · 召南 · 鵲巢》)

(14) 豬 : 有獻豬一頭二身八足者(《三國遺事》卷二)
今人或入其央瀆, 竊其豬彘(《荀子 · 正論》)

(15) 狐 : 即變老狐, 墜地而死(《三國遺事》卷二)
有狐綏綏, 在彼淇梁(《詩經 · 衛風 · 有狐》)

(16) 熊 : 時有一熊一虎, 同穴而居(《三國遺事》卷一)
今夢黃熊入於寢門(《左傳 · 昭公七年》)

(17) 豺狼 : 或云, 射得豺狼(《三國遺事》卷五)
以秦攻之, 譬如使豺狼逐群羊也(《戰國策 · 秦策一》)

(18) 鼠 : 乃以一鼠藏於合中(《三國遺事》卷一)
碩鼠碩鼠, 無食我黍(《詩經 · 魏風 · 碩鼠》)

(19) 海豹 : 東人名之曰海豹(丁若鏞《雅言覺非》卷三)
開元中獻魚牙海紬豹皮(《新唐書 · 新羅傳》

(20) 蛙 : 蛙有怒形, 兵士之像(《三國遺事》卷一)
越王勾踐見怒蛙而式之(《韓非子 · 內儲說上》)

(21) 梅花 : 八月梅花發(《三國史記》卷一四)

急遣山童開戶看，不知是雪是梅花(宋·張澤民《詠梅》)

(22) 牡丹 : 初唐太宗送牡丹三色(《三國遺事》卷一)

唯有牡丹真國色，花開時節動京城(唐·劉禹錫《賞牡丹》)

(23) 薔薇 : 快清風而自適，其名曰薔薇(《三國史記》卷四七)

薔薇葉已抽，秋蘭氣當馥(晉·陶淵明《問來使》)

(24) 青蓮 : 青蓮忽開地上(《三國遺事》卷三)

滿月爲面，青蓮在眸(梁·簡文帝《釋迦文佛像銘》)

(25) 柳 : 乃托之柳，生鄭氏門前(《三國遺事》卷五)

兩個黃鸝鳴翠柳(唐·杜甫《絶句》)

(26) 柳絮 : 柳絮飄飄(《三國遺事》卷三)

未若柳絮因風起(晉·謝道韞《詠雪聯句》)

(27) 松 : 其松下有一只脫鞋(《三國遺事》卷三)

歲寒然後知松柏之後凋也(《論語·子罕》)

(28) 蘭 : 蘭吐那堪一諸芳(《三國遺事》卷一)

紉秋蘭以爲佩(屈原《離騷》)

(29) 槐 : 宮中槐樹鳴如人哭(《三國遺事》卷一)

其木多槐(《山海經·中山經》)

(30) 桃花 : 姿容豔美，時號桃花娘(《三國遺事》卷一)

忽逢桃花林，夾岸數百步(晉·陶淵明《桃花源記》)

(31) 檀 : 故每於檀樹下咒願有孕(《三國遺事》卷一)

坎坎伐檀兮，寘之河之干兮(《詩經·魏風·伐檀》)

(八) 일반용어

(1) 工夫 : 自工夫恐被斯辱云(《三國史記》卷七)

卻憶往年看粉本，始知名畫有工夫(唐·韓偓《商山道中》)

(2) 努力 : 眾人見之，努力奔走(《三國史記》卷四二)

貴亦可不受命，而自以努力求之(《論衡·問孔》)

(3) 性命 : 受公之賜，全我性命(《三國遺事》卷二)

苟全性命於亂世，不求聞達於諸侯(諸葛亮《出師表》)

(4) 安寧 : 有過百日以致安寧(《高麗史》卷二)

願天下之安寧，以活民命(《莊子·天下》)

(5) 從容 : 湘公從容謂宣曰(《三國遺事》卷三)
出遊從容, 是魚之樂也(《莊子 · 秋水》)

(6) 精神 : 忽覺精神爽涼(《三國遺事》卷三)
晡夕之後, 精神恍惚, 若有所喜(宋玉《神女賦序》)

(7) 天使 : 俄有天使齎詔征之(《三國遺事》卷五)
夢天使與已蘭(《左傳 · 宣公三年》)

(8) 性質 : 性質剛毅(《三國史記》卷四五)
幼孝女, 性質嚴重(《新唐書 · 柳公綽傳》)

(9) 不安 : 大王不患民之不安(《三國史記》卷三)
不患貧而患不安(《論語 · 季氏》)

(10) 感動 : 王能感動天地(《三國遺事》卷二)
足以感動人之善心(《荀子 · 樂論》)

(11) 感激 : 捧芝檢而雖增感激(《三國遺事》卷二)
由是感激, 遂許先帝以驅馳(諸葛亮《出師表》)

(12) 成功 : 水攻則虎博龍騰, 動必成功(《三國遺事》卷二)
禹錫玄圭, 告厥成功(《尚書 · 禹貢》)

(13) 機會 : 必失機會(《高麗史》卷九八)
值機會則賣彼以安此(《抱樸子 · 交際》)

(14) 始作 : 冬十一月始作八關會(《三國史記》卷五〇)
樂其可知也: 始作, 翕如也(《論語 · 八佾》)

(15) 所願 : 臣所願也(《三國史記》卷一六)
我所願以玆國寧(《宋書 · 樂志》)

(16) 作亂 : 後坐父作亂出官(《三國史記》卷八)
不好犯上而好作亂者, 未之有也(《論語 · 學而》)

(17) 操心 : 願殿下操心矣(《高麗史》卷一一三)
其操心也危, 其慮患也深, 故達(《孟子 · 盡心上》)

(18) 寤樂 : 置酒寤樂(《高麗史》卷一)
請奉盆缶秦王, 以相寤樂(《史記 · 廉頗藺相如列傳》)

(19) 嫉妒: 王妃嫉妒, 與族人謀殺(《三國史記》卷九)
今戰能勝, (趙)高必疾(嫉)妒吳功(《史記 · 項羽本紀》)

(20) 失望 : 失望於人心(《三國史記》卷一一)

群臣百姓莫不失望(《後漢書·光武帝紀》)

(21) 無聊：問何以無聊(《三國遺事》卷三)
關中有無聊之民，非久長之策也(《漢書·元帝紀》)

(22) 訪問：王常訪問政要(《三國史記》卷二)
朝以聽政，晝以訪問(《左傳·昭公元年》)

(23) 盟誓：約之以婚姻，申之以盟誓(《三國遺事》卷一)
申之以盟誓，重之以昏(婚)姻(《左傳·成公十三年》)

(24) 造：王命有司改造黃龍寺(《三國史記》卷一一)
緇衣之好兮，敝予又改造兮(《詩經·鄭風·緇衣》)

(25) 吉祥：古今未有，殆非吉祥(《三國遺事》卷一)
而聖人所謂吉祥善事與(《戰國策·秦策三》)

(26) 使用：奴婢一體使用(《高麗史》卷八五)
使用若河海(《管子·輕重》)

(27) 握手：分觴而飮，握手而別(《三國遺事》卷一)
相引爲曹，握手無罰(《史記·滑稽列傳》)

(28) 不幸：寡人不幸，無男子(《三國史記》卷一)
不幸短命死矣(《論語·雍也》)

(29) 記憶：忽夢大聖獸四句偈，覺而記憶(《三國遺事》)
史漢事多所記憶(《南齊書·沈修之傳》)

(30) 質問：學生私問質問者(《高麗史》卷九九)
質問大義(《漢書·楚元王傳》)

(31) 晩年：寶川常汲服·其靈洞之水，故晩年肉身飛空(《三國遺事》卷三)
晩年頗好音樂(《梁書·夏侯檀傳》)

(32) 自然：不如衣食之念應而至，自然得保暖也(《三國遺事》卷三)
死者天地之理，物之自然者(《史記·孝文本紀》)

(33) 殷勤：燭火殷勤(《三國遺事》卷三)
未嘗銜杯酒，接殷勤之餘歡(司馬遷《報任安書》)

(34) 寄宿：俄然到北庵，請寄宿焉(《三國遺事》卷三)
藉席無所得，寄宿人田中(《戰國策·趙策一》)

(35) 榻：且曰，暫寓下榻(《三國遺事》卷三)

徐孺下陳蕃之榻(唐·王勃《滕王閣序》)

(36) 髣髴 : 只可髣髴, 莫得而詳(《三國遺事》卷三)
時髣髴以遙見兮, 精皎皎以往來(屈原《遠遊》)

(37) 果然 : 此下有八面七級石塔, 掘之果然(《三國遺事》卷三)
天下謂刀筆吏不可以爲公卿, 果然(《史記·汲黯傳》)

(38) 止 : 焚漁獵之具, 一切禁止(《三國遺事》卷三)
孤也與其二三臣, 不能禁止, 不敢不告(《左傳·襄公八年》)

(39) 文物 : 時雞林未有文物禮教(《三國遺事》卷三)
文物以紀之, 聲明以發之(《左傳·桓公二年》)

(40) 探討 : 探討數旬, 而授門弟子, 廣演斯文(《三國遺事》卷四)
斯文如未精, 歸來更探討(唐·貫林《上顧大夫詩》)

(41) 遺跡 : 急促告君之遺跡也(《三國遺事》卷二)
靈王不顧於民, 一國棄之如遺跡焉(《國語·楚語下》)

이상의 한자어는 모두 중국고대문헌에서 나온 것이며 현대 한국어의 구어 및 서면어에도 여전히 사용되어 이미 한국어 어휘의 중요한 구성 성분이 되었다. 일반용어 중에 복음절어를 제외하고 많은 단어가 중국고대문헌 속의 성어에서 왔으며 지금까지도 여전히 한반도의 언어생활 가운데 활발히 사용되고 있다. 아래는 《삼국사기》·《삼국유사》·《고려사》·《아언각비》 등의 한국 고전 속의 성어를 발췌한 것이다. 예를 들면 다음과 같다.

九牛一毛 萬壽無疆 男尊女卑 大同小異 脣亡齒寒 信賞必罰 求魚緣木 有名無實 自强不息 他山之石 醉生夢死 先見之明 長幼有序 百發百中 同心同德 一統天下 興亡繼絶 金書鐵劵 子孫萬代 心心相許 鳥獸率舞 鷸蚌相持 尊卑秩序 雖死無憾 包藏禍心 拓土開疆 慨然允諾 眼光如電 天亡地陷 彼衆我寡 無疾而終 年事相同 無辭以對 四海爲家 不足爲怪 不可勝記 荒誕不經 流傳海外 且歌且舞 微言妙旨 五體投地 莞爾而笑 落髮爲徒 喜現於色 懸鶉百結 高蹈遠屆 放聲大哭 晝夜匪懈 聰慧過人 溫故知新 등이다.

2. 중국어 불경 번역에서 온 한자어

불교는 인도에서 기원하여 양한兩漢 교류 때 중국에 전해졌다. '불佛'(부도)에 관한 최초의 기록은 삼국시기 위나라 낭중 어환魚豢이 지은 《위략魏略》에서 보인다. 책은 이미 소실되었으나 이 부분에 대한 서술은 배송지裴松之가 《삼국지·위지·동이전》에 주석을 달 때 인용하여 보존되었다. 배송지의 주를 인용하면 "한 애제 원수 원년, 박사·제자들은 대월씨국 사자로 파견되어 이존에게 《부도경》을 전수 받았다 ……《부도》에는 임포색·상문·백문·소문·백소문·비구·신문 등 모든 불가 제자들의 호가 기록되어 있다(昔漢哀帝元壽元年, 博士弟子景盧受大月氏王使伊存口授〈浮屠經〉……〈浮屠〉所載臨蒲塞·桑門·伯聞·疏問·白疏問·比丘·晨門, 皆弟子號)." 또 《사십이장경四十二章經》서문에 기록된 바에 의하면 "옛날 한나라 효명황제가 꿈속에서 신비한 사람을 보았다. 그의 몸은 금빛이고, 목덜미에는 서광이 있으며 하늘을 날아와 궁전 앞에 있었다. 황제는 마음이 상쾌하고 매우 기뻐서 다음날 여러 신하들에게 물어 보았다. '꿈에서 본 신비한 사람은 누구인 것 같은가?' 신하 중에 통역관 부의가 아뢰었다. 제가 듣기로는 천축국에 도를 얻은 이가 있는데 '부처님'이라 부른다고 합니다. 그는 가볍게 날아오를 수 있다고 하니 황제께서 꿈속에 뵌 사람은 아마도 부처님일 것입니다. 이에 황제는 깨달은 바가 있어 장건·우림중랑장 진경·박사 제자 왕준 등 열 두 명을 사신으로 삼아 천축에 파견했다. 그들은 대월씨국에 이르러 열 네 개의 함에 있는 사십이장경을 구하여 베껴와서 곧바로 탑과 절을 세웠다. 이렇게 해서 한나라에는 불법이 널리 퍼지고 곳곳에 절이 세워졌다. 먼 곳에 있는 사람도 복종하고 교화되어 신도가 되기를 원하는 사람을 이루 다 헤아릴 수 없었다(昔漢孝明皇帝, 夜夢見神人, 身體有金色, 項有日光, 飛在殿前. 意中欣然, 甚

悅之. 明日問群臣 : '此爲何神也?' 有通人傅毅曰 : '臣聞天竺有得道者, 號曰佛, 輕擧能飛, 殆將其神也.' 於是上悟, 卽遣使者張騫·羽林中郎將秦景·博士弟子王尊等十二人, 至大月氏國, 取佛經四十二章, 在十四函中, 登起立塔寺. 於是道法流布, 處處修立佛寺. 遠人伏化, 願爲臣妾者不可勝數)." 양한兩漢시기에 불교가 이미 중국에 전해졌을 뿐만 아니라, 최초의 중국어 번역불경《사십이장경》이 있었음을 알 수 있다. 현재 볼 수 있는 사료에 의하면, 늦어도 동한 말기에 불교는 이미 사회에 널리 전파되기 시작했다.

위진남북조시기는 불교가 번성했던 시기이다. 서진시기 낙양·장안 두 수도에 이미 180개의 사원이 있었고, 동진시기에는 1,768개로 늘었으며 승려는 이미 2만 명이 넘었다. 남조시기 양나라 전국의 사원은 2,846개에 달했고, 북조시기 사원의 수도 상당했다. 양현지楊衒之의《낙양가람기洛陽伽藍記》의 기록에 의하면 수도 낙양에 46개의 사원이 있었으며, 그 중 한나라 명제가 건립한 불교의 종조-백마사가 포함된다.

수·당시기도 중국 불교가 번성했던 시기로 양대兩代의 통치자 다독多篤이 불교를 믿었고 불교와 인연이 깊었다. 당나라의 '삼교합일三教合一'은 신도의 수를 분산시키지 못하고 오히려 통치자의 창도와 당시 외래문화에 대한 관용이 사람들의 불교에 대한 동경을 불러일으켰다. 당나라 때 사원이 이미 만 여 개에 가까웠으며 승려는 30만 명에 달했다. 비록 항상 '영불佞佛'과 '척불斥佛'의 논쟁이 있었지만 불교는 중국에서 확실한 발전을 이룩했다.

그 증거로 하나는 불교의 '중국화'를 완성했다는 것이고, 두 번째는 사원 경제의 발달로 인해 조직적 의미를 가진 종파가 완성되었다는 것이다. 비교적 영향력이 큰 불교 종파는 모두 8개가 있는데 삼론종三論宗·천태종天台宗·화엄종華嚴宗·법상종法相宗·율종律宗·정토종

淨土宗·밀종密宗·선종禪宗이다. 이들 종파는 모두 대승 불교에 속한다. 그 중 선종은 완전히 중국화된 불교 종파로 양 무제 때 보리달마가 소림사에서 창시하여 그를 창시자로 모셨다고 전해진다. 당나라 이래로 불교 선종의 세력이 가장 컸으며, 사원 중 80~90%가 선종에 속했다.

불교가 중국에서 발전하는데 반드시 불경의 보급과 전파가 뒤따랐고, 불경 번역 사업의 번성을 자극했다. 한나라에서 송나라 때까지 천 여 년의 시간동안 130여 명의 저명한 불경 번역가가 배출되었는데, 그 중 안세고安世高·축법란竺法蘭·구마라습鳩摩羅什·불태발타라佛駄跋陀羅·담무참曇無讖·불공不空 등과 같이 외부에서 온 이들도 있다. 그들이 번역하여 완성한 불교전적은 한문으로 된 《대장경》으로 1,502부 5,620권이 현존한다. 당나라 고승 현장대사 또한 위대한 번역가로 17년 동안 5만리의 역정을 거쳐 인도에서 657부의 불경을 가지고 왔다. 현장대사는 불교 경전에 통달하였고, 범어에 능통하여 돌아온 지 3개월 만에 번역 작업을 시작했다. 그는 이전의 번역 방법과 달리 번역을 할 때 구술하여 중국어로 번역하는 방법을 채택했는데, 나오는 말이 문장이 되었고 그 문장은 뛰어나 약간의 정리를 거친 후 바로 낭송할 수 있었다. 20여 년 동안 그는 모두 57부 1,335권의 불경을 번역하였다. 훌륭한 중국어번역 불경이 생긴 후, 불교의 전파 속도는 한층 더 빨라졌다. 불경의 전파 과정 중에서 의역 혹은 음역된 불경 단어가 고착화되어 광범위하게 사회에 유입되기 시작했다.

일찍이 동진시기, 불교는 이미 고구려에 유입되었다. 《양고승전梁高僧傳》의 기록에 의하면 동진의 명승 지둔支遁(314~366)이 고구려 승려에게 편지를 썼는데, 이는 3~4세기 고구려에 이미 불교가 전파되었음을 설명한다. 372년 전진前秦의 왕 부견苻堅이 고구려로 파견한 외교 사신단 중에 승려 순도順道가 있었다. 사신단은 당시 고구려

소수림왕의 극진한 대접을 받았고, 이에 불경과 불상을 선물했다. 2년 후, 전진 승려 아도阿道가 고구려로 갔을 때 소수림왕은 그들을 위해 특별히 성문사省門寺와 윤비란사伊弗蘭寺를 세웠다. 392년 고구려는 평양에 9개의 사원을 건립하여 불교를 더욱 널리 전파하기 위한 기초를 다졌다. 일부 고구려의 불교 신도들은 불경을 공부하기 위해 먼 길을 마다않고 중원으로 불법을 구하러 갔다. 남조시기, 고구려 승려 도랑道朗은 돈황으로《삼론三論》을 공부하러 갔는데 그가 공부한 것은 당연히 중국어번역 불경이었다.

동진 효무제 태원 9년(384) "호승 마라난타摩羅難陀가 진晉에서 왔는데, (백제 침류)왕이 그를 환영하여 궁에 이르렀을 때 예를 다했다. 불법(佛法)은 여기서 시작되었다.(胡僧摩羅難陀自晉至, 王迎之, 致宮內禮敬焉. 佛法始於此.)"[24] 고 한다. 침류왕이 한산漢山에 불사를 지음으로써 불교는 백제에 널리 유포되었다. 541년, 백제 성왕은 특별히 사신을 남조南朝로 보내 양무제에게《열반涅槃》등의 경서를 부탁하였고, 전문적으로 화공과 장인을 초빙하여 불상을 만들고 불사를 지어 불교가 백제에 전파되는데 필요한 것들을 충족시켰다. 당시 백제에는 승려와 비구니, 절과 탑이 아주 많았고 신도 수가 고구려에 뒤지지 않았으니 불경에 대한 요구를 가히 짐작할 수 있다.

불교가 중원에서 신라로 유입되는 과정은 아주 험난하였다. 처음에는 고구려를 거쳐 유입되었으나 신라 통치자가 '배불' 정책을 폈기 때문에 한동안 승려를 도륙하는 종교적 비극이 양산되었다.《해동고승전海東高僧傳》에 기록된 바에 의하면 "지난날 고(구)려 승려 정방正方이 우리나라에 들어왔을 때 군신들이 상서롭지 못하다고 해괴하게 여겨 의론하여 죽였고, 또 멸구비滅垢玭라는 이가 다시 왔었는데 역시 죽였다(曩者高(句)麗僧正方來我國, 君臣怪爲不祥, 議而殺之 ; 又

24)《삼국사기》권24.

有滅垢玭從彼復來, 殺戮如前).”고 한다. 이후 법흥왕(514~539)이 즉위하여 배불정책을 바꾸어 불교 신봉을 윤허하였다. 《삼국사기》권4의 기록에 의하면, 법흥왕 15년(528) “불교가 흥하기 시작했다(始興佛法)”고 한다. 신라가 통일(668)된 후 당으로 가 불법을 구하려는 순례자가 끊이지 않았다. 통계에 의하면 당으로 가서 불법을 구하려한 신라 승려는 법호를 남긴 사람만 법랑法朗·도의道義·혜철惠哲·무염無染 등 130여 명이다. 불교는 비록 신라에 가장 늦게 유입되었지만 신라와 중국의 불교 교류는 고구려와 백제보다 빈번했다. 한국 역사서의 기록에 의하면 정관貞觀년간에서 대중大中년간까지, 당나라 정부는 세 차례에 걸쳐 신라에 불경 300여 권을 증정하였다. 특히 자장법사가 당 태종 정관 10년(636)에 60세의 고령으로 불법을 구하러 당으로 가 연이어 오대산·종남산 등지에서 불경을 연구하고 수련한 것은 칭송할 만 한 일이다. 7년 후 《대장경》 한 부와 당번幢幡·화개華蓋 등을 가지고 돌아왔는데, 이것이 《대장경》의 한반도 유입의 시작이었다.

불교가 한반도에 유입될 때 이미 중국 승려들의 개량을 거쳤고, 중국의 전통문화가 융화되어 있었다. 이 때문에 한漢문화의 영향을 받은 해동海東은 불교를 더 쉽게 받아들였고 더 쉽게 전파되었다. 특히 통일 신라 이후 불교는 국교가 되었고 ‘오교구산五教九山’을 형성하여 세력이 날로 광대해지고 영향력이 날로 깊어졌다. 신라왕조는 중국에서 전해진 불교가 널리 표방한 충효호국 및 대자대비의 사상을 통해 치국의 이념과 사회윤리 모범의 기반을 다졌다. 앞에서 언급했듯이, 당시 신라에는 ‘화랑’이라는 특수한 단체가 출현했는데 이는 준군사단체에 해당한다. ‘화랑’은 귀족 청년들로 구성되었으며, 평소에는 수신에 힘쓰고 도를 수양하고, 전시에는 종군하여 적을 물리친다. 불교가 유입됨에 따라 전통적인 충군애국忠君愛國 사상과 불교 사상이 서로 융합하여 '화랑정신'으로 응집되었다. '화랑정신'은 원효대사에 의해 처음 만들어졌으며 그 속에는 불교의 "一心二源, 融二不一(부처님을 향한 마음은 두 가지 근원에서 나왔고, 둘은 형식상으로는 하나로 융합될 수 있으나 실질은 하나가 될 수 없다.)"의 사유 방식이 혼합되어 있으며 그 속에서 자아 위주의 대내 융합 사상과 가정과 국가를 중시하는 가국家國사상·강력한 민족 통일의식과 고취 의식을 정련해 냈다.

통일신라는 짧은 시기였으나 불교는 통일신라가 멸망했다고 쇠퇴하지는 않았다. 이어서 세워진 고려 왕조는 불교에 더 열중하였다. 역대 국왕들이 모두 불교를 독실하게 믿었을 뿐 만 아니라 승려를 선발하는 승과시험제도를 세웠고, 많은 이름 난 승려들이 왕사, 국사로 추존되었으며 불교는 전성기에 달했다. 그 지표 중 하나가 바로 지금까지 전해져 내려오는 고려 팔만대장경이다. 고려는 두 번에 걸쳐 《대장경》(《여장麗藏》이라 통칭한다)을 각인刻印했다. 첫 번째는 1011년에 시작했고, 현종顯宗이 불교의 힘을 빌어 침략해 온 요나라 군대를 물리치기를 발원하며 새긴 것으로, 이후 전쟁 때 소실되었다. 두 번째는 1237년에 새기기 시작한 것으로, 고종이 현종 때의 장경을 예로 삼아 모방하여 새긴 것이며 부처님의 보살핌으로 몽고침략군을 격퇴하고자 하는 마음에서 발원하여 새긴 것이다. 《대장경》의 제1판과 제2판은 모두 《송장宋藏》과 《요장遼藏》을 모본으로 하였으며 중국에서 전파된 불경을 집대성한 작품이다.

한역 불경이 한반도에서 광범위하게 전파됨으로써 한문·한자가 날로 사람들의 마음속에 깊이 전해져 신속하게 보급되었다. 승려들과 신도들은 불경을 낭송할 수 있을 뿐 아니라, 한문·한자에도 익숙하여 많은 한역 불경에서 온 한자어도 해동 문헌에 들어가기 시작했다. 아래는 《금강경언해》(1464) 서문 속에 사용된 한자어이다.

世人 微妙 道理 聖人 學者 法身 光明 一切 如來 金剛 釋迦
文字 本心 疑心 佛性 自性 清淨 智慧 世界 後人 艱難 究竟
勇猛 受苦 堅固 生滅 不善 奉侍 覺惡 方便 了然 法人 梵語
工匠 苦行 來世 肉身 因果 因緣 慈悲 莊嚴 地獄 魔鬼 解脫
雜念 衆生 苦海 執着 圓滿

일부 한자어는 심지어 향가에도 쓰여, 한국어에서 상용단어가 되었다. 향가의 내용은 풍부하고 다채로우며 그 중에는 농후한 불교 색채를 띤 것도 많다. 예를 들어《도천수관음가禱千手觀音歌》등은 부처님의 보살핌을 기원하는 의미를 가지고 있고,《도솔가兜率歌》등은 공양·공덕과 관계가 있으며,《원왕생가願往生歌》등은 극락세계에 대한 동경을 표현한 것 등등이다. 아래는 신라 향가 중에 나타난 한역 불교 단어들이다.

	향가명	한자불교단어
(1)	彗星歌	乾達婆
(2)	風謠	功德
(3)	願往生歌	西方 無壽佛
(4)	兜率歌	彌勒座主
(5)	祭亡妹歌	生死 彌陀刹
(6)	禱千手觀音歌	千手觀音 慈悲
(7)	遇賊歌	破戒
(8)	稱讚如來歌	如來 南無佛
(9)	廣受供養歌	供養 法供
(10)	懺悔業障歌	法界 淨戒 菩提 懺悔 三業 業障
(11)	喜功德歌	緣起 衆生
(12)	禮敬祭佛歌	佛體
(13)	請轉法輪歌	法輪 佛念 法雨 煩惱
(14)	請佛往世歌	化緣 佛影
(15)	寶蓋燃香歌	一切 法性
(16)	無盡歌	生界 大悲

신라향가에 기재된 불교 단어들을 제외하고, 《삼국유사》에서도 그 예를 쉽게 찾을 수 있다. 《삼국유사》는 고려 충렬왕(1274~1308 재위)시기에 책으로 만들어졌고, 불교는 전성기였다. 이 책의 저자는 일연一然스님으로 "기록된 내용이 신비롭고 기이하며 영험하고 묘하며, 부처를 숭배하고 불법을 널리 전파한다(所紀神異靈妙, 專主崇佛弘法)"라 하였으며, 책에 많은 불교 단어가 있다. 그 중 중요한 것을 번역하면 아래와 같다.

(1) 出家 : 前王姓金氏, 出家法云(卷三)
(2) 比丘 : 請比丘亡名誦蓮經者主寺(卷三)
(3) 比丘尼 : 未幾, 真興王妃比丘尼卒(卷三)
(4) 方丈 : 祐世僧道孤大山景福寺飛來方丈(卷三)
(5) 佛塔 : 侍臣識之, 云是佛塔(卷三)
(6) 蒲圖王 : 然稱佛為蒲圖王, 似在西漢之時(卷三)
(7) 舍利 : 蓋真身舍利, 感應難思矣(卷三)
(8) 釋迦 : 小釋迦猶存焉(卷三)
(9) 因緣 : 五受佛記, 故別有因緣(卷三)
(10) 佛光 : 乃以九光扇加置岩岫間, 因謂之佛光(卷三)
(11) 彌勒 : 有石彌勒出, 至於三花嶺上(卷三)
(12) 菩薩 : 畫此菩薩像, 虔設供養而不廢宜矣(卷三)
(13) 佛事 : 與子乘桴于海, 適彼同修佛事(卷三)
(14) 袈裟 : 摩納袈裟五領(卷三)
(15) 法師 : 昔義湘法師入唐(卷三)
(16) 和尚 : 默和尚入唐, 亦載大藏經來(卷三)
(17) 有緣 : 抑有緣茲土, 故比比示現焉(卷三)
(18) 觀音 : 有一晚觀音真身(卷三)
(19) 沙彌 : 截左耳類前所見沙彌(卷三)
(20) 羅刹 : 羅刹女受五戒而無後害(卷三)
(21) 阿羅漢 : 北臺象山王, 釋迦如來為首, 五百大阿羅漢(卷三)
(22) 受戒 : 受戒懺悔, 王大信奉(卷四)

(23) 修行 : 善哉善哉, 汝之修行(卷四)
(24) 開山 : 濫記雲門開山祖寶壤師之實際(卷四)
(25) 禪師 : 直歲信元禪師(卷四)
(26) 伽藍 : 知是前代伽藍墟也(卷四)
(27) 陰騭 : 陰騭法化(卷四)
(28) 檀越 : 錫自飛至檀越家(卷四)
(29) 導師 : 而后乃今願為導師導我也(卷四)
(30) 祖師 : 又神印祖師明朗新創金剛寺(卷四)
(31) 世界 : 下有世界, 晃朗清虛(卷四)
(32) 涅槃 : 娑羅樹間入涅槃(卷四)
(33) 三寶) : 人人奉持, 致敬三寶(卷四)
(34) 灌頂 : 師乃傳教灌頂(卷四)
(35) 精舍 : 山有吉祥草生處, 于此創立精舍(卷四)
(36) 沙門 : 新羅沙門可歸聰明識道理(卷四)
(37) 舍身 : 第一百七十三者, 舍身已入地獄(卷四)
(38) 佛骨 : 覓得佛骨簡子兮(卷四)
(39) 瑜伽 : 瑜伽祖大德大賢往南山茸長寺(卷四)
(40) 法器 : 嵎夷之人豈堪法器(卷四)

왕력은 "불교의 중국 유입은 중국어에 큰 영향을 끼쳤다. '聲明[음, 소리]'의 영향은 단지 중국어 체계의 설명에만(예를 들어 등운학) 있으나 '因明[논리]'은 사유 발전에 영향을 끼쳤다. 당대는 불교가 비교적 성숙한 시기로 당대의 한족 지식인들은 논리 사유에 있어 크던 작던 간에 모두 불교의 영향을 받았다"고 지적했다.[25] 불교문화는 넓고 크고 깊은 종교 문화로, 우주와 인생에 대해 통찰하고, 인류 이성에 대해 반성하며 논리 개념에 대해 분석하였다. 불교는 독특하고 깊은 견해를 가지고 있어 중국인의 사회생활과 언어생활에 끼친 영향은 매우 크고 깊다. 불교는 한역 불경의 힘을 빌어 전파되었

25) 《漢語史稿》중책(中册) p.477.

고, 이는 통치 계층과 지식 계층이 먼저 불교와 인연을 맺게 했으며 점차 불교를 신봉하는 전통을 형성하게 하였다. 중국 고대 문인들이 문화 자원을 독점했기 때문에 불경을 들여오고 번역하고 전파하는데 있어 우세를 차지하고 있었으며, 대량의 불경은 그들의 손을 통해 범문에서 한문으로 바뀌었고, 사원에서 민간으로 나가게 되었다. 대량의 한역 불교용어는 이미 중국어의 사회문화 언어의 한 부분으로 구성되어 중국어 어휘의 중요한 구성 성분이 되었다. 당대의 승려 혜림慧琳은 《일체경음의一切經音義》100권(상해고적출판사, 1986)을 편찬하여 《설문해자說文解字》·《자림字林》·《옥편玉篇》·《자통字統》 등의 자서字書를 이용하여 불교 용어를 해설하였는데 총 1,300부 5,700여 권의 불경과 관련되어 있으며 대량의 불교 단어를 보존하였다. 정복보丁福保의 《불학대사전佛學大辭典》(문물출판사, 1984)에 수록된 불교 용어는 35,000여 가지에 달한다. 이러한 불교 용어 중 일부분은 음역외래어의 범주에 속한다. 어느 학자의 통계에 따르면 고대 중국어 외래 차용어 중에서 불교에서 온 것이 적어도 90% 이상을 점유한다고 한다. 곽금부郭錦桴는 "중국어 역사 발전의 과정 중에 상당히 많은 불교 용어가 일반인들의 중국어 밖으로 배척되었으나 일부 불교 단어는 일반인의 중국어 어휘 속에 흡수되어 중국어의 기본 어휘가 되었는데, 이는 불교문화의 중국어에 대한 깊은 영향을 나타낸다"고 여겼다.[26] 일반인의 어휘 밖으로 배척된 불교 단어는 주로 음역되거나 전문화된 명사 술어들로, 그 단어들이 전해진 범위는 승려와 신도로 제한되었다. 일반인의 어휘 속에 들어갈 수 있었던 것은 대부분 의역된 불교 용어로 이 단어들은 번역될 때 이미 중국화가 진행되었을 뿐 아니라 전해지는 과정 중에서 또한 세속화의 조정을 거쳐 일반인 중국어 어휘 속에 들어갈 조건을 갖추었다. 그리하여 중국어의 어휘

26) 《漢語與中國傳統文化》 p.145, 중국인민대학출판사, 1993년.

생산 및 조어 수단을 매우 풍부하게 하였다.

불교가 한반도에 전파됨에 있어 똑같이 한역 불경의 힘을 빌렸다. 음역이든 의역이든 불교 용어는 여전히 원래의 모습을 유지하고 있었고, 일반인 중국어 어휘에 유입된 불교 단어들은 또한 거의 한국어의 일반 어휘에 유입되었다. 비록 이러한 단어들이 한역 불경에서 직접 일반인들의 말에 유입된 것은 아니나, 중국 고대 문헌을 통해 옮겨진 것은 분명하다. 현대 한국어에 여전히 사용되는 한자어를 예를 들어 설명해 보고자 한다.

(1) 世界 : 불교용어. 《능엄경楞嚴經》卷四에 "'세'는 시간이 흘러감이고 '계'는 방위이다(世爲遷流, 界爲方位.)"라 하였다. '世'는 시간을, '界'는 공간을 가리킨다. 두 방면의 뜻이 있기도 하다. 또한 세간·인간을 가리키기도 한다. 당나라 잠삼岑參의 《등자은사탑登慈恩寺塔》에서는 "세상을 벗어나 산에 오르니, 돌층계길 허공에 걸린 듯 하다(登臨出世界, 磴道盤虛空.)"라 하였다.

(2) 實際 : 불교용어. '實'은 '진여真如'·'법성法性'의 최고의 경지를 가리킨다. '際'는 경지의 가장자리를 가리킨다. 《대지도론大智度論》卷三二에 "실제라는 것을 먼저 말한다면 법성을 이름하여 실이라 하고 입처를 이름하여 제라 한다(實際者, 如先說, 法性名為實, 入處名為際.)"라 하였다. 지금은 객관적으로 존재하는 현실을 말한다.

(3) 正宗 : 불교용어. 석가모니에게서 전해진 유파를 가리킨다. 《운봉열사어록雲峰悅師語錄》序 : "연등불의 기별(수기)을 받지 않고, 스스로 삼인의 정종을 이었네.(不受燃燈記別, 自提三印正宗.)" 후에는 넓은 의미로 학업·기술의 직계 정파를 가리킨다. 예로는 명나라 하량준何良俊의 《사우재총설四友齋叢說》卷二四 "당연히 삼사(사령운·사혜련·사조)를 정통으로 한다.(然當以三謝(謝靈運·謝惠連·謝朓)為正宗.)"가 있다.

(4) 出現 : 불교용어. 보살이 실제 모습으로 세상에 나타나다. 《법화경法華經·방편품方便品》에 "모든 부처님께서는 세상을 청정하

게 하고 모든 사람을 구제하기 위하여 오직 일대사 인연을 가지고 세상에 출현하시느니라(諸佛世尊, 唯以一大事因緣, 故出現於世.)"고 하였다. 후에는 드러나다·생각나다는 말을 가리킨다.

(5) 大眾 : 불교용어. '摩诃僧伽'로 음역한다. 《지도론智度論》에 "대중이라는 것은 부처님을 제외한 나머지 모든 성현이다(大眾者, 除佛餘一切賢聖.)"라 했고, 《법화경法華經》序에서는 "대중 속에 계신 부처님께서는 깊은 법을 설하시니(世尊在大眾, 敷演深法義.)"라 했다. 후에는 일반 민중을 가리킨다.

(6) 結果 : 불교용어. 원래 인간의 귀결점을 가리킨다. 《불가성론佛家性論》에 "원인이 멀리 있으면 먼 열매를 맺고, 가까이 있으면 가까운 열매를 맺는다. 선하면 선한 열매를 맺고, 악하면 악한 열매를 맺는다(遠因結遠果, 近因結近果; 善因結善果, 惡因結惡果.)"고 했다. 후에는 사물의 최종 결말을 가리킨다.

(7) 光明 : 불교용어. 부처의 광명을 가리키며 지혜로운 모습을 나타낸다. 《탐현기探玄記》卷三 : "광명은 또한 두 가지 뜻이 있다. 하나는 어둠을 밝힌다는 뜻이고, 둘은 불법佛法을 드러낸다는 뜻이다(光明亦二義, 一是照暗義, 二是現法義.)" 후에는 정의나 희망이 있음을 비유하는 말로 쓰인다.

(8) 感應 : 불교용어. 중생이 정성으로 신명을 감동시켜 신명이 응답함을 가리킨다. 《삼세법수三歲法數》卷三七 : "중생이 (정성으로) 감동시키면 부처님이 응답하신다(感即眾生, 應即佛也.)" 후에는 외부의 영향을 받아 일어난 감정 혹은 동작을 가리킨다.

(9) 變化 : 불교용어. 부처의 신통력이 모든 것을 변화시킬 수 있음을 말한다. 《법화경法華經》에서는 "신통과 변화도 헤아릴 수 없고(神通變化, 不可思議.)"라고 하였다. 후에는 모든 사물의 삶과 죽음·전화轉化를 가리킨다.

(10) 意識 : 불교용어. 여섯 가지 인식六識의 하나로, 의식의 뿌리에서 야기된 인식識이다. 《광홍명집廣弘明集》卷三七 : "이 두 가지 장애가 제거되면 의식은 점차 밝아진다(除此二障, 意識稍明.)" 후에는 감각·사유 등 각종 심리 과정의 총화를 가리킨다.

(11) 人間 : 불교용어. 불가에서 인간계에 사는 자를 가리킨다. 즉 인

류이다.《법화경法華經·법사품法師品》에 "이 인간계에 태어나다(生于此人間.)"고 하였다. 후에 중국어에서는 인류 사회를 가리키나 한국어에서는 여전히 사람을 가리킨다.

(12) 障礙 : 불교용어. 번뇌의 다른 이름, 번뇌는 성스러운 도를 가로막을 수 있다.《대승의장大乘義章》一 : "성도의 설법을 가로막는 것을 장障이라 한다(能礙聖道說以為障)" 후에는 앞으로 나가는 것을 가로막는 물건을 가리킨다.

(13) 執著 : 불교용어. 세속의 정을 고집하여 초탈할 수 없다.《대반야바라밀다경大般若波羅蜜多經》卷七一에서 "느낌[受]·생각[想]·행함[行]·의식[識]이 모양 있다고 집착하지 않느니라(如實知受想行識相而不執著.)"라 하였다. 후에는 넓은 의미에서 일을 고집스럽고 융통성 없이 하는 것을 가리킨다.

(14) 真實 : 불교용어. 세속의 정을 떠나고 허무하고 망상된 것을 끊어내는 것을 가리킨다.《대승의장大乘義章》二 : "법에 번뇌[妄情 혹은 情妄]가 끊어져 진실이라 이름한다(法絕情妄為真實.)" 후에는 객관 사실과 부합함을 가리킨다.

(15) 睡眠 : 불교용어. 심성을 우매하게 만드는 정신 작용을 가리킨다.《석씨요람釋氏要覽》: "《발각정심경發覺淨心經》에 수면에 20종의 허물이 있다(發覺淨心經有二十種睡眠過患.)" 후에는 잠을 자는 것을 가리킨다.

(16) 平等 : 불교용어. 불교에서는 우주의 본질은 모두 동일체이며 모든 불법과 중성이 원래 차별이 없다고 여긴다. 그래서 평등이라고 부른다.《열반경涅槃經》卷三 : "여래는 이와 같은 평등을 잘 닦아(如來善修, 如是平等.)" 후에는 넓은 의미로 차별이 없음을 가리킨다.

(17) 譬喻 : 불교용어. 깨달음으로 깨닫지 못함을 해석하다.《법화문구法華文句》五에서 "비譬는 상황을 비유하는 것이고, 유喻는 교훈을 깨달다는 것이다(譬者, 比況也 ; 喻者, 曉訓也.)" 후에는 넓은 의미로 비유를 나타낸다.

(18) 覺惡 : 불교용어. 불교 교리의 진리를 깨달음을 가리킨다.《열반경涅槃經》十六 : "불은 깨닫는다는 뜻이다. 스스로 깨닫고 남

을 깨닫게 하는 것이다(佛者名覺, 既自覺惡, 復能覺他.)" 후에는 넓은 의미로 깨닫다·이해하다를 의미한다.

(19) 未來 : 불교용어. 현재와 상대되는 이후를 미래라 한다. 현생과 상대되는 내세를 미래세라 한다. 《위서魏書·석로지釋老志》에서 "과거·현재·미래 삼세를 거쳐(有過去·當今·未來·歷三世.)"라 하였다. 이후에는 미래·장래를 널리 가리킨다.

(20) 解脫 : 불교용어. 번뇌를 없애고 자유로운 상태로 다시 돌아감을 가리킨다. 《유마힐경維摩詰經·불국품佛國品》: "부처님께서는 한소리로 법을 설하시지만 중생은 그 유형에 따라 제각기 해탈하네(佛以一音演說法, 眾生隨類, 各得解脫.)" 후에 넓은 의미로 탈피하다·벗어나다를 나타낸다.

(21) 慈悲 : 불교용어. 자애와 비련을 가리킨다. 《대지도론大智度論》卷二七 : "대자는 일체 중생에게 즐거움을 주는 것이고 대비는 일체 중생에게 괴로움을 덜어 주는 것이다(大慈與一切眾生樂, 大悲拔一切眾生苦.)" 후에 자애와 연민을 가리킨다.

(22) 彼岸 : 불교용어. 범어 '波羅'의 의역으로 불교에서 삶과 죽음의 경계를 비유하여 차안此岸이라 하고, 번뇌와 고난을 비유하여 중류中流라고 하며, 생사를 초탈한 것을 비유하여 피안彼岸이라 하였다. 《지도론智度論》卷十二 : "저들(아라한과 벽지불)은 생사로써 차안으로 삼고 열반으로써 피안을 삼는다(彼以生死為此岸, 涅槃為彼岸.)" 후에는 동경의 세계를 비유하는 말로 쓰였다.

(23) 佈施 : 불교용어. 범어 '檀那'의 의역, 세 종류로 나눠진다. 첫째는 재물보시, 둘째는 법보시를 일컫고, 셋째는 무외보시를 일컫는다. 《무량수경無量壽經》에 "은혜를 베풀다(布恩施惠.)"고 하였다. 후에는 넓은 의미에서 재물로 다른 사람에게 시주함을 가리킨다.

(24) 放生 : 불교용어. 포획된 물고기·새 등의 작은 생명을 사서 풀어줌을 가리킨다. 《해여총고陔餘叢考》卷三三에 "양 무제는 불교를 신봉하여 살생을 금했고 이에 밀가루로 제물을 만들어 제를 지내니 방생이 이때 시작되었음은 의심할 바가 없다(蓋梁武帝奉佛戒殺, 至以面犧牲, 則放生起於是時無疑.)"라 했다.

(25) 說法 : 불교용어. 불교에서는 도를 법이라 일컫는다. 그래서 도를 설명하는 것을 설법이라 한다. 《유마힐경維摩詰經 · 방편품方便品》에서는 "유마힐은 몸의 병을 예로 들어가면서 널리 설법을 했다(維摩詰因以身疾, 廣為說法.)"고 한다. 후에는 말이나 글에서 골라 쓴 단어나 의견을 가리키기도 한다.

(26) 前身 : 불교용어. 사람의 전생을 가리킨다. 《태평광기太平廣記》卷三八七 : "점쟁이에게 양호羊祜의 전생에 대해 물어봤더니 동린東鄰 아들이라고 하였다(乃驗(羊)祜前身, 東鄰子也.)" 후에는 사물 원래의 형태 혹은 명칭을 가리킨다.

(27) 歸依 : 불교용어. '皈依'라고도 하며, 불교에서는 부처 · 법 · 승려 세 가지 보물을 믿고 의지함을 가리킨다. 《대승의장大乘義章》十 : "삼귀三歸란 돌아가 머무르다, 의지하다는 뜻으로 귀의歸依라 말한다(三歸者, 歸投依伏, 故曰歸依.)" 후에는 종교 조직에 참가함을 널리 갈리킨다.

(28) 印象 : 불교용어. 물속이나 거울 속에 비친 그림자를 가리킨다. 《대집경大集經》十五 : "이와 같은 색色 등은 바다 가운데 모두 인상(印像 ; 도장의 형상)이 있다(如是等色, 海中皆有印象.)" 후에는 객관 사물이 사람의 머릿속에 남긴 잔상을 가리킨다.

(29) 因緣 : 불교용어. 범어 '尼陀那'의 의역, 결과 발생의 직접적 원인 혹은 결과 발생 촉진의 주요 조건을 가리킨다. 《능엄경楞嚴經》二 : "저 외도들은 항상 자연自然이라고 설하나, 내가 말한 인연은(彼外道等常說自然, 我說因緣.)" 후에는 인연을 가리킨다.

(30) 天堂 : 불교에서 속세의 사람이 사후에 살게 되는 극락세계를 가리킨다. 《법화현의法華玄義》一에서 "마음은 지옥에 있을 수도 있고, 마음은 천당에 있을 수도 있다. 마음은 범부(불교에서는 지혜가 얕고 우둔한 중생을 일컫음)일 수도 있고, 마음은 성현일 수 도 있다 (心能地獄, 心能天堂 ; 心能凡夫, 心能賢聖.)"라 하였다. 후에는 행복하고 아름다운 생활환경을 비유하는 말로도 쓰인다.

위에서 서술한 한역불경에서 온 한자어 외에, 일부 성어도 한국어의 일반인이 사용하는 어휘에 유입되었다. 예를 들어, 不可思議(불가사의)·大慈大悲(대자대비)·森羅萬象(삼라만상)·唯我獨尊(유아독존)·三災八難(삼재팔난)·五體投地(오체투지)·因果應報(인과응보)·自作自受(자작자수)·三生有幸(삼생유행)·神通廣大(신통광대)·頂禮膜拜(정예막배)·皆大歡喜(개대환희)·醍醐灌頂(제호관정)·借花獻佛(차화헌불)·當頭棒喝(당두봉갈)·對牛彈琴(대우탄금)·一絲不掛(일사불괘)·不二法門(불이법문)·想入非非(상입비비)·六根淸淨(육근청정)·三頭六臂(삼두육비)·盲人摸象(맹인모상)·在劫難逃(재겁난도)·不卽不離(불즉불리)·生老病死(생로병사)·心猿意馬(심원의마)·淸規戒律(청규계율)·善有善報(선유선보)·惡有惡報(악유악보)·不生不滅(불생불멸) 등등이다. 이러한 성어들은 지금도 한국어 서면어 속에 사용되고 있다.

불교가 한반도에 전해질 때 아직 민족의 문자가 없었고 불교가 신라시기와 고려시기에 전에 없이 널리 보급되었기 때문에 다량의 한역불경 불교단어가 고대 한국어에 진입한 것은 자연스러운 일이다. 박영섭은 일찍이《삼국사기》·《삼국유사》·《고려사》를 조사한 적이 있었는데, 그 중 한역불경 한자어가 생각했던 것만큼 많지 않다는 사실을 발견하였다. 이를 근거로 하여 '한글'이 아직 생겨나지 않았고 한자 또한 대중에게 보급되지 않았으며, 이 밖에 조선조가 유교를 중시하여 불교를 억압하였고 한글을 보급하기 위해 다수의 한역불경을 '언해'하였으므로 불경에서 온 한자어가 조선어에 유입되는데 제한을 받았다는 결론 내렸다.[27] 필자는 그의 이러한 관점은 단편적이라 생각한다. 먼저《삼국사기》·《삼국유사》·《고려사》속에 모두 다량의 불교단어가 기록되어 있다. 단지 이러한 단어들은 대부분 고유명사 방면에 집중되어 있다. 이는 이 책들이 모두 역사적 사실과 인물·사건 기록 위주의 사서史書로서 자연히 방대한 불교 이론과 불교 의궤

27)《국어 한자어휘론》p.76.

는 언급하지 않았기 때문이다. 그러나 이 방면 명사 술어의 양이 많다. 다음으로 조선조는 유교를 숭배하고 불교를 배척하여 많은 한역 불경이 언해되었다고 했는데, 사실 이러한 언해 불경은 단지 표기 부호를 바꾼 것 일뿐 다량의 한자어는 여전히 언해 불경 속에 그대로 있었다. 또한 여기서 말하는 불경에서 한국어에 유입된 다량의 한자어는 주로 서면어를 가리키는 것으로 구어만을 말하는 것은 아니다. 다시 말해, 체제 풍격 관계 때문에 불경에서 온 한자어와 중국 고대 문헌에서 온 한자어는 똑같이 농후한 서면어 색채를 띠고 있어 민족 언어의 가장 핵심인 일상생활용어에 진입하는데 반드시 제한을 받았을 것이다. 그러나 '佛(부처)'·'釋迦牟尼(석가모니)'·'人間(인간)'·'平等(평등)'·'結果(결과)' 등 많은 한자어는 여전히 오늘날 한국인의 구어 중에 활발히 사용되고 있다. 여숙상은《어문상담語文常談》에서 "불경의 문자 또한 비교적 많은 구어 성분을 포함하고 있다. …… 백화의 발전과 불교와는 큰 관련이 있다"라 하였다. 불경의 전파가 구전에 의해 이루어 졌으므로 구어에 대한 그 영향은 매우 명백하다.

이상의 논술에 근거하여 우리가 내린 결론은 다음과 같다.

첫째, 한역불경은 물론 의역 위주의 방침을 견지하나, 그 중 음역 단어도 다량 있다. 이 음역단어들을 대부분 중국화 과정을 거쳐 단어 형태상에서는 중국어 어휘의 특징을 지니고 있다. 한반도에는 아직 직접 범어를 번역한 불경이 없었으므로 이러한 불교 단어를 받아들일 때 대부분 그대로 받아 들였다.

둘째, 한국어 일반 어휘에 진입한 불교 단어는 의역단어 위주이며 이 점은 중국과 같다. 한반도에서는 장기간 한자를 차용했기 때문에 이미 뿌리 깊은 한자 문자심리가 형성되어 글자만 보고도 대강의 뜻을 이해하는 의역단어에 대해 항상 편애하는 경향이 있었다.

셋째, 많은 한역불경에서 온 한자 의역단어는 일반인 어휘에 유입될 때 원래 의미를 채용한 것이 아니라, 단어 의미의 확대 혹은 파생을 거쳐 그 응용 범위가 이미 불교학의 범위를 넘었고 더욱 광범위한 보편성을 지녔다. 이 점은 중국과 한국 모두 마찬가지이다.

3. 중국 고대 백화에서 온 한자어

한대 이후, 중국어는 구어와 서면어의 차이가 점점 커져 결국 문언과 백화 두 종류의 다른 체제가 형성되는 결과를 야기하게 되었다. 문언과 백화는 장기간 공존하였고 서로 필연적으로 영향을 끼칠 수밖에 없다. 《사기》와 《한서》의 체제는 많은 차이가 난다. 《사기》는 당시의 많은 구어를 받아들였고, 《한서》는 선명한 서면어 색채를 유지하고 있어 마건충馬建忠은 "두 책을 종합해 봤을 때, 《사기》의 문장은 생동감 있고 감칠 맛이 나고, 《한서》의 문장은 장엄하고 호방하다(總觀兩書, 《史記》之文紆餘, 《漢書》之文卓犖)"28) 고 하였다. 예를 들어 《사기·진섭세가陳涉世家》에서 진섭의 오랜 친구가 그를 찾아와 그 사치스럽고 호화로움에 감탄한 것을 쓸 때 "夥頤! 涉之爲王沈沈者(정말 화려하구나! 진섭이 왕이 되니 궁전이 높고 크고 심오하구나)."라 했다. "夥頤"는 당시 구어로 초나라 방언이었다. 또 예를 들자면 《세설신어世說新語·교예巧藝》에 기록된 동진東晉의 대화가 고개지顧愷之의 명언 중에 "傳神寫照, 正在阿堵中(정신을 전하여 그림으로 비추어내는 것은 바로 이것(눈동자를 그리는 것) 속에 있다)"는 말이 있다. "阿堵"는 구어에서 지시대사로서 '이'·'이것'을 가리킨다. 《금병매》·《홍루몽》등 명·청明·淸백화소설 속의 구어 어휘는 그 양이 더욱 많다. 여기서 반드시 언급해야 할 것은 두 가지 다른 체제의 어휘에서는 서면

28) 여숙상(呂叔湘)·왕해분(王海棻) 《馬氏文通讀本》 p.290, 상해교육출판사, 2001년.

어가 구어에 끼치는 영향이 더 큰데, 이는 언어의 전승성에서 비롯된 것으로 원전이 더욱 강한 규범 작용을 가지고 있기 때문이다. 백화는 반드시 문언의 기초에서 발전한 것이며 백화 단어는 종종 문언을 조어의 기본 단어로 삼기도 한다. 그러므로 백화 어휘와 문언 어휘는 얽히고 설킨 복잡한 관계를 가지고 있다.

한국어 가운데 중국고대 백화에서 온 한자어는 주로 근대 중국어의 구어 어휘에서 온 것이고, 구어 어휘는 통상적으로 일상 담화에만 사용되며 서면어로는 비교적 적게 사용된다. 그러나 비교적 적게 사용되는 것이지 사용되지 않는 것은 아니다. 만약 아예 서면어에 출현하지 않았다면 우리는 지금 이러한 구어 어휘를 이해할 길이 없다. 근대 중국어 초기, 구어 어휘는 서면어에서 정통적 지위를 얻지 못했고 가끔 출현해도 '비속한 말'이라 여겨져 배척당했다. 두보는 시에서 구어에 쓰이는 양사 "個"를 사용해 물건을 세고, "食" 대신 구어 "喫"을 사용해 송나라 사람들의 조롱을 받았다. 근대 중국어 후기, 다량의 백화 문학작품이 출현함에 따라, 대량의 백화단어가 서면어에 진입했고, 그 중 상용 단어는 이미 단순히 구어 단어로 볼 수 없었다. 동한시기 복건服虔의 《통속문通俗文》(유실)은 중국 최초의 구어 단어 해석 저작이다. 이후 육조시기 심약沈約의 《속설俗說》(유실), 당대 돈황 문서 중의 《속무요명림俗務要明林》(잔본), 송대 홍매洪邁의 《속설俗說》, 명대 양신楊愼의 《속언俗言》· 진사원陳士元의 《이언해俚言解》· 악원성岳元聲의 《방언거方言據》 등 모두 이 분야의 전문 서적들이다. 청대까지 거슬러 내려가면 구어 단어가 광범위하게 사람들의 언어생활에 개입했기 때문에 점차 언어학자의 관심을 끌었고, 구어 단어에 대한 연구도 새로운 단계로 접어들게 되었다. 그 중 적호翟灝의 《통속편通俗編》· 전대흔錢大昕의 《항언록恒言錄》· 학의행郝懿行《증속문證俗文》이 가장 학술적 가치를 지닌 저술들이다. 중국어 구어 단어의 대량

출현과 광범위한 사용은 중국어의 단어 형식에 즉 단음절어 위주의 과도기에서 복음절어 위주로, 의미 조어에서 문법 조어로 발전하여 중국어 단어의 면모를 새롭게 하는 중대한 변화가 발생하게 되었다. 이와 동시에 중국어 어휘의 이러한 변화는 주변 국가에 영향을 끼쳤고 근대 중국어에서 생성된 다량의 백화 단어는 점차 한자 단어 가운데 명확한 우세를 차지했다. 그래서 지금까지도 일본어와 한국어의 한자어는 여전히 쌍음절 위주이다.

중국어 속의 백화 단어는 어떻게 해동에 전해진 것일까? 필자는 대략 세 가지 경로를 거쳤다고 생각한다.

첫째, 역대 대륙에서 온 이민자들을 통해서이다. 만약 사료가 신빙성이 있다면 주나라 초기 기자箕子 등이 최초의 중국 이민자일 것 이다. 그 후 중원 거주민들은 전란이나 흉년을 피해 목숨을 걸고 이민길에 올라 한반도로 들어왔다. 이민자들은 대대로 타향살이를 하며 자손이 번창하여 점차 큰 가족을 형성하고 현지인들과 융화되었다. 이조 건립 후 많은 이민 후예들이 조정에서 관직을 맡았는데 이러한 이민자들 가운데는 공로가 혁혁한 집안도 적지 않았다. 예를 들어 창원 공씨의 시조 공소孔紹는 공자의 52대 손으로 원순제 치정 7년(1349) 해동으로 옮겨 와 살았다. 신안 주씨의 시조 주잠朱潛은 주희의 증손자로 송나라 영종 가정 17년(1224) 국난을 피해 고려로 옮겨 왔다. 장기간의 공존으로 대륙 이민은 점차 현지인과 융화되었다. '문화의 근원이 같은文化同源' 두 나라가 이렇게 된다는 것은 어려운 일이 아니었다. 문화의 융합은 반드시 상호 간의 언어에 영향을 끼친다. 공동으로 생활하는 과정 속에서 언어 교제가 빈번해 짐에 따라, 이민들의 구어에서 온 한자어가 점차 한국어에 유입되었다.

둘째, 한반도 상인을 통해서이다. 일찍이 춘추전국시대부터 대륙과 한반도는 경제 무역 왕래가 이미 시작되었다. 최초의 기록은 제나라에서 당시 조선에서 '문피文皮(호랑이 가죽)'를 수입했다는 것으로, 《관자管子》에 "發朝鮮之文皮一荚(조선에서 보낸 호랑이 가죽 한 협荚)"이라는 기록이 있다. 이후로도 한반도와 대륙은 시종 긴밀한 경제 무역 왕래를 유지하였고 양쪽 상인들의 왕래가 잇달아 끊이지 않았으며 요동의 이러한 광경은 사람들의 눈길을 끌었다. 이 외에 압록강 일대에서 활발하던 변방무역 또한 구어의 접촉을 한층 증강시켰다. 이 일대는 원래 한사군 지역으로 두 종류 언어가 있었고, 빈번한 무역 활동으로 인해 언어 소통이 날로 중요해지고 한국어가 중국어의 구어 단어를 흡수하는 조건을 제공하였다. 고려 시기 가장 영향력 있는 중국어 구어교재 《노걸대》·《박통사》 모두 장사와 무역을 주요 내용으로 하고 있다. 상업무역 회화를 공부하는 것은 이미 해동 상인의 필수 과목이 되었으니 그 보급 정도를 가히 짐작할 수 있다. 이러한 배경 하에서 본다면 구어에서 온 생활 상용단어가 한국어에 유입된 것은 자연스러운 일이다.

셋째, 중국 백화작품을 통해서이다. 중국 봉건 사회에서 백화작품은 고상한 지위에 오르지 못하고 주류 문화에게 배척당해 민간에만 널리 전해졌다. 고대 백화작품은 소설이 많았다. 소설이 해동에 전해진 시간의 길이와 수량·종류는 모두 감탄을 금치 못하게 한다. 민관동閔寬東은 《중국 고전소설의 한국에서의 전파中國古典小說在韓國之傳播》에서 조선시대에 전해진 중국 고전소설이 수 백 부에 달한다고 밝혔다. 양소전楊昭全의 통계에 의하면 모두 375부 정도이고 명·청소설이 많으며[29] 《세설신어世說新語》·《태평광기太平廣記》·《전등신화剪燈新話》·《삼국연의三國演義》·《동주열국지東周列國志》·《서동한연의西東漢演義》·《수호전水滸傳》·《서유기西遊記》·《금고기관今古奇觀》·《홍루몽紅樓夢》 10부의 작품이 가장 환영받았다고 하였다. 이 중국 고대소설

29) 《中國一朝鮮·韓國文化交流史》 p.641.

들은 이조시대 문인들이 창작한 한문 소설의 모델이 되었다. 체재, 제재방면은 물론 형식, 내용 방면에서도 중국 고대소설의 영향을 깊이 받았음을 발견할 수 있다. 특히 한문소설의 언어 방면은 단어를 차용하고 문장을 모방하는 것이 일종의 유행이 되었다. 중국 고대소설과 이조 한문소설이 광범위하게 전파됨에 따라, 중국어 고백화古白話 중의 일부 단어들은 쉽게 한국어에 흡수되었다.

한국어 가운데 중국어 백화단어는 현재 아직 상세하고 정확한 통계가 없다. 한국 단국대학 동양학 연구소에서 편찬한《한국 한자어 사전》(1997)에는 조선 고대 문헌 속에서 출현한 많은 백화 단어가 수록되었으며, 그 중 많은 단어는 여전히 현대 한국어 속에서 활발히 사용되고 있다. 간략하게 소개하면 다음과 같다.

讀書 : 四年春, 始定讀書三品以出身.(《三國史記》卷十)
丫鬟 : 具王後儀, 兩丫鬟侍.(《大東野乘》 卷一三)
人物 : 濟洲人物未刷還者, 從多少或拘或越.(《續大典》卷二)
代理 : 早定儲嗣, 實欲代理.(《朝鮮景宗實錄》卷五)
代身 : 當身, 代身並言行, 全家定死.(《受教輯錄》卷二)
偶然 : 偶然去刑房處, 言罪不可巧免也.(《青莊館全書》卷六二)
做錯 : 今又做錯如此, 臣等亦不生驚愕痛憤之至.(《朝鮮宣宗實錄》卷六三)
先輩 : 形容端妙如先輩.(《朝鮮女俗考》六章)
消息 : 內傳消息, 往某道某官.(《朝鮮世宗實錄》卷三〇)
報告 : 報狀曰質案, 曰報告.(《梅泉野錄》卷二)
譯員 : 大小史行騎卜馬匹, 本有定數, 而譯員及從人輩, 罔念法意, 肆然濫把. (《朝鮮高宗實錄》券一三)
講書 : 史曹欲爲講書.(《朝鮮宣宗實錄》卷一三八)
訓練 : 訓練官, 皆兼掌訓練武藝, 教習兵書·戰陣等事. (《朝鮮太宗實錄》卷一)
雨傘 : 帽債九十六兩, 雨傘債十二兩.(《六典條例》卷七)

養老 : 養老, 聖王之所重也.(《朝鮮世宗實錄》卷七)

骨董 : 又和雜菜·梨·栗·牛·豬切肉油醬於面, 名曰骨董面.(《東國歲時記》)

熱鬧 : 儀仗滿於門前, 府中熱鬧.(《玉樓夢》59回)

燒酒 : (金)縝嗜燒酒, 軍中號曰燒酒徒.(《高麗史》卷一一三)

狗寶 : 膽中黃謂之狗寶, 吠月發狂者多有之.(《山林經濟》卷四)

監考 : 擇勤謹識理者二人, 定爲監考.(《朝鮮世宗實錄》卷一〇五)

用心 : 凡船不用心看守, 以致朽敗.(《經國大典》卷二)

工作 : 工曹(工作二員, 從九品).(《大殿會通》卷一)

巡警 : 今遣老將, 號稱巡警.(《朝鮮明宗實錄》卷二六)

愚蠢 : 其人愚蠢, 一見可知.(《燃藜室記述》續集)

本貫 : 往後本貫, 雖有變不降與否, 臣未諳故典, 今不敢知.(《增補文獻通考》卷一八)

女婿 : 收養女婿, 不宜爭奪.(《朝鮮世宗實錄》卷一〇二)

改正 : 複元之職不可不改正.(同上)

感激 : 且所過州縣厚待, 不勝感激.(同上)

立法 : 然初立法如此, 古銓曹今據其法而除授矣.(《朝鮮世宗實錄》卷一〇五)

強盜 : 各官分囚強盜.(同上)

低頭 : 此非低頭覓天乎 ? (《曹溪山松廣寺史庫》卷三)

商議 : 賄賂多而官數少, 遂稱商議.(《高麗史》卷七五)

干柿子 : 干柿子, 一百貼, 茶十斛.(《朝鮮世宗實錄》卷一〇二)

一窩蜂 : 正鐵一窩蜂銃九十門.(《萬機要覽·軍政篇》)

이기문은 〈근세중국어 차용에 관해〉[30]에서 16세기에서 18세기까지 편찬된 번역서 속에 중국 고백화에서 온 한자어가 모두 70여개라 하였다. 예는 다음과 같다.

30) 《亞洲硏究》 제 8권 2집 게재.

寶貝[보배]　　玻璃[유리]　　團領[옷깃]
護膝[무릎]　　套袖[토시]　　玳瑁[대모(거북)]
掛子[마고자]　　頂子[모자]　　帶子[띠]
邊兒[모서리]　　上頭[상투]　　縐紗[주름진 망사천]
大紅[붉은 색]　　紫的[적색]　　鴨頭綠[오리 머리색 같은 초록]
羅鍋[곱추]　　刷子[솔]　　盆子[대야, 화분]
算盤[주판]　　笊籬[조리]　　扁食[만두]
砂糖[설탕]　　水飯[죽]　　鋪子[점포]
錢糧[재물]　　假的[가짜]　　眞的[진짜]
帖子[초대장]　　當值[당직]　　圖書[도서]
甘結[합의서]　　蜀黍[수수]　　白菜[배추]
座兒[자리]　　褡褳[띠]　　架子[선반]
下處[여관]　　家什[가구, 도구]　　琺瑯[법랑]
棚子[천막]　　蜜蠟[밀랍]　　頭盔[투구]

중국어 백화단어가 한국에 최초로 흡수된 것은 고려 시대로 거슬러 올라간다. 고려 시대는 중국어와 한문이 더욱 널리 보급되던 시기로 고려 광종 9년(958)에 과거제가 정식으로 실행되었고 중국 유학 경전을 시험 내용으로 삼음으로써 경전을 읽는 활동이 민간에 깊이 파고들었다. 동시에 고려 왕조는 송宋·요遼·금金·원元과 외교를 전개하기 위해 온 힘을 다해 중국어 교육과 번역 사업을 추진하였다. 먼저 통문관을 설립하고 후에 사역원을 설치하여 중국어 교육과 번역의 관리 기구를 완비하였다. 특히 주목을 끄는 것은 대륙과의 민간 왕래가 빈번해 짐에 따라 중국어 구어의 교육 또한 국사를 논의할 때 언급되었다. 당시 한반도의 통치자는 중국과의 관계를 긴밀하게 하기 위해 양국 민간의 왕래를 강화해야 하고, 중국어 문언만 정통해서는 이미 부족하니 반드시 중국어 백화를 배워야 한다고 인식하였다. 이러한 인식은 점차 조정과 재야, 상하의 공통된 인식이 되었고 시대의 요구에 따라 중국어 구어교재가 생겨나게 되었다. 그 중 가장 저명하고 영향력이 큰 것은 《노걸대老乞大》와 《박통사朴通事》이다. 《노걸대》와 《박통사》는 14세기 중엽에서 15세기 초엽에 출판되었고 사용한 중국어는 기본적으로 원나라 연도燕都지방의 백화이다. 두 책의 저자는 확실하지 않으나, 중국어에 특히 구어에 정통한 학자의 손에서 나왔다는 것은 분명하다. 사료의 기록에 의하면 이 두 책은 모두 고려 시대 통문관·사역원의 중국어 교재였다. 《노걸대》의 '걸대'는 '거란' 즉 중국을 가리키며 '노'는 몽고어로 '숙련되다'는 뜻이다. 그러므로 '노걸대'는 '중국통'이란 뜻이다. 책은 전체 2만자에 달하며 고려 상인이 중국에 와서 장사하는 것을 줄거리로 서사하였고, 대화의 형식으로 여정의 견문을 기록하였으며 내용은 음식·숙박·노정·매매·연회·의료 방면 등이다. 다량의 시장 교역 용어를 수록하여 한 편의 비즈니스 지침서라 할 만하다. 《박통사》의 '통사'는 '통역'이라는 뜻이다. 책은 3만자에 달하며 박씨 성을 가진 통역가의 말투로 북경에서 거주하면서 느낀 견문과 경험을 소개하였다. 내용은 음식·매매·경관·유희·건물보수·의료·서당·교제 방면 등을 언급하였으며 섬세한 북경 생활 지침서이다. 이 두 편의 중국어 교과서는 원명 이래의 중국 시장 사회를 생생하게 재현했으며, 수량이나 종류가 매우 많고 갖가지 모습을 담아 놓았다. 대화는 모두 선명하고 생동감 있는 구어체로 썼으며 어휘량이 많고 관련되는 범위가 넓어서 시장에서의 교역용어와 의식주 분야에 관련된 일상용어 뿐 아니라, 어린 아이를 달래는 말과 욕설, 심지어 여자와 시시덕거리는 풍류화도 포함되어 있어 근대 중국어 구어의 면모를 생생하게 반영하였다. 《노걸대》와 《박통사》의 언어 자료적 가치는 주로 아래의 몇 가지 방면이라고 할 수 있다.

첫째, 아주 진귀한 근대중국어 언어 자료를 보존하고 있다. 생생하고 확실한 근대 중국어 언어 자료는 비교적 적은 편이었다. 그 주요 원인은 당송시기의 구어 자료가 비교적 적었기 때문이다. 돈황 변문과 송대 화본은 비록 백화였지만 문인의 가공을 많이 거쳤고 심지어 일부는 문인이 창작하여 문언과 백화가 뒤섞여 순수한 구어가 아니었다. 원명시기에는 구어 자료가 점차 많아졌다. 특히 백화소설 창작이 고조에 달했으나 결국 백화 서면어로 작가의 선택에 따라 수식을 거쳐 백화 중의 '아언雅言'에 속한다. 일부 원대의 문서와 비문은 당시 전형적인 백화이나 몽고 색채가 있어 순수한 중국어 구어로 볼 수 없다. 그러나 이러한 조선시대의 중국어 교과서는 오히려 생생하고 믿을 만한 중국어 구어를 기록하였다. 교재는 문학 창작과는 달리 가능한 생활에 근접해 당시 언어 소통 능력을 향상시키는데 있다. 교재는 그 속의 언어가 거짓되지 않고, 생략하지 않으며 가공하거나 수식을 하지 않고 실제 기록이면 족하다. 이 점은 언어 자료의 신빙성을 결정한다. 《노걸대》와 《박통사》는 비교적 일찍 중국에 전해졌으므로 어휘·문법이 이미 근대 중국어 연구의 중요한 자료가 되었고 관련 저술이 백여 종이다. 어휘를 예로 들면 두 교재 속에는 복음절 단어의 수가 많고 관련 분야가 넓어 많은 진귀한 단어 자료를 보충하여 보존하였다. 《노걸대》와 《박통사》 속에는 다른 백화 저작에서 보기 드문 언어 자료가 일부 기록되어 있다. 예를 들어 '齈帶(콧물)'·'疾快(빨리)'·'夜來(어제)'·'褒彈(헐뜯다)'·'托(발성)' 등으로 지금까지 일부 방언에는 여전히 사용된다. 피동문·사동문·처치문·보충구문 및 양사·조사·어기사 등 일부 문장 형식의 활용은 관련 저술에서 이미 상세히 연구·토론하였으니 여기서는 더 설명하지 않는다.

둘째, 근대 중국어 발전의 실마리가 되는 내용을 묘사·서술했다. 《노걸대》와 《박통사》는 14세기 중엽 책으로 만들어졌으나 줄곧 정식으로 간행되지는 않았다. 조선《세종실록》권24에 의하면 "사역원 문서 중 임금님께 올리는 글에《노걸대》·《박통사》· 전후《한서》·《직해효경》 등 책은 판본이 없어 글을 읽는 자들이 쓰고 읽는데 어려움이 많으니 활자를 만들어 인쇄하기를 청하였다. 이에 임금께서 허락을 하셨다.(据司譯院牒呈啓, 《老乞大》·《朴通事》· 前後《漢書》·《直解孝經》等書, 緣無版本, 讀者傳寫誦習, 請令鑄字所印出. 從之.)"(세종 5년 6월 항목) 다시 말해 세종 5년(1423) 이후 비로소《노걸대》·《박통사》의 인쇄본이 유행했다. 두 책은 원나라 시대의 말이며 오늘날 중국어와 달라 조선시대에 여러 차례 수정되어 다른 판본이 형성되었다.《노걸대》는《노걸대언해老乞大諺解》(1670)·《노걸대신역老乞大新譯》(1761)과《중간노걸대언해중간老乞大諺解》(1795)가 있고,《박통사》는《번역박통사飜譯朴通事》(1517)·《박통사언해朴通事諺解》(1677)와 《박통사신역朴通事新譯》(1765)이 있다. 두 책의 수정은 18세기 말까지 이어졌다.《노걸대》·《박통사》의 다른 판본은 완정한 근대 중국어의 언어 연결고리를 구성하여 우리로 하여금 근대 중국어 발전의 자료를 일목요연하게 볼 수 있게 한다. 예를 들어《노걸대》·《박통사》에서는 '恁'이 '你(너, 당신)'로, '爨肉'은 '炒肉(고기를 볶다)'으로, '身己'는 '身子(몸)'로, '定害'는 '打攪(방해하다)'로, '理會'는 '知道(알다)'로, '伴當'은 '夥伴(동료)'으로, '過賣'는 '走堂的(跑堂的 : 종업원)'으로, '行貨'는 '貨物(화물)'로, '阿的'은 '那個(그것)'로, '生受'는 '辛苦(수고롭다)'로, '將次'는 '立刻(즉시)'로, '道的是'는 '說的是(말이 옳다)'로 바뀌어 사용되고 있다.

셋째, 중국어 교과서의 새로운 형식을 창조하였다. 중국 고대의 어문 교육은 항상 경학의 부속품이었다. 특히 과거제도가 실시된 이래로 어문 교육은 이미 응시 도구로 전락하였다. 이러한 교육 배경 하에서 중국 근대 어문 교재는 주로《삼자경三字經》·《백가성百家姓》·

《천자문千字文》 등 소량의 전통 독본이 전부였고, 이 책들은 기본적으로 글자 교육에 속했다. 이 외는 거의 대부분이 사서오경이나 문언문이었다. 이러한 현상은 백화를 경시하는데서 나왔고, 이로 인해 전체 근대 시기에 구어 교재가 생겨나지 않았다. 중국 최초의 대외 중국어 교사 과곤화戈鯤化(1838~1882)가 1879년 미국 하버드 대학에서 교편을 잡았을 때 사용한 교재는 토머스 웨이드Thomas Francis Wade가 북경관화로 쓴 《언어자이집語言自邇集》이었으나, 그가 쓴 중국 최초의 중국어 교재 《화질영문華質英文》은 격률시였다. 여전히 전통 관념에서 벗어나지 못했음을 여실히 보여준다. 조선을 되돌아보면 통치자는 정치적으로는 '사대숭유事大崇儒'를 기본 국책으로 삼았으나, 어문 정책에 있어서는 오히려 강력한 평민 의식을 드러내며 중국 민간과의 교류를 극히 중시하였다. 그래서 중국어 구어교재의 편찬과 보급에 열중하였다. 이 교재들은 실용성을 중시하여 생활의 정취가 농후하며, 시대와 함께 나아갈 수 있어 확실하게 중국어 교재의 새로운 모범이 되었다. 요즘 우리는 언어 교학에서 '상황 회화' 교재를 습관적으로 사용하는데, 《노걸대》·《박통사》등과 편찬 동기가 같거나 이 교재들을 본받은 것이라 할 수 있다.

《노걸대》와 《박통사》가 모두 원나라 구어로 기록되었기 때문에 일부 한자어는 명·청시대에 이르러 이미 소실되어 이조시기 조선인들은 잘 알지 못한다. 《성종실록》 12년 10월 기록에 따르면 이조시기 시독관 이창신李昌臣은 대경戴敬에게 중국어에 대해 가르침을 청한 적이 있는데 "대경이 《노걸대》·《박통사》를 보고 말하기를, '이는 원나라시기 말로써 지금의 중국 말과는 차이가 있어 아직 풀어내지 못한 곳이 많습니다.' 그리고는 즉시 당시의 말로 몇 단락을 고쳤고, 모두 이해하고 읽을 수 있게 되었다((戴)敬見《老乞大》《朴通事》曰 : '此乃元朝時語也, 與今華語頓異, 多有未解處.' 卽以時語改數節, 皆可解讀)"라 하였다. 《노걸대》와 《박통사》의 다른 판본은 시간 간격이 비교적 크며 기본적으로 14세기 중엽에서 18세기 말까지 중국 북방 구어의 연혁을 반영하여 오늘날 우리에게 근대 중국어 구어의 한국어 유입에 대한 고찰에 신빙성 있는 언어 자료를 제공한다. 중국어 구어의 변천은 중국어에 대한 한국 사람들의 인식을 끊임없이 심화시켰고 또한 새로운 중국어 구어 교재의 탄생을 촉발시켰다. 이변李邊(1391~1473)의 《훈세평화訓世評話》는 바로 이런 배경 하에서 시대의 요구에 의해 생겨났다. 《훈세평화》는 조선 성종 4년(1473) 책으로 만들어졌고, 작자 이변은 당시 저명한 한학의 대학자로 영중추부사領中樞府事를 지냈다. 《훈세평화》는 중국어교재로써 내용과 형식에서 모두 분명한 특징을 드러내 고려와 조선시대 다른 교재들과는 판이하게 다르다. 이 책에는 모두 65편의 문언고사가 수록되어 있으며, 그 중 60편은 중국 역대 정사·야사·필기에서 취한 것이고 5편은 한반도 내의 고적과 전설에서 취한 것이다. 관련 중국 고적은 《예기禮記》·《사기史記》·《후한서後漢書》·《삼국지三國志》·《진서晉書》·《수신기搜神記》·《남옹주기南雍州記》·《광이기廣異記》·《유명록幽明錄》·《원사元史》·《소림笑林》·《전등신화剪燈新話》·《경계록儆戒錄》·《학림옥로鶴林玉露》·《태평광기太平廣記》 등 20여 편이고, 관련 조선 고적은 《삼국사기》·《삼국유사》·《삼강행실도》·《태종대왕실록》 등이다. 특히 매우 훌륭한 점은 이변은 문언고사를 모두 당시 구어를 사용해 평화評話로 번역한 것과 문언과 백화의 대조 체제를 썼다는 것이다. 이는 가히 과감한 시도라 할 만 하다. '평화評話'는 일종의 구두 설창 문학으로 송·원시대 때 가장 유행하였다. 평화의 문체는 처음에는 운율과 산문이 결합한 설창이었으나 후에는 단순한 산문체로 발전하였다. 평화는 통속적이고 이해하기 쉬우며 공연자의 공연이 모두 뛰어났기 때문에 당시 시민 계급이 즐겨 보고 즐겨 들었다. 이변은 여러 차례 중국에 갔었기 때문에 평화라는 예술 형식에 대해 익숙하여 《훈세평화》를 편찬할 때 어휘 선택이나 자료 채택이 아주 순조로워 교재에서 새로운 뜻이 저절로 생겨나게 했다. 이변의 번역문은 확실히 유창하고, 평이하고 소박하며 표현이 생동감 있어 감화력이 지극히 풍부하다.

《훈세평화》는 명대 백화의 면모를 생생하게 반영했다. 근대 중국어 연구의 진귀한 언어 자료일 뿐만 아니라 조선시대 중국어 교육의 정황을 이해하는 열쇠이기도 하다. 이 책은 대량의 중국어 구어 단어를 기록했고, 많은 단어들이 현재까지 여전히 한국어에서 사용되고 있다. 중요한 것을 요약하자면 아래와 같다.

後娘 父親 一心 孝順 後頭 (瞽叟害舜)
起來 衣服 外頭 喜歡 親自 盡心 晌吾 (文王世子)
分付 家裏 忽然 鯉魚 每日家 (姜詩躍鯉)
人家 媳婦 情願 頭裏 怎麼 裏頭 幹(事)答應 (董永自賣)
瘟病 一總 黑夜 鼻子 樹林 時節 飛禽走獸 稠密 (夏方)
母親 到處 (尋)不著 猛可裏 (走)出來 (剡子)
衣裳 受苦 藥材 桑樹 睡覺 (夏侯訢)
脖子 十分 養活 試一試 底下 (徐稜)
財主 跳牆 東西 准備 回家 挑水 姓名 艱難 年紀 住處 女婿 丈母
仔細 打點 旮旯
數目 飯店 (楊和)
窟窿 肚皮 叔叔 老實 (紂殺比干)
象牙 好歹 使用 假如 臨了 勾當 誇獎 頭髮 模樣 (箕子諫紂)
糧食 兄弟 嫂子 央及 原來 (李仲義妻)
他 路上 志氣 害羞 讀書 婆婆 丈夫 房子 身子 意思 歎息 出去 埋葬
園子 追趕 (樂羊子妻)
守寡 改嫁 鞋子 過活 獨自 荒子 墳墓 餓死 (衛敬瑜妻)
暗地裏 心腸 丫頭 打扮 使喚 違背 緣故 改日 逃走 連忙 撞見 草根
(都彌妻)

本事 女兒 道理 親戚 氣死 可憐見 (金淑女)
夜裏 夢見 打圍 看一看 指頭 村莊 惱 (無豔)
災禍 掛 家小 阿的 (逢萌掛冠)
簾子 功勞 心裏 白金 (錢若水)
盤纏 愛惜 銅錢 裝載 好生 (郭震)
饑荒 黃瓜 坐一坐 子弟 常常 去處 我們 飯館 (孫鍾設瓜)
懷裏 救濟 清潔 果然 趕不上 兒子 (楊寶得環)
漸漸 石頭 水裏 (毛寶)
跟前 悲哀 過去 不見的 商量 叫化的 擺布 下處 (曾公亮)
小妮子 笤帚 想念 眼淚 一起 交代 後來 (王令)
打魚 價錢 王罷(八) 天氣 寒冷 身材 皮襖 皮帶 災難 報答 寶貝 開花 半路 救活 (韋丹)
快活 歡樂 下雪 (借米不均)
公兔子 母熊 識字 敲門 抄煉(操練) 燒香 回去 (兎與雌熊鬥話)
衙門 奶奶 伴當 傍邊 聽 笑者(著) 綁 (黨太尉)
閑言閑語 旋窩風 架子 潑皮 欺負 知道 (徐神翁)
日頭 別的 絹子 骨頭 容易 相同 黑暗 (蘇娥)
家道 貧窮 照顧 外人 象棋 打(球)兒 踢毽子 賢惠 葫蘆 結交 黃昏 耳邊 悄悄 故意 站者(著) 拿者(著) 計較 打一打 半夜 連累 慌忙 受用 前面 (宋行妻)
老婆 曬乾 (女化蠶)
遊學 利(厲)害 禱告 可喜 吃(哄) 妖精 勞苦(宋寬)
買賣 梳子 樣子 忘記 收拾 行李 箱子 安排 洗塵 頭面 美貌 村言 亂打 媽媽 畜生 師傅 胡杜(糊塗) (不識鏡)
下面 天亮 伺候 和尚 說一說 救命 籠子 藏身 徒弟 豹子 救一救 (負婦和尚)
年代 大缸 點燈 兩邊 鑽眼 牌子 名子(字) 輪流 火塊 (許由)
聰明 敬重 大來頭 家法 做官 舍不得 得病 棺材 洗澡 褥子 趕不上 蘇省(醒) 智慧 睡不著(著) (羅愛卿)
借宿 羊圈 (殺羊饋客)
平生 發跡 席子 棍子 頭巾 (郭興好古)

犢兒 口糧 戰場 依舊 (黑牛生白犢)
國王 妃子 成家 奇怪 養活 風彩(采) 櫃子 (昔脫解)
中年 陪(賠)償 用心 喧鬧 懷身 (馮三元)
謹慎 蛤蜊 耕田 隱藏 事物 服事 疑惑 天陰 (謝瑞妻)
孝敬 解渴 指望 學生 其餘 年老 媒人 戲弄 地面 (陽雍)
慈祥 菜園 傘子 方便 整理 修理 道路 氣力 (彭矩)
館(款)侍 驕午 (乞食嬌妻妾)
人物 海洋 種子 馬駒子 牛犢子 親生 從今以後 放養 (耽羅)
歇息 鬼祟 告訴 身上 報仇 搶奪 死屍 (涪令妻)

상술한 《노걸대》·《박통사》·《훈세평화》 등의 중국어 교과서들은 중국어 구어의 교육과 보급에 큰 역할을 했으며, 한국 중국어 교육사에서 높은 명성을 얻었다. 실용성을 중시한 점은 고려와 조선시대 중국어 교육의 뚜렷한 특징으로 주로 말과 글을 함께 중시했다. 지리적 편리성 때문에 양국 간의 언어 소통 문제가 빈번하게 전개되었으며, 조선의 통치자는 '사대숭유事大崇儒'의 기본 국책을 실행하기 위해 반드시 나라 간의 우호관계를 유지함과 동시에 전면적으로 민간의 왕래를 강화하여 대륙과의 관계를 공고히 했다. 이는 유가의 '경세치용經世致用' 사상의 영향을 반영하였고 조선후기 실학사상 홍기의 발단이 되었다. 조선의 중국어 교육기관과 한학자들은 중국어 구어의 발전을 면밀하게 주시하여 중국어 구어교재를 편찬할 때 시대에 발맞춰 나갈 수 있게 하였다. 《노걸대》·《박통사》를 시작으로 새롭게 수정된 교재가 차례로 출현하면서 한반도의 중국어 구어교재는 연속성을 유지하였고, 또한 극히 진귀한 근대중국어 언어자료를 보존하였다. 《노걸대》·《박통사》는 중국 원대元代 연도燕都지방의 백화를 기록하였고 《훈세평화》는 명대 중국 북방 백화를 기록하였으며 《노걸대신역老乞大新譯》(1761년 출판)과 《박통사신역朴通事新譯》(1765년 출판)은 청대 북방 백화를 반영했다. 이렇듯 14세기에서 18세기까지 근대 중국어 발전의 전개가 매우 완정하여 한반도의 중국어 구어교재는 하나의 시리즈를 이루었다. 현대 한국어에서는 지금도 여전히 근대 중국어 구어의 백화 단어를 보존·사용하고 있는데, 이는 한자문화권 국가 중에서도 매우 두드러진 특징이다.

4. 근대 일본에서 온 한자어

현대 한국어 한자어의 기원은 대략 중국 고대 서면어와 구어에서 온 단어와 근대 일본어에서 온 일본식 한자 두 가지로 나눌 수 있다. 둘은 아편전쟁을 경계로 한다. 동북아 삼국 중 중국의 문호가 제일 먼저 개방되었고 서양 학문을 도입하는데 있어 한 걸음 앞서 나갔다. 아편전쟁 이후 서양 학문의 동양 도입이 점차 규모를 갖추게 되고 이에 끊임없이 나타나는 신개념을 표현할 수 있도록 중국어에 상응하는 신조어의 등장을 간절히 원했다. 일본은 막부 말기와 메이지유신 기간 동안 중국을 통해 배운 서양 문화를 제외하고, 직접 네덜란드, 영국, 프랑스, 독일 등 나라에서 신문화를 들여왔으며 이에 상응하는 다량의 신조어가 생겨났다.[31] 당시 가장 권위가 있는 공구서 《화영어림집성和英語林集成》은 게이오 3년(1867)에서 메이지 19년(1886)까지 모두 삼판이 발행되었고, 만 오천 여개의 신조어가 증보되었다. 일본인들은 신조어를 만들 때 그들에게 익숙한 한자 자원을 충분히 이용하였다. 중국 고대 문헌 속에 있는 단어를 차용해 낡은 병에 새 술을 담는 것처럼 서양 학문의 개념을 번역하였다. 예를 들어 國家·經濟·文學·社會·解放·供給·宿舍·關係 등이 있다. 이 밖에 원래 있던 단어 중 쓸 만한 것이 없을 때는 중국어 형태소를 이용

31) 실등혜수(實藤惠秀)《中國人留學日本史》, 상무인서관, 1985년 참고.

하여 일본식 한자어를 만들었다. 예를 들어 人格·人權·法人·企業·景氣·手續·範疇·學位·課程·義務·場合 등이 있다. 이 단어들은 비록 한자로 조합되어 구성되었으나 중국어의 고유 단어가 아니다. 이 점은 한자가 형태소 문자의 조어 기능을 한다는 것을 나타내었다. 여기서 중요한 것은 이런 단어들이 분명한 조어 근거가 있을 뿐만 아니라 중국어의 조어법을 대략 따른다는 것이다. 조어법은 아래의 몇 가지가 있다.

(1) 병렬관계 : 纖維 選擧 權利 方法 請求 緊張 鬪爭
(2) 편정관계 : 憲法 背景 美學 人道 優勢 環境 論文 總理 獨裁 聯想 雜誌 講義 遺傳 廣告
(3) 동빈관계 : 斷交 動員 入黨 出院 反(分裂) 無料
(4) 주위관계 : 民主 人爲
(5) 동보관계 : 說明 改善

이러한 한자어는 일본인이 단독으로 만든 것으로 중국인과 먼저 상의하지 않았다. 하지만 조어 근거와 조어법은 여전히 중국식이다. 특히 '동빈구조'의 일본식 한자어의 근거는 중국어의 VO구조이지 일본어의 OV구조가 아니다. 지츠토 메구미實藤惠는 이를 음절을 단축하기 위해서라고 생각했지만 사실은 그렇지 않고, 한자·한문이 일본어 속에 깊이 스며들어 있음을 반영하고 있다. 일본인은 한자를 사용해 새로운 단어를 기록하는 것이 예스럽고 고아한 학문의 상징이라고 여겨 그 범위를 넘어서고 싶지 않거나 감히 넘어설 수 없었다.[32)]

갑오전쟁 이후, 중국의 일부 지식인들은 국가를 멸망의 위기로부

32) 이월송(李月松) 《現代日語中的漢字硏究》 p.124, 상해외국어교육출판사, 1998년.

터 구하고 부국강병을 할 수 있는 유일한 방법은 자신의 적수를 보고 배우는 것 즉, '오랑캐의 기술을 배워 오랑캐를 다스리는 것'이라 인식하였다. 이런 배경 하에서 대규모의 일본 유학 바람이 조금씩 불기 시작하였고 동시에 서양인과 중국인이 번역한 서양 학문 서적이 수량과 속도에서 이미 신문화에 대한 중국인의 갈구를 충족시킬 수 없었다. 그래서 일본어로 번역된 서양 학문 저작의 번역이 고조를 이루었다. 중·일 양국이 같은 문자를 사용하는 편리함 때문에 번역의 속도는 크게 빨라졌고 번역서의 수량도 급속히 증가하였으며, 일본인이 창제한 한자어도 바로 이 시기에 규모를 갖추어 대략으로 중국어의 어휘 속에 유입되었다. 1919년 5.4운동 이후, 중국어는 새로운 단어를 만들어내고 받아들이는데 점차 규칙을 만들기 시작했다. 첫째, 가급적 의역을 채용하여 중국인의 언어문화 심리에 적합하게 한다. 둘째, 가급적 일본어의 번역단어를 이용하여 새로운 단어의 형태의 정형화와 전파의 효율을 제고시킨다. 중국어가 받아들인 일본 번역단어는 주로 서양의 철학·정치·경제·과학·사회와 문학 등 방면의 명사 용어로 이런 명사 용어는 서양 학문의 조류와 함께 벌떼처럼 쇄도해 중국어의 어휘량을 크게 충실하게 하였다. 당시 일본에서 온 번역단어와 중국어의 번역단어가 일부 공존하였으나, 아주 빠르게 전자가 후자를 대체하게 되었고 또한 신속히 퍼져나갔다. 양계초는 《음빙실문집유편飮氷室文集類編》에서 "일본은 유신 30년 이래 지식인들이 세계에서 서양의 지식을 광범위하게 찾아다녔다. 서양인들이 쓴 책 가운데 유용한 책이 천 여 종에 달했는데 정치학·자생학資生學(일본은 경제학이라 칭함)·지학智學(일본은 철학이라 칭함)·군학群學(일본은 사회학이라 칭함) 등의 책이 가장 많았다"고 하였다. 양계초는 또한 이 책에서 중국과 일본의 다른 번역단어를 언급하였다. 예를 들어

物理·化學 (소리·빛·열·역학 등을 겸하고 있다)(p.39)
博物 (전체학·동식물학을 가리킨다)(p.39)
富國學之書 (경제학서적을 가리킨다)(p.71)
工群問題 (일본에서는 노동문제 혹은 사회문제라 한다)(p.143)
平準 (일본에서 말하는 경제. 요즘은 이 두 글자로 바꿔 쓴다)(p.529)
計學 (일본에서 경제·재정이라 칭하는 모든 학문)(p.584)
叢報 (총보는 순보·월보·계보 등을 가리키며 일본에서는 잡지라 한다)(p.792)
物競天擇, 優勝劣汰 (이 둘은 사회학에서 통용되는 단어로, 엄복은 物競天擇, 適者生存으로 번역하였고, 일본은 生存競爭, 優勝劣汰로 번역하였다. 둘은 함께 사용되며, 명사로 보기도 한다)

일본 번역단어는 중국 번역단어를 대신 할 수 있는데 그 이유는 첫째, 원래 의미에 더 적합하여 글자를 보고 대강 뜻을 짐작하기 편하기 때문이다. 둘째, 더 계열화되어 중국어가 받아들이기 편하기 때문이다. 셋째, 중국인들이 일본 유신의 성과를 흠모하여 일본 번역단어로 하여금 거부할 수 없는 우세를 지니게 했다.

한국어가 일본어의 한자어를 대량으로 받아들인 것 또한 1894년 청일전쟁이 시작하면서부터였고, 한국어 어휘의 창고 문이 서쪽에서 동쪽으로 방향이 바뀌게 된 데도 깊은 역사·문화적 배경이 있다. 19세기 이전 동남아와 서태평양 지역에는 중국 봉건왕조 중심의 국제질서가 존재했다. 조선은 장기간 중국의 영향 하에 있었을 뿐만 아니라, 줄곧 대륙 문화를 일본에 전파하는 교량 역할을 했다. 19세기 이후, 이러한 국면에 변화가 발생했다. 조선의 이웃에 위치한 일본은 일찍부터 한반도를 호시탐탐 넘보고 있었으며 메이지유신 이후 조선에 대한 침략을 강화했다. 1875년 9월 일본은 군함 운양호를 파견하여 강화도로 침입해 강화도사건을 일으켰다. 다음 해 2월 일본은 무력으로 조선 왕실을 협박해 불평등한 〈한일수호조약〉(강화도조약, 병자조약이라고도 함)을 체결하여 조선에서의 자유로운 무역·경제 활동과 치외법권 등 일련의 특권을 얻고 조선의 문을 열어젖혔다. 조선의 문이 열리자 다른 열강들이 차례차례로 끊임없이 계속 들어왔고, 견고한 배와 날카로운 대포의 위협 아래 조정은 미국(1882)·영국(1882)·독일(1882)·러시아(1884)·이탈리아(1884)·프랑스(1887) 등과 잇달아 불평등 조약을 맺게 되었고, 조선은 반식민지의 깊은 수렁으로 한 발 한 발 빠져들게 되었다. 일본은 이를 달가워하지 않고 경쟁 상대가 조선에 끼치는 영향력에 충격을 주고 영향력을 약화시켜 한반도를 독점하려는 야심을 위해, 중일갑오전쟁(1894)과 러일전쟁(1904)을 잇달아 일으켰고 중국 청나라 정부와 러시아 세력을 점차 한반도에서 내쫓았다. 1910년 8월 일본 신임 통감 데라우치 마사타케寺內正毅는 당시 조선왕실의 총리대신 이완용 등과 결탁하여 비밀리에 〈한일합방조약〉을 체결하였다. 이 때 한반도는 완전히 일본에 병탄되어 일본의 식민지로 전락한다. 일본이 한반도를 통치한 이후 식민지화 교육을 대대적으로 펼쳐 학생들에게 일본어 배우기를 강요하였다. 그리하여 대량의 일본식 한자어가 끊임없이 계속 한국어에 유입되게 되었다. 특히 서양 학문을 번역한 일부 신조어들은 단지 한자의 발음을 고유의 한자 발음으로 바꾸었을 뿐 한국어에 거의 그대로 받아들여졌다. 박영섭은 《국어한자어휘론》에서 "현재 현대 한국어에 통용되는 한자어의 90% 이상이 일본어에서 온 것이다"(p.94)라고 했다. 그 수가 아직 정확하지 않지만 한국어에 끼친 영향은 엄청나다. 이렇게 근대 중국어·한국어·일본어 가운데는 공통적으로 사용되는 신조어가 출현하는데 이러한 단어들은 대부분 일본인의 창작에서 온 것이다. 예를 들어 다음과 같다.

革命(혁명) 解放(해방) 社會(사회) 文化(문화) 科學(과학) 現實(현실) 主義(주의) 代表(대표) 前提(전제) 關係(관계) 系統(계통) 對象(대상) 獨裁(독재) 意識(의식) 警察(경찰) 企業(기업) 目的(목적) 原則(원칙) 進化(진화) 命題(명제) 經濟(경제) 教育(교육) 文學(문학) 歷史(역사) 化學(화학) 體操(체조) 政策(정책) 方針(방침) 觀念(관념) 條件(조건) 成分(성분) 物質(물질) 動員(동원) 演繹(연역) 歸納(귀납) 絶對(절대) 相對(상대) 直接(직접) 間接(간접) 具體(구체) 抽象(추상) 主觀(주관) 客觀(객관) 肯定(긍정) 否定(부정) 單位(단위) 改良(개량) 批評(비평) 批判(비판) 概括(개괄) 制約(제약) 調整(조정) 引渡(인도) 取締(취체) 見習(견습) 間諜(간첩) 出版(출판) 法人(법인) 權利(권리) 直覺(직관) 勞動(노동) 保險(보험) 同志(동지) 幹部(간부) 環境(환경) 機械(기계) 技術(기술) 研究(연구)

박영섭은 또한 한국 근대 개화기에 출판된 문헌들, 예를 들어 유길준의 《서유견문西遊見聞》(1895)과 《청춘青春》·《소년少年》·《신민新民》 등의 잡지 및 당시 학교에서 사용했던 국어 교과서 등을 상세히 조사하여 모두 1079개의 새로운 한자어 단어를 수집하였는데 대부분이 모두 일본어에서 온 것이었다. 한마디로 말하면 한국 근대의 개화운동은 국어운동이 선도하였고, 중국어와 마찬가지로 한국어도 이 시기에 신조어를 집중적으로 받아들였다. 한·중·일 삼국이 다량의 동일한 한자어를 보유하고 있는 것은 당시의 '서양의 학문이 동양에 점차 유입되다(西學東漸)'·'일본인이 창조한 한자어가 다시 중국과 한국으로 전파되었다(東語西歸)'는 역사적 배경과 직접적 관계가 있다. 예를 들면 아래와 같다.

1) 일반단어

現代(현대) 公衆(공중) 健康(건강) 構成(구성) 團體(단체) 發展(발전) 普及(보급) 社交(사교) 奉仕(봉사) 到達(도달) 報酬(보

수) 腐敗(부패) 選擇(선택) 說明(설명) 手段(수단) 實力(실력) 熱心(열심) 人格(인격) 理由(이유) 接受(접수) 表示(표시) 行爲(행위) 確定(확정) 必要(필요) 日常(일상) 生活(생활) 獨特(독특) 性味(성미) 問題(문제) 突然(돌연) 假使(만약) 保留(보류) 諒解(양해) 誤解(오해) 手續(수속) 落書(낙서) 友愛(우애) 擔當(담당) 請求(청구) 貫通(관통) 武斷(무단) 虛無(허무) 都市(도시) 地方(지방) 交通(교통) 磨合(적응) 積極(적극) 消極(소극) 旨趣(취지) 幸福(행복) 眞理(진리) 忍耐(인내) 方式(방식) 方法(방법) 反映(반영) 反應(반응) 檢討(검토) 營養(영양) 屬性(속성) 立場(입장) 事件(사건) 飮食物(음식물) 原動力(원동력) 不透明(불투명) 沒知覺(몰지각) 上水道(상수도) 下水道(하수도)

2) 정치경제

政治(정치) 經濟(경제) 共和(공화) 民國(민국) 國會(국회) 中央(중앙) 政府(정부) 政黨(정당) 組織(조직) 在野黨(재야당) 私有制(사유제) 公有制(공유제) 條約國(조약국) 自主權(자주권) 締結(체결) 投票(투표) 制度(제도) 公共(공공) 秩序(질서) 法律(법률) 訴訟(소송) 判決(판결) 警察署(경찰서) 裁判所(재판소) 監獄(감옥) 統治(통치) 外交(외교) 會談(회담) 中立(중립) 所有權(소유권) 同盟(동맹) 工商業(공상업) 事業(사업) 通商(통상) 會社(회사) 企業(기업) 租稅(조세) 法人(법인) 成本(원가) 價格(가격) 貿易(무역) 會議(회의) 不動産(부동산) 都賣(도매) 小賣(소매) 利益(이익) 神聖權(신성권) 勞動力(노동력) 價値(가치) 說明書(설명서) 委任狀(위임장) 見本(견본) 功利性(공리성) 市長(시장) 不景氣(불경기) 信任(신임) 破産(파산) 休業(휴업) 證券(증권) 金融(금융) 銀行(은행) 赤字(적자) 保險料(보험료) 附加稅(부가세) 消費(소비) 高級(고급) 實用主義(실용주의) 免稅(면세) 義務(의무) 權利(권리) 宗敎(종교) 保證金(보증금) 貯金(저금) 配達(배달) 無料(무료) 中古車(중고차) 法權(법권) 照會(조회) 最後通牒(최후통첩) 債券(채권) 權威(권위) 廣告(광고) 獨占(독점) 收入(수입)

3) 교육문화

教育(교육) 文化(문화) 文明(문명) 科學(과학) 思想(사상) 學校(학교) 教室(교실) 學齡(학령) 學期(학기) 課程(과정) 物理(물리) 化學(화학) 生物(생물) 代數(대수) 植物學(식물학) 動物學(동물학) 美術(미술) 體育(체육) 哲學(철학) 文學(문학) 史學(사학) 社會學(사회학) 論理學(논리학) 生理學(생리학) 心理學(심리학) 分類學(분류학) 微分子(미분자) 方程式(방정식) 細胞(세포) 細菌(세균) 染色體(염색체) 淋巴腺(임파선) 生殖器(생식기) 無機物(무기물) 闌尾(맹장) 膀胱(방광) 痲醉(마취) 酸素(산소) 蛋白質(단백질) 元素(원소) 原子(원자) 防腐劑(방부제) 色素(색소) 固體(고체) 液體(액체) 海拔(해발) 光線(광선) 速成(속성) 競技(경기) 實習(실습) 演出(연출) 映畵(영화) 郵便(우편) 郵票(우표) 攝氏(섭씨) 學術(학술) 論文(논문) 提要(제요) 神經(신경) 消化(소화) 過敏(과민) 未知數(미지수) 留學(유학) 學士(학사) 碩士(석사) 學位(학위) 研修(연수) 書藝(서예) 教科書(교과서) 文科(문과) 理科(이과) 工科(공과) 醫科(의과) 農科(농과) 人生觀(인생관) 世界觀(세계관) 辨證法(변증법) 講座(강좌) 百科(백과) 比重(비중) 直徑(직경)

4) 직업명칭

教育家(교육가) 議員(의원) 書記官(서기관) 辯護士(변호사) 實業家(실업가) 政治家(정치가) 發明家(발명가) 事務官(사무관) 記者(기자) 主筆(주필) 裁判官(재판관) 警官(경관) 教員(교원) 紳士(신사) 看護士(간호사) 助産婦(조산부) 助教授(조교수) 審判官(심판관) 陪審官(배심관) 運轉手(운전수) 舍監(사감) 飛行士(비행사) 先覺者(선각자) 消防手(소방수) 會社員(회사원) 長官(장관) 次官(차관) 左翼(좌익) 右翼(우익) 公事官(공사관) 領事官(영사관) 文化人(문화인) 宣教師(선교사) 技士(기사) 家長(가장) 職員(직원) 幹部(간부)

5) 사물명칭

汽車(기차) 機關車(기관차) 自轉車(자전차) 自動車(자동차) 電車(전차) 汽船(기선) 軍艦(군함) 電燈(전등) 電話(전화) 電報(전보) 鉛筆(연필) 繃帶(붕대) 時計(시계) 羅盤(나침반) 避雷針(피뢰침) 發電機(발전기) 發動機(발동기) 顯微鏡(현미경) 望遠鏡(망원경) 陶瓷器(도자기) 外套(외투) 筆筒(필통) 機關炮(기관포) 巡洋艦(순양함) 洋鐵桶(양철통) 原稿紙(원고지) 雙眼鏡(쌍안경) 揮發油(휘발유) 飛行機(비행기) 扇風機(선풍기) 擴聲器(확성기) 椅子(의자) 輕油(경유) 噴水器(분수기) 雜誌(잡지) 刊行物(간행물) 領受證(영수증)

6) 기관단체

博物館(박물관) 圖書館(도서관) 美術館(미술관) 體育館(체육관) 競技場(경기장) 市場(시장) 敎會(교회) 感化院(감화원) 議事堂(의사당) 託兒所(탁아소) 養老院(양로원) 幼稚園(유치원) 動物園(동물원) 公園(공원) 劇場(극장) 禮拜堂(예배당) 果子鋪(과자점) 食堂(식당) 대합실(待合室) 儀式場(의식장) 同好會(동호회) 派出所(파출소) 會議所(회의소) 建物(건물) 病院(병원)

7) 시간

世紀(세기) 公元(서기) 時間(시간) 日曜日(일요일) 月曜日(월요일) 火曜日(화요일) 水曜日(수요일) 木曜日(목요일) 金曜日(금요일) 土曜日(토요일) 吾前(오전) 吾後(오후)

위에서 나열한 한자어는 한·중·일 삼국에서 통용되는 것이나 일부는 한·일 양국에서만 유행하고 중국에서는 쓰이지 않는다. 그 주요 원인은 근대 조선시기 일본 제국주의 통치 하에서 한국어가 일본어의 영향을 더 깊이 받아 일본어 어휘가 거침없이 쳐들어가도 한국어는 방어할 힘이 없었기 때문이다. 대표적인 예들은 아래와 같다.

中	韓·日	中	韓·日
雙親	兩親	賣國賊	賣國奴
面具	假面	婦産科	産婦人科
單程	片道	保險櫃	金庫
機場	空港	廣播電臺	放送局
火車	汽車	捐款	寄附金
攤兒	露店	鋼筆	萬年筆
招牌	看板	氷箱	冷藏庫
賽馬	競馬	執照	免許證
樓梯	階段	堂兄弟	從兄弟
照相	寫眞	氣氛	氛圍氣
上課	授業	洋娃娃	人形
晚報	夕刊	明信片	葉書
福利	福祉	總統	大統領
鐘表	時計	介紹信	紹介狀
棒球	野球	轟炸機	爆擊機
去年	昨年	殘疾者	不具者
明天	來日	海關	稅關
氧氣	酸素	簽訂	調印
導遊	案內	煤炭	石炭
名氣	人氣	免費	無料
正式	本格	增加	加增
和平	平和	介紹	紹介
命運	運命	光榮	榮光
搬運	運搬	畜牧	牧畜
語言	言語	折扣	割引
象棋	將棋	飯菜	料理
注意	用意	吃飯	食事
人, 人類	人間	公司	會社
策劃	企畫	合作社	組合
股份	株式	醫院	病院
召開	開催	電影	映畵

別墅	別莊	醫生	醫師
牙科	齒科	明智	賢明
高端	頂上	信息	情報
足球	蹴球	記錄員	書記
住宿	宿泊	文件	書類

일본어가 조선어에 유입되는 것에 대해 조선왕조는 처음에는 경각심을 가지고 억제하였다. 《선조대왕실록》권4의 기록에 따르면 1593년 10월 임진왜란 기간 동안 조정은 왜어(일본어) 금지령을 내렸다. "도성의 백성들이 오랫동안 왜적의 지배를 받아왔으므로 왜어에 물들었을 수도 있을 것이다. 각별히 방을 내걸어 엄하게 금지하되 혹시라도 왜어를 하는 자가 있으면 엄하게 규제하여 원수인 오랑캐들의 말이 항간에 섞이지 않게 하라(都中小民, 久陷賊中, 不無染習倭語之理, 各別掛榜痛禁. 如或有倭語者, 各里中嚴加科正, 毋使蠻夷讎賊之音, 或雜與閭里之間)." 조선 말기에 이르러서는 국력이 크게 약해졌기 때문에 조선은 이미 일본어의 침략을 막을 힘이 없었다. 1905년 일본이 조선에 총감을 설립한 후, 조선에서는 거센 '국어운동'이 일어나 '국어순화'의 구호를 내세웠다. 애국주의를 드높이고 언어의 민족화에 힘쓴데 그 뜻이 있었다. 1948년 한국정부는 '국어회복' 정책을 제정하여 공포·실행하여, 한자어의 사용에 대해 일본식 한자어를 버리고 이전의 고유한 한자어를 사용하라는 엄격한 규정을 적용하였다.[33] 한국 정부의 이러한 방침 아래 확실히 일부 일본식 한자를 한국어에서 제거하고 새로운 단어로 대체했지만 일본어 잔재를 숙청하려는 목적에는 도달할 수 없었다. 일본에서 온 한자어의 수량이 너무 많은데다 이미 한국인의 일상 언어생활 속에 깊이 들어와 버려 전부를 쫓아버리기에는 역부족이었다.

33) 김민수(金敏洙) 〈한자어 정리방안〉.

5. 한국이 스스로 창제한 한자어

장기간 한자·한문을 학습하고 사용하는 과정 속에서 한민족은 이역에서 온 언어문자를 낯설어 하지 않았다. 특히 한국어 속의 한자어와 상용한자는 이미 외래에서 온 요소로 여겨지지 않았다. 오히려 한자의 음音·형形·의義가 숙지된 상태에서 의식적으로 이를 이용해 새로운 단어를 만들어 한국어의 표현력을 증대시키고 한국어의 어휘량을 풍부하게 했다. 한자는 어소 문자여서 막강한 기록기능과 조어능력을 가지고 있다. 왕력은 중국어 어음의 간략화와 외국어의 영향이 중국어 어휘 복음화複音化의 동력이라 여겼다.[34] 진한秦漢 이래로 중국어 속의 복음절 단어는 점차 증가하여 마침내 근대 중국어에서 절대적 우세를 차지했다. 복음절 단어의 절대 다수는 합성어이다. 합성어는 2개 혹은 3개의 어근이 조합하여 이루어진 것으로, 2개의 단음절 단어가 일정한 문법수단에 의거하여 조합하기만 하면 새로운 단어가 되었다. 이렇게 간편하고 효율성이 높은 조사법은 알리바바의 주문처럼 어휘창고의 문을 가볍게 열 수 있게 하였다. 한국인은 이미 일본어와 중국어에서 들어온 복음절 단어에 만족하지 않고 중국어의 조사법을 이용해 스스로 새로운 단어를 만들기 시작했다. 김형규가 지적했듯이 한국어의 어휘가 장형화長形化의 추세를 나타내는 것은, 종종 하나의 단음절 단어가 여러 가지 뜻을 가지고 있어 불안정하지만 복음절 단어는 이 점을 보완하기 때문이다.[35]

한국인의 일단 가져온 후 자신의 입장에 맞추어 취사선택하자는 방침은 확실한 효과를 거두었으며, 현대 한국어의 한자어 중 상당 수량이 한국인에 의해서 만들어진 것이다. 아래는 한국 근대 개화운동

34) 왕력(王力)《漢語語法史》p.165, 상무인서관, 2000년.
35) 김형규(金亨奎)《국어사 개요》p.165.

시기의 서적과 출판물에 나타난 한국 한자어이다(한국 학자들은 '고유 한자'라고 칭한다).

絶和(단교) 休暇(휴가) 浮費(비용) 遊獵(사냥) 濫費(낭비)
衆人(부하) 老人院(양로원) 書籍館(도서관) 購來(구매) 鄕國(조국)
賣與(매매) 深察(통찰) 試驗(시험) 熱工(연습) 價額(가격)
承順(순종) 交番所(파출소) 行習(행동) 省護婦(간호사) 兵服(군복)
晩刻(지각) 敎場(교실) 居留(거주) 輸去(수출) 輸來(수입)
露營(야영) 美詞學(수사학) 敎育書(교과서) 寫字機(타자기)
乘搭員(승무원) 優良國(선진국) 兵隊(군대) 印刊書(인쇄본)
印出所(인쇄소) 單行冊(단행본) 催眠術(최면술) 遞傳夫(우체부)
銀行票(수표) 係留處(항구) 風信機(선풍기) 事務員(공무원)
首唱者(주동자) 珍重品(귀중품) 生命果(무화과) 讀書者(독자)
筋肉勞動(체력노동) 遠語機(전화) 靜血管(정맥)
八方美人(팔방미인) 天上大將軍, 天上女將軍(천상대장군, 천상여자군)

여기서 반드시 지적해야 할 것은 역사적으로 한국 한자어의 일부는 도태되고 대부분 일본 한자어로 대체되었다는 것이다. 이 점은 상술한 일본어 번역단어가 중국어 번역단어를 대체한 것과 같으며, 그 원인도 거의 유사하다. 현대 한국어에는 여전히 상당한 숫자의 한국 한자어가 남아 있다. 이는 한국어가 한자어를 받아들이는데 있어 여전히 일본과 거리를 두고 있음을 설명한다. 이러한 단어들은 모두 한·일관계의 갈등이 비교적 첨예한 시기에 나타났다. 아래는 대표적인 예이다.

物件(물건) 冊(책) 登記(등기) 片紙(편지) 換錢(환전) 子息(자식)
掌匣(장갑) 洋襪(양말) 念慮(염려) 洋弓(양궁) 方席(방석)
移舍(이사) 弄談(농담) 親舊(친구) 守衛(수위) 求景(구경)
木手(목수) 麥酒(맥주) 改札(개찰) 埠頭(부두) 名啣(명함)

房貰(방세) 三寸(삼촌) 始作(시작) 作亂(장난) 放糞(대변)
食口(식구) 兩班(양반) 片紙(편지) 未安(미안) 肉談(상스러운 말)
雜歌(잡가 : 일종의 민가) 冊褓(책가방) 眞書(진서 : 한자의 존칭)
眼目(안목) 工夫(공부) 老婆(노파) 書房(서방) 滋味(재미)
放學(방학) 演出(연출) 內外(내외) 愛人(연인) 思量(사랑)
後進(후진) 別莊(별장) 感氣(감기) 當身(당신)

한국은 장기간 한자를 사용하는 과정에서 한민족 고유의 감정과 생활 체험을 반영하기 위해 한자의 조자 체계에 의거, 새로운 한자를 만들어냈다. 한국 학자들은 이를 '고유한자'라 칭한다. 고유한자의 구체적 수량은 아직까지 정확하고 확실한 통계가 없지만 아마도 500여 개가 넘을 것이다. 한국에서 고유한자에 대한 연구는 20세기 초 지석영의 《자전석요字典釋要》(1909)에서 시작하였고 이후 최남선의 《신자전新字典》(1915), 일본 아유가이 후사노신鮎貝房之進의 《속자고俗字考》(1931) 등에서 기초연구가 이루어졌다. 80년대 김종훈의 《한국 고유한자 연구》(1983) 등에서 한 걸음 더 나아가 깊이 있는 연구가 추진되었다. 90년대에는 단국대학교 동양학 연구소에서 《한국한자어사전》(1997)을 편찬하여 고유어에 대한 종합적 연구를 진행하였다. 연구 성과로는 먼저 고유한자를 분류하여 '國字'·'國音字'·'國義字'로 나눈 것이다. 다음은 고유한자의 조자 구조를 분석하여 상형(예 : ｜｜)·회의(예 : 夻)·형성(예 : 垈)·합음(예 : 乭, [illegible])과 변체(예 : 'ソ-爲', '丆-面', '阝-隱') 등 5가지 표기 방식이 있다고 생각했다는 것이다. 그 중 형성자와 합음자가 가장 많다. 그 다음은 훈독과 음독의 결합을 고유한자의 주된 방식으로 여겼고, 이런 방식을 '반절식半切式'이라 불렀다. '반절식'이란 뜻과 음을 반반씩 빌린 것을 말하며, 중국어와 한국어의 음절 구조가 불일치하는 문제를 비교적 잘 해결하게 했다는 것이다. 특히 폐색음閉塞音(입성 운미)의 표기

문제를 잘 해결했다.

하영삼의 218개의 고유한자에 대한 조사 통계에 의하면[36], 한국어 어휘 속의 분포는 다음과 같다.

1) **고유명사**

성씨 : 曺(조), 苩(백)

인명 : 乭(돌), 乬(걱), 巪(엇)

지명 : 乺(솔), 㐎(것)

관직명 : 乽(잘 : 왕실군호), 乮(몰 : 왕실)

2) **생활방면**

縇(선 : 두르다), 畓(답 : 논), 峀(수 : 산굴), 岾(점 : 고개),

欌(장 : 장롱), 栍(생 : 찌), ｜｜(저 : 젓가락), 椋(수 : 창고)

3) **토산물**

莻(골 : 풀줄기), 欕(엄 : 나무이름), 猠(전 : 염소),

螦(소 : 곤충이름), 夻(화 : 물고기이름), 喸(꺼 : 담수어이름)

4) **공구**

橇(비 : 사다리), 篺(패 : 뗏목), 鐥(선 : 낫), 乼(줄 : 줄)

5) **문예**

圕(서 : 도서관), 巭(부 : 공부), 栍(생 : 죽간), ㄱ(공 : 악보기호),

亻(식 : 악보기호), 厶(함 : 악보기호), 啫(자 : 악기명)

6) **표기**

旀(며 : 하며), 㐎(껫 : '末'의 훈독), ㄟ(이 : '是'의 간략체),

阝(은 : '隱'의 간략체, 주격조사), ソ(하 : '爲'의 간략체),

尒(며 : '旀'의 간략체), 哛(뿐), 乶(밧 : '外'의 훈독)

36) 《중국어문학》33집 게재된 〈한국 고유한자의 비교적 연구〉 참고.

이상의 고유한자는 성씨·인명·지명 등 고유명사를 표기한 것이 가장 많았고, 고유한자의 43.3%를 차지하고 있다. 그 다음은 문법표기로 고유한자의 13.1%를 차지하고 있다. 고유한자는 한국어의 특색을 가장 많이 지니고 있는 단어를 기록하기 위해 만들어졌고, 한민족의 사유 방식과 언어 관념을 반영하고 있으며 한자어에 대한 일종의 보충 역할을 한다. 특히 한자에 새로운 뜻을 부여하는 '新義字'는 한국적인 느낌을 더욱 분명히 지니고 있다. 예를 들어 '木'은 면포棉布을 가리키고 '太'는 대두大豆를 가리키며, '結'·'刀'는 양사가 되고 양사 '寸'은 혈연관계를 나타내는 등등의 한자 사용의 이질화를 초래하였다. 한국인들이 고유한자가 여전히 중국어와 한국어 사이의 유형적 차이를 메울 수 없다고 의식했을 때, 민족 문자 창제는 간절한 염원이 되었다. 이러한 염원의 움직임 아래에서 15세기 중엽《훈민정음》이 탄생하여 한민족은 마침내 자신의 문자를 가지게 되었다. 이상의 분석을 통해 우리는 한국 한자어의 어원을 중국기원 한자어, 일본기원 한자어, 한국기원 한자어 크게 세 종류로 나눌 수 있다. 중국 고적에서 온 단어는 일반적인 단어들이 주를 이루고, 불경에서 온 단어는 정신적 측면의 관념적인 성격을 띤 단어들이 주를 이루고, 일본에서 온 단어는 전문용어나 학술용어가 주를 이루며, 한국인들이 만든 단어는 물질층면의 단어들이 주를 이룬다. 중국 고대 백화에서 온 단어는 한국어에 큰 영향을 끼쳤지만 일본 식민지 통치 기간에 점차 축소되는 추세로 흘러 지금은 법률용어에 약간 남아있다. 한국어가 역사적으로 한자어에 의지하고 광범위하게 받아들였기 때문에 한자어가 줄곧 한국에서 비교적 큰 비중을 차지하게 했다. 한자어는 언어 소통에 있어 중요한 작용을 했을 뿐만 아니라 민족 문자 탄생에도 직접적인 깨우침과 사고의 방향을 제공하기도 했다. 바꿔 말하면, 한자어를 없애는 것이 아니라 그 수를 줄이기만 해도 한국어의 표현력은 대폭 떨어질 것이다. 그러므로 한국 학술계는 한자어를 외래 성분으로 보지 않으며 한자어는 이미 한국어의 혈맥 속에 녹아 들어갔다. 또한 한국어에서 한자어를 흡수한 범위를 본다면 전방위적인 태세를 나타내고 있다. 물질문화적 측면도 있고, 정신문화적 측면도 있어 둘은 우열을 가리기 힘들다. 이는 중국 문화의 영향이 얼마나 넓고 깊은지를 설명한다. 일반적으로 외래어를 받아들일 때 유형문화방면의 단어들은 음역이 많고 무형문화방면의 단어들은 의역이 많다. 예를 들어 르네상스 시기에는 대량의 라틴어, 희랍어 및 기타 유럽 대륙 언어의 단어가 영어에 유입되었다. 그 예로는 violin(바이올린), hula(훌라춤) 등이다. 근대 중국어에서 유입된 단어는 Oolong(烏龍 : 우롱차), Maotai(茅台 : 마오타이주), Char(茶 : 차, 속어), Taichi-chun(太極拳 : 태극권), erhu(二胡 : 악기이름, 얼후), Kungfu(功夫 : 쿵푸), Wushu(武術 : 무술), Kang(炕 : 온돌), Yamen(衙門 : 아문), Kowtow(磕頭 : 무릎을 꿇고 두 손을 바닥에 짚은 다음 이마를 땅에 조아리다), Dinghao(頂好 : 제일 좋은), Kanpei(乾杯 : 건배), Beijing Opera(京劇 : 경극) 등이 있다.

그러므로 한국어의 한자어 흡수 규칙을 고찰하는 것은 우리가 언어학의 차용어 이론을 더 인식하고 그 이론을 풍부하게 하는데 도움이 될 것이다.

그러면 예부터 끊임없는 축척과 선별과정을 거친 현대 한국어에는 도대체 몇 개의 한자어가 있을까? 우리는 한국의 대표적인 세 부의 국어사전 즉 한국 조선어학회가 편찬한 《대사전》(1957), 한국 언어학자 이희승이 편찬한 《국어대사전》(1961), 한국 국립국어연구원이 편찬한 《표준국어대사전》(1999)을 조사하여 통계를 내었다. 이 세 부의 사전은 현대 한국어의 세 가지 다른 발전 시기를 각각 대표한다. 그 중 《대사전》은 비록 조선 광복 이후에 출판되었지만 1929년에 이미 편찬에 착수하였고 일본 경찰의 간섭 때문에 원고가 몇 번의 어려움을 겪고 1947년 을유문화사에서 제1권을 출판하기 시작해 1957년에 전부 출판하게 되었다. 그래서《대사전》에 수록된 단어는 전기 현대 한국어의 단어 사용 상황을 반영하고 있다. 60년대에 출판된《국어대사전》은 중기 현대 한국어의 단어 사용 상황을 반영했고, 90년대 출판된《표준국어대사전》은 후기 현대 한국어의 단어 사용 상황을 반영하고 있다. 다음의 표는 통계의 결과이다.

사전명	단어총수	한자어휘량	점유비율	비고
《대사전》	164125	85527	52.11%	
《국어대사전》	257854	178756	69.32%	63.44%라는 의견도 있음
《표준국어대사전》	443156	252416	56.96%	

위의 표를 통해 우리는 현대 한국어에서 한자어가 차지하는 비율이 줄곧 60% 정도를 유지하고 있고 차용어 비율이 크다는 것을 알 수 있다. 다른 언어에서는 매우 드문 현상이다. 한자어는 외래성분으로 중국문화의 사절로서 한반도에 손님으로 왔으나 오히려 주객이 전도되었다. 그 원인은 어디에 있을까? 먼저 중국이 문화적으로 강세를 나타내며 깊은 영향을 주어 민족 문자가 비교적 늦게 생겨났기 때문이다. 다음으로 한국어의 고유 어휘는 감정과 느낌을 많이 나타내지만 추상적인 개념을 나타내기에는 부족했기 때문이다. 그 다음으로는 고유어의 음절이 비교적 길어 한자어만큼 의미를 간결하게 개괄하지 못했기 때문이다. 위와 같은 이유로 우리는 한국어가 대량의 한자어를 받아들였다고 생각한다. 이렇게 본다면 한국어가 한자어를 광범위하게 받아들인 것은 당연한 일이다.

제3장

한자어의 내부 형식

1. 한자어의 변천
2. 한자어의 구조
3. 한자어의 어의
4. 한자어의 품사

제3장

한자어의 내부 형식

언어와 문화의 상호 영향과 상호 의존은 의심의 여지가 없다. 1980년대부터 학계에서는 다른 문화 패턴이 언어 계통에 미친 영향에 대해 관심을 가졌으며, 특히 어휘에 내재된 문화요소를 중시하였다. 한국어 어휘 중에는 한자어와 외래어가 많기 때문에 한국 학자들은 누구보다 이 방면에 대한 연구를 일찍 시작하였다. 비록 한국어의 한자어와 고유어가 완벽하게 조화를 이루고 혼연일체가 된다 하더라도 고유어휘가 아니므로 한자 어휘의 한국어에서의 생존 상태를 탐색하는 것은 줄곧 학자들의 주된 관심사였다. 소쉬르의 관점에 따르면 언어는 능지能指와 소지所指가 결합하는 부호계통이다.[37] 이 계통에서 언어 부호의 가치는 문화 배경과 언어 계통이 부여한 것이다. 중국어는 고립어이고 한국어는 교착어로서 서로 다른 언어 유형에 속한다. 일단 고립어에 속하는 한자어가 다른 언어 환경에 들어가면 생존 상태에 변화가 생긴다. 게다가 이런 변화에는 종종 이민족의 사

37) 《普通语言学教程》 p.146, 상무인서관, 1982년.

유패턴과 문화 특징이 융합되어 있으므로 한자어가 본토에서와는 다르게 변화하고 발전할 것이다. 이는 에드워드 사피어Edward Sapir가 "언어는 하나의 구조로 그의 내면은 사유의 패턴"이라고 지적한 것과 같은 맥락이다.[38] 한자어가 한국어에 유입된 후 생존 상태의 변화는 아래 몇 가지 특징으로 나타났다.

첫째, 중국어에서 변화가 없었지만 한국어에서 변화가 있었던 것.

둘째, 중국어에서 변화가 있었지만 한국어에서 변화가 없었던 것.

셋째, 중국어와 한국어에서 모두 변화가 있었지만 변화의 결과가 다른 것.

넷째, 중국어와 한국어에서 모두 변화가 있었을 뿐 아니라 변화의 결과도 같은 것.

다섯째, 중국어와 한국어에서 모두 변화가 없었지만 여전히 차용 당시의 상태를 유지하고 있는 것.

'단어'는 음과 의미의 결합체로서 사람들이 사용하는 과정에서 반드시 변화가 발생하게 된다. 하지만 이런 변화는 점차적으로 발생하기 때문에 사람들은 변화를 별로 느끼지 못하고 같은 언어 환경에서의 소통에 혼란을 일으키지 않는다. 그러나 단어가 '차사差使'의 신분으로 완전히 다른 언어 환경에 들어갈 경우에는 반드시 새로운 언어 환경에 적응해야 한다. 예를 들어 발음이 새로운 어음 계통에 융합되어야 하고 어의는 새로운 민족 문화 배경에 적응해야 하며 구조는 새로운 문법적 제약을 받아야한다. 그러나 주의할 만한 것은 한국어 단음절 한자어와 중국어 단음절어를 비교할 때 후자의 어의에서의 변화는 전자보다 크다는 것이다. 전자는 어의가 단일하고 후자는 어의가 복잡하며, 전자의 사용 범위는 좁고 후자의 사용 범위는 넓다. 송기중宋基中은 《현대국어 한자어의 구조》에서 사실상 한국어에서

38) 《語言論》 p.19, 상무인서관, 2003년.

하나의 한자 음절 형식이 전달하는 의미 범위는 사전에서 수록된 의미보다 훨씬 좁으며 상당한 수량의 한자는 국어에서 단지 단일한 의미만 있고, 여러 의미가 있다 할지라도 3~4개에 불과하다고 지적하였다. 바꿔 말하면, 정태靜態적으로 비교할 때 단음절어의 기본 의미는 한국어와 중국어 두 언어에서 별다른 차이가 없었지만 동태動態적으로 고찰하면 양자의 어의에서 차이를 발견할 수 있을 것이다. 한자어는 외부에서 들여온 단어이기 때문에 종종 차용당시의 의미로 고정되어 어의의 변이를 배척한다. 게다가 한자어는 한 가지 형태로 한국어에 정착됐기 때문에 한자어의 활용과 어의의 변화가 제한되었다. 따라서 한국어의 한자어는 품사에서나 어의에서나 모두 중국어보다 단순하다. 엄격히 따지면 독음에 변화가 없는 한자 어휘는 많지 않다. 왜냐하면 한자어의 독음은 대개 조금씩 변화가 있었기 때문이다. 중국어에는 성조가 있고 한국어에는 성조가 없다. 하지만 일본의 하시모토 만타로僑本萬太郎와 같은 일부 학자들은 한국어도 성조가 있는 언어이며, 성조의 지역 분포는 남쪽에서 성조의 구분이 명확하고 북쪽으로 갈수록 성조의 구분이 적어지며 심지어 없어진다고 여겼다. 그는 이러한 현상의 원인이 남부 지역은 남도어 영향을 받고 북부 지역은 알타이어의 영향을 받으며, 남쪽 방언은 경남형 성조가 가장 뚜렷하기 때문이라고 생각하였다. 그러나 하시모토 만타로의 이 관점은 널리 인정받지 못하였다. 입성入聲 외에 대부분의 한자어가 한국어에 들어올 때 거의 성조를 상실하였고 입성 한자어라 할지라도 원래의 발음이 아니다. 한국어가 한자어를 받아들일 때 한자를 매개로 삼았고 한자는 표의문자 계통에 속하기 때문에 자음의 변화가 자의의 이해에 영향을 끼치지 않았다. 또한 한자는 어소문자에 속하기 때문에 한자로 구성된 단어는 어의의 결합체이며, 어의는 개념을 나타내고 개념에는 공통된 특징이 있다.

이 절에서 우리는 비교언어학contrastive linguistics의 기본 이론과 기본 방법으로 한자어의 구조와 어의 두 방면에서 논술하여 한자어가 한국어에 들어온 이후의 생존 상태와 변화 규칙을 제시하고 동시에 이런 변화가 일어난 원인을 탐구할 것이다.

1. 한자어의 변천

한국 한자어와 중국 한자어와의 비교 연구는 줄곧 취약하였다. 양국 학자들은 서로 같은 한자어에 대해서는 이미 상당히 충분한 논술을 하였지만, 서로 다른 부분에 대해서, 특히 어의 방면의 비교 분석에 대해서는 많은 관심을 갖지 못하였고 이 방면의 성과도 너무 미약하다. 연구 성과에 이와 같은 차이가 있는 것은 어의 비교의 난이도가 높기 때문인데 어려운 것을 피하고 쉬운 것을 택하는 것은 인지상정이니 비난할 수는 없다. 어휘의 비교 연구는 두 방향으로 나눌 수 있는데 하나는 어휘 형태론적 비교이고 하나는 어휘 의미론적 비교이다. 허여룡許余龍은 어휘의 형태론은 낱말의 형식을 연구하는 것이고 어휘의 의미론은 낱말의 의미를 연구하는 것이며 의미는 형식보다 파악하기 더욱 어렵다고 지적하였다.[39] 한자어가 한국어에 들어온 이후로 어의 변화의 폭이 그다지 크지 않았던 원인은 한자의 성질이 이미 어의를 나타내는 원리를 규정하였기 때문이다. 단어의 표현 형식과 단어의 의미 사이에는 일반적으로 어떠한 내적 관련이 있는데 이러한 표현 형식으로 단어의 의미를 미루어 판단할 수 있는 것이 바로 조어 원리motivation이다. 조어 원리는 일반적으로 네 가지로 나누는데, 즉 어음적 원리·형태적 원리·어의적 원리 및 문자적 원리이

39)《對比語言學概論》p.121, 상해외국어교육출판사, 2000년.

다. 중국어는 형태 변화가 가장 적은 언어 중의 하나이기 때문에 단어를 만들 때 형태적 원리에 근거하지 않는다. 중국어에서 단어를 만들 때 가장 중요시하는 것은 문자적 원리인데 이 점은 표음문자와 뚜렷하게 구별이 된다. 중국의 전통언어학에서 한자는 중국어를 분석하는 기본이라고 하는데 《문심조룡文心雕龍·장구章句》에서 말하기를 "사람들이 학설을 세울 때는 글자로 구를 만들고 구로 단락을 만들며 단락이 쌓여 한 편의 문장이 이루어진다. 문장이 화려한 것은 단락에 결함이 없기 때문이고, 단락이 밝고 아름다운 것은 구에 흠이 없기 때문이고, 구가 맑고 꽃다운 것은 글자에 허망한 것이 없기 때문이다. 뿌리가 흔들리면 가지와 잎도 따라 흔들리는 것처럼 하나의 기본 원칙만 알면 만 가지를 다 알 수 있는 것이다(夫人之立言, 因字而生句, 積句而成章, 積章而成篇. 篇之彪炳, 章無疵也; 章之明靡, 句無玷也; 句之清英, 字不妄也. 振本而末從, 知一而萬畢矣.)"라고 하였다. 한자의 가치는 효과적으로 언어를 기록할 수 있는지에 있지 않고 효과적으로 개념을 표현해낼 수 있는지에 있다. 따라서 소쉬르는 한자를 '제2언어第2言語'라고 불렀다. 한자는 그의 안정성으로 인해 하나의 초방언적 교제 도구가 되었을 뿐만 아니라 시대와 함께 전진하는 융통성을 갖게 되었다. 한자는 장기간의 역사적 변천에서 자형이 변화하였고 자형과 어의의 거리가 멀어졌다 할지라도 여전히 조어 원리의 흔적이 남아있고, 불가침한 권위는 날로 높아지고 있다. 한자어는 바로 이러한 문자적 원리와 권위를 지니고 한국어에 들어왔다. 한자의 보급으로 한국인들은 한자의 자음, 자형과 자의에 익숙해져 능숙하게 말할 수 있게 되었다. 그들은 쉽게 한자어의 의미를 이해하고 파악할 수 있을 뿐만 아니라 의식적으로 문자적 원리로 낱말을 만들 수 있다. 예를 들면 '便紙'의 뜻은 '서신'·'우편물'인데, '편리한 종이'의 뜻을 가지고 있으며 일본어의 '手紙'(てがみ)와는 방법이 다르지만 똑

같은 효과를 낸다. 또 '册牀'은 '책상'이란 뜻인데 '册'은 '책'이고 '牀'은 '낮은 탁자'이다. 비록 '便紙'와 '册牀'은 한국어에서 생성된 한자어이지만 그들이 만들어진 원리 및 방법은 완전히 중국식이다.

한국인들에 있어서 한자어는 외부에서 온 언어 부호 계통이지만 그들은 '자기 본래의 것으로 간주하고' 신주 모시듯 한다. 또한 그들이 한자에 대해서 느끼는 신비와 흠모의 감정은 넘쳐흐르고 있다. 물론 이런 감정은 중국 문화에 대한 숭배에서 유래된 것이다. 1444년 2월, 조선 세종대왕이 《훈민정음》을 창제한지 얼마 되지 않았을 때 집현전 부제학副提學 최만리崔萬理가 앞장서 상소를 올려 언문 보급을 반대하였는데 그는 상소에서 말하기를 "조선 왕조는 조상에서부터 대국을 섬기고 중국의 체제를 따랐다. 지금 마땅히 문자·규칙·질서 등이 통일되어야 할 시기에 언문을 만든다는 것은 사람들을 깜짝 놀라게 하는 일이다. ……전하는 말에 의하면 중국으로 인해 동이東夷가 변하였지 동이가 스스로 변한다는 말은 듣지 못하였다. 역대 중국에서는 우리에게 기자箕子의 유풍이 있고 문화 역시 중화와 비슷하다고 생각한다. 오늘날 따로 언문을 만든 것은 중국을 버리고 스스로 야만이 되는 것이니 어찌 문명에 누가 되지 아니하겠는가?(我朝自祖宗以來, 至誠事大, 一遵華制. 今當同文同軌之時, 創作諺文有害觀聽. ……傳曰, 用夏變夷, 未聞變於夷者也. 歷代中國, 皆以我國有箕子之風, 文物禮樂比擬中華. 今別作諺文, 捨中國而自同於夷狄, 是所謂棄蘇和之香, 而取螗螂之丸也, 豈非文明之大累哉!)"라고 하였다.[40] 최만리 등이 감히 이런 과격한 언사로 언문을 반대한 것은 절대 고의로 항명하는 것이 아니라, 한자와 중국문화에 대한 깊은 애정에서 비롯된 것이다. 어떤 사람을 좋아하기에 그의 집 지붕에 앉은 까마귀까지도 관심을 갖는다고 하는데 한자에 깊은 애정이 있으니 한자어에 대해서도 깊은 애정을 갖

40) 《조선세종실록》권139.

기 마련이다. 한자가 한반도에 들어온 후 역대 통치자들은 모두 규범적인 한자와 한자어를 사용하는 것을 중요시하였는데 조선조는 더욱 그러하였다. 조선전기 문인들은 한문 창작에 심취하였고 셀 수 없을 만큼 많은 한문 작품이 창작되었을 뿐 아니라, 전통 소학이 전성기에 있어 자서, 운서 및 훈고서가 잇달아 나타나 대성황을 이루어 한문·한자 및 한자어의 규범화를 촉진하였다. 바로 이런 학술적 배경 하에 조선조에서는 많은 탁월한 성취를 거둔 한문학자들이 나왔으며 정약용丁若鏞은 가장 뛰어난 학자 중 하나였다.

정약용(1762~1836)의 자는 미용美鏞·송보松甫이며, 호는 다산茶山, 별호는 철마산초鐵馬山樵이다. 정약용은 조선조의 유명한 실학자이며 학문이 깊은 한문학자이다. 그는 어린 시절부터 경학에 몰두하여 《상서고훈尙書古訓》·《춘추고증春秋考證》·《대학강의大學講義》·《중용자잠中庸自箴》·《맹자요의孟子要義》·《논어고금주論語古今注》·《시경강의詩經講義》·《주역사전周易四箋》·《상예절요喪禮節要》·《제례고정祭禮考定》·《가례작의嘉禮酌議》 등 경학의 중요한 저서를 창작하였다. 그는 29세에 서학을 접해 실학파의 대표인물이 되어 일생 '경세치용經世致用(학문은 세상을 다스리는 데 실익을 증진하는 것이어야 한다)' 및 '이용후생利用厚生(기구를 편리하게 쓰고 먹을 것 입을 것을 넉넉하게 하여 백성의 생활을 나아지게 한다)'의 이론을 신봉하며 《아방강역고我邦疆域考》·《대동수경大同水經》·《풍수집風水集》·《마과회진麻科會診》 등 지리학, 의학 저서를 저작하였다. 소학에 있어 더욱 근면하여 《문헌비고간오文獻備考刊誤》·《소학주관小學珠串》·《이담속찬耳談續纂》·《아언각비雅言覺非》·《아언지하雅言指瑕》 등을 창작하였다. 그 중에서 《아언각비》와 《아언지하》는 어원을 탐구하여 한자어의 오용을 바로잡는데 힘을 기울인 저서로 아주 높은 학술 가치를 지니고 있다. 게다가 당시 조선어 중의 한자어도 설명하였는데 일부는 이미 원래의 음과 의미를 벗어났으므로 한학자들이 잘못을 깨닫고 허물을 들추어내게 하였다.

《아언각비》는 조선 순조 19년(1819)에 완성되었다. 3권으로 구성된 이 책의 내용은 사람들의 일상생활과 긴밀히 관련된 450개 한자어의 오용에 대해 규정하는 것이며 이 한자어들은 자연(31개)·풍속(17개)·제도(25개)·사람과 사물(25개)·동물(22개)·식물(48개)·옷차림(24개)·음식(21개)·주거(33개)·도구(13개)·식기(17개) 및 일반 한자어의 자의(74개)·자음(11개) 등 여러 방면과 관련되어 있다. 정약용이 여기서 말한 '雅言'은 표준적인 중국어인데 '非'는 조선어에서의 음과 뜻의 변천이고, '覺非'는 '표준 중국어로 깨닫게(於雅言覺之耳)' 하려는 것이다. 그는 이 책의 '소인小引'에서 "멀리 궁벽한 곳에 있는 사람들이 글을 배운다는 것은 다 남에게서 전해들을 뿐이라 거짓되고 어그러진 점이 많기 때문에 이런 말이 있다(處遐遠者, 學文皆傳聞耳, 多舛誤, 故有是言也.)"고 지적하였다. 다음에서는 몇 구절을 발췌하여 그 체제를 살펴보도록 한다.

(1) 司馬者, 夏官之長也. 王制, 鄕之秀士陞之司徒曰選士, 司徒陞之太學曰造士, 臺學陞之司馬曰進士. 東人摘句, 單執陞之司馬曰進士一句, 遂以進士名之曰司馬, 進士之試名之曰司馬試進士之榜曰司馬榜, 甚則金進士·李進士稱之曰金司馬·李司馬, 豈不謬哉!(사마司馬는 하관夏官(兵曹의 별칭)의 우두머리이다. 왕제王制에 말하기를, '시골의 수사秀士(秀才)가 사도司徒에 오른 것을 선사選士라 말하고, 사도가 태학太學에 오른 것을 조사造士라 말하고, 대학臺學이 사마司馬에 들어간 것을 진사進士라 말한다.' 중국 동쪽의 민족들이 문장을 발췌할 때 '司馬曰進士(사마를 진사라 한다)'는 구절만 따와 진사를 사마라 하고, 진사시험을 사마시司馬試, 진사의 방을 사마방司馬榜이라 하였으며 심지어 김진사·이진사를 김사마·이사마라 칭하니 이는 잘못된 것이 아닌가!)

(2) 狀元者, 奏狀之首也. 進士出榜, 必有奏狀, 以達天子. 故其第一人謂之狀元, 鄕試居首者謂之解元, 而不名狀元. 東人錯認, 凡科榜之居首者, 通稱狀元. 陞補庠制·鄕試初試·下至旬製月課, 凡居首者謂之狀元. 已屬謬誤, 況又狀訛爲壯, 謂之壯元, 詩元曰詩壯, 賦元爲賦壯, 多算者曰畫壯. 奏箚碑碣, 鹹已刊行, 豈不謬哉!(장원狀元이란 주장奏章(상소하는 글)의 첫머리에 쓰인 사람을 말한다. 과거에 급제한 진사進士의 방榜을 써 내 붙일 때는 반드시 주장奏章을 만들어 천자에게 올렸던 까닭으로 그 첫 번째 사람을 장원이라고 말하였다. 그리고 향시鄕試의 첫머리에 적히는 사람은 이를 해원解元이라고 말하지 장원이라고는 이름하지 않는다. 우리나라에서는 이를 잘못 인식하고 무릇 과거시험의 방문에 첫머리를 차지하면 보통 장원이라 칭하고, 승보상제陞補庠制(승진시키기 위한 학교 시험 제도)나 향시초시鄕試初試로부터 아래로 순제월과旬製月課에 이르기까지도 무릇 첫머리를 차지한 사람이면 이를 장원이라고 말한다. 이미 잘못됨이 있는데, 더구나 '문서 장狀'자를 그릇되게 '장할 장壯'자로 만들어 이를 장원壯元이라고 이르고, 시원詩元을 시장詩壯, 부원賦元을 부장賦壯이라고 이르며, 계산에 뛰어난 사람을 획장劃壯이라 이르고, 주차문奏箚文이나 비갈문碑碣文에도 다 이미 이렇게 간행되었으니 어찌 잘못된 것이 아니겠는가?)

(3) 茶者, 冬青之木. 陸羽《茶經》: "一曰茶, 二曰檟, 三曰蔎, 四曰茗, 五曰荈." 本是草木之名, 非清飮之號. 東人認茶字, 如湯丸膏飮之類, 凡藥物之單煮者, 總謂之茶. 薑茶·橘皮茶·木瓜茶·桑枝茶·松節茶·伍果茶, 習爲恒言, 非矣. 中國似無此法. 李洞詩雲: "樹穀期招隱, 吟詩煮柏茶." 宋詩云: "一盞菖蒲茶, 數個沙糖粽." 陸遊詩云: "寒泉自換菖蒲水, 活火閑煮橄欖茶." 斯皆於茶錠之中雜以柏葉·菖蒲·橄欖之等, 故名茶如此, 非單煮別物而冒名爲茶也.(차茶란 겨울에 푸른 나무이다. 육우陸羽의 《다경茶經》에는 첫째로 차茶, 둘째로 가檟, 셋째로 설蔎, 넷째로 명茗, 다섯째로 천荈이라 하였다. 본래 이것은 초목草木의 이름이지 마시는 청량음료수의 이름이 아니다. 우리나라 사람들은 차茶자를 탕湯·환丸·고膏처럼 마시는 따위로 인식하여 무릇 약물 한 가지만 달이는 것은 다 차茶라

고 말하여 강차姜茶·귤피차橘皮茶·모과차木瓜茶·상지차桑枝茶·송절차松節茶·오과차五果茶라고 관습적으로 항상 쓰는 말로 삼는데, 이는 잘못이다. 중국에는 이런 법이 없는 것 같다. 이동李洞의 시에 이르기를 "나무가 우거진 골짜기에 은자 부르기를 기약하고, 시를 읊으며 백차柏茶(잣차)를 다린다."라고 하였고, 송나라 시에는 이르기를 "한 잔 창포차요, 몇 개의 사탕떡이다."라 하였고, 육유의 시에는 이르기를 "차가운 샘물을 스스로 창포물로 바꾸고, 불을 피우고 한가로이 감람차를 다린다."라고 하였는데, 이는 다정茶鋌(차를 우리는 도구) 속에 백엽(栢葉), 창포, 감람(橄欖) 등의 물건을 섞어 끓이는 까닭으로, 차茶를 이와 같이 이름한 것이지, 단순히 다른 물건 한 가지를 다린 것이 아닌데, 함부로 이름하여 차茶로 생각한 것이다.)

(4) 豆腐者, 菽乳也. 豆腐之名, 原自雅訓, 東人認爲方言, 別名爲泡. 諸陵諸園, 各有僧院, 以供豆腐, 名之曰造泡寺 : 豆腐之串, 煎於雞臛, 親友聚食, 名之曰軟泡會 : 綠豆之乳, 名曰黃泡, 或稱青泡. 公私文字, 用之不疑, 誤矣.……泡者, 水之浮漚也, 不可作食物之名也.(두부란 숙유菽乳이다. 두부의 이름은 통용된 아언雅言에서 나왔는데, 우리나라 사람들은 방언이라고 생각하여 따로 '포泡'라 이름하였다. 여러 능원陵園에는 각각 승원僧園이 있어 두부를 바치는데, 이 승원을 조포사造泡寺라고 하였다. 두부의 꼬챙이를 닭곰탕에 삶아서 친구들이 모여 먹는 것을 이름하여 연포회軟泡會라 말하고, 녹두의 유乳를 이름하여 황포黃泡라고 말하고, 혹은 청포淸泡라고도 칭한다. 공사公私문서에 이렇게 쓰며 의심하지 않는 것은 잘못된 일이다. …포泡란 물거품이라 음식의 이름으로 만들기는 불가하다.)

(5) 三寸, 以稱叔父, 亦陋習之當改者. 東語, 伯父·叔父曰三寸, 伯父·叔父之子曰四寸, 從祖祖父曰四寸大父, 其子曰五寸叔父, 過此以往皆如此例, 以至於八寸兄弟·九寸叔父, 謂之寸內之親. 其法, 蓋以父子相承爲一寸, 伯叔父爲三寸者. 我與父一寸. 父與王父又一寸. 王父與諸子又一寸, 共三寸也. 四寸五寸, 皆如此例. 雖族兄弟謂之八寸, 必自己申溯而上之, 以至高祖, 計得四寸 ; 又自高祖順而下之, 計得四寸, 是之謂八寸也. 高麗之時, 已自如此, 故《李牧隱集》云 : "外舅花原君之內外孫, 凡於慶吊迎餞相

聚, 曰四寸會."《高麗史·忠宣王世家》, 元朝詔諭有外四寸之語. 《經國大典》服制之章, 皆以三寸·四寸別其親遠. 今爲不刊之文, 然子弟稱其父兄爲三寸·四寸, 大非敬禮, 不可蹈也. (삼촌은 그 숙부를 칭하는 칭호인데, 이 또한 고루한 풍습으로 마땅히 고쳐야 할 것이다. 우리나라의 말로 백부伯父·숙부叔父를 삼촌이라 하고, 백부·숙부의 아들을 사촌이라 하고, 종조조부從祖祖父를 사촌대부四寸大父라 하고, 그 아들을 오촌숙부라 하니, 잘못들이 예와 같다. 팔촌형제·구촌숙부에 이르기까지를 촌수 안의 친족이라고 말한다. 그 법은 대개 아버지와 아들이 서로 잇는 것을 일촌이라 한다. 백부와 숙부를 삼촌이라 한다. 나와 부친은 일촌이다. 부친과 조부는 또한 일촌이며, 조부와 제자諸子(아들 또는 아들과 같은 항렬이 되는 사람의 통칭)도 일촌으로 모두 삼촌이다. 사촌과 오촌이 모두 그 예이다. 비록 친족형제를 팔촌이라고 말하는데, 반드시 자기 자신을 중심으로 하여 그 위로 올라가서 고조高祖에 이르기까지를 계산하면 사촌이 되고, 또 고조로부터 순차로 따라 내려오면서 계산하면 사촌이 되는데, 이를 팔촌이라고 말한다. 고려 때에는 이미 이와 같았다. 그러므로《이목은집李牧隱集》에 이르기를「외구外舅 화원군花原君의 내외손內外孫은 무릇 경조慶吊(경사와 상사)와 영전迎餞(歡迎과 餞別) 때 서로 모였는데 이를 사촌회라고 말하였다.《고려사·충선왕세가》와 원元나라 조유詔諭에「외사촌이라는 말이 있다.《경국대전》을 규정한 글에도 다 삼촌·사촌으로써 그 가깝고 먼 것을 구별하였다.」고 말하여 지금도 깎아 버리지 않은 글이 되고 있다. 그러나 자제子弟가 그 부친의 형제를 칭하여 삼촌·사촌이라고 말하는 것은 공경하는 예절을 크게 그르치는 것이니 그대로 밟아가서는 안 될 것이다.)

(6) 嫂者, 兄妻也, 東俗曰弟妻, 亦謂之弟嫂. 叔者, 夫弟也, 東俗, 夫兄亦謂之叔氏. 妹者, 女弟也, 東俗, 姊夫亦謂之妹夫. 皆誤. (수嫂란 형의 아내를 말한다. 그런데 우리나라의 풍속으로는 아우의 아내도 또한 제수라고 말하고 있다. 숙叔이란 남편의 아우를 말한다. 우리나라 사람들은 남편의 형 또한 숙叔이라 말한다. 매妹는 여동생을 말한다. 우리나라 사람들은 손윗누이 또한 여동생이라 말하는데 모두 잘못이다.)

(7) 句者, 文所正也. 中國詩律, 七言以七字爲一句, 五言以五字爲一句, 四韻則八句也. 吳東每以一聯作鴛鴦隊雙行書, 於是以一聯爲一句, 四韻曰四句, 十韻曰十句, 大誤.(구句란 글의 규범에 맞춤이다. 중국의 시율詩律, 칠언시七言는 일곱 글자를 한 구로 만들고, 오언시五言는 다섯 글자를 한 구로 만드는 것이니, 사운四韻이면 여덟 구가 되는 것이다. 우리나라는 시를 지을 때마다 일련一聯을 원앙대쌍행서鴛鴦隊雙行書로 만들었다. 이에 있어서 일련一聯을 일구一句로 만들어, 사운四韻을 사구四句라고 말하고, 십운十韻을 십 구十句라고 말하는데 이는 큰 잘못이다.)

(8) 帶子者, 束腰之帶, 華語也. 帶子例用組紃爲之, 東語誤翻, 乃以組紃爲帶子, 其稱束腰之組曰帶子腰帶, 不成話說. (대자帶子란 허리를 묶는 띠의 중국말이다. 대자는 대개 조순組紃(땋은 실과 실띠)을 사용하여 이를 만든다. 그런데 우리나라 말은 잘못 옮겨져서 곧 조순을 대자라 하고 그 허리에 묶는 조組를 대자요대帶子腰帶라고 말하니 말이 되지 않는다.)

(9) 公然者, 公共無愧者然也. 行惡於衆睹之中者, 謂之公然. 杜甫詩曰"公然抱茅入竹去", 意可知也. 公肆詆誣, 公行劫掠, 皆此意. 乃東語以無功而望賞者, 爲公然望之; 無價而索贈者, 爲公然索之, 非本旨也.(공연公然이란 공공연하여 부끄러움이 없는 것을 말한다. 예를 들면 악한 일을 많은 사람들이 보는 가운데에서 행하는 것을 공연이라고 말한다. 두보杜甫의 시에 말하기를 "공연히 띠를 안고 대밭으로 들어가 버렸다."라고 한 것으로 보아도 그 뜻을 가히 알 수 있다. 공연히 비방과 무고를 마음대로 하고 , 공연히 겁탈과 약탈을 마음대로 행한다는 것도 다 이 뜻이다. 우리나라 말은 공로가 없으면서 상을 바라는 것을 공연히 이를 바란다 하고, 대가없이 주기를 구하는 것을 공연히 이를 찾는 다고 하는데, 이는 본뜻에 어긋나는 말이다.)

(10) 洞者, 空也. 洞穴者, 空穴也. 今俗以"里"爲"洞", "里中"曰"洞內", "里甲"曰"洞長", "里會"曰"洞會", 無攸據也.(동洞이란 비어 있는 것이다. 동혈洞穴이란 빈 굴이다. 그런데 지금 풍속으로는 마을을 '동洞'으로 만들어서, 마을 안을 '동내洞內'라고 말하고, 이장을 '동장洞長'이라고 말하고, '이회里會'를 '동회洞會'라고 말하는데, 이

는 근거가 없는 말이다.)

(11) 霞者, 赤雲也. 東俗訓之謂霧(方言曰晏開). 宋徽宗詩云 "日照晚霞金世界", 謂黃霧蕩日, 成此金色, 豈不謬哉? 玉有赤病者, 謂之瑕, 瑕者霞也; 有黑病者, 謂之玷, 玷者點也. (하霞란 붉은 구름, 곧 노을을 말한다. 우리나라에서는 이를 뜻하여 무霧(방언으로 안개라고 말한다)라 한다. 송나라 휘종徽宗의 시에 이르기를 "해가 저녁 구름을 비춰 황금 같은 세상일세."라고 하였는데, 이는 누런 안개가 해를 덮어 이런 황금빛이 된 것을 말하니, 어찌 잘못이 아니겠는가? 옥에 붉은 결점이 있는 것을 하瑕라고 말한다. 하瑕란 하霞이다. 옥에 검은 결점이 있는 것을 점玷이라고 말한다. 점玷이란 점點이다.)

(12) 角黍者, 粽也. 楚俗, 備見諸書. 吳東乃以煎餠裹餡者, 謂之角黍, 非也. (각서角黍란 종粽(주악, 송편)이다. 이는 초나라 풍속을 적은 여러 가지 책에 보인다. 우리나라에서 전병煎餠(지짐떡)을 떡소로 싼 것을 각서라고 말하는 것은 잘못이다.)

(13) 賒者, 貰也. 《周禮》司市之注云: "無貨則賒貰, 而予之." 東人以賒爲買, 嘗見一詩云 "自取囊錢賒白酒", 華人見之, 必難解矣. (사賒란 세내는 것을 뜻하는 말이다. 《주례》사시司市의 주注에 이르기를 "돈이 없으면 세내기로 하고 이를 준다."라고 하였다. 그런데 우리나라 사람은 사賒를 사는 것으로 생각한다. 일찍이 어떤 시에서 이르기를 "스스로 주머니 돈을 가지고 백주를 세냈다."라고 하였다. 중국 사람들이 이것을 보면 반드시 이해하기 어려울 것이다.)

이상 예문들은 일부 한자어가 사용하는 과정에서 이미 의미의 변화가 일어난 것을 보여주고 있다. 이 변화들은 주로 사용 범위의 확대·축소 혹은 전이로 나타나 화용 문제에 속하지만 어의 문제와도 어느 정도 관련이 있다. 그밖에 오자 문제도 있는데 사용빈도가 높아질수록 더욱 잘못되고, 잘못된 것이 익숙해지면 바른 것으로 생각되므로 이것이 정약용이 우려하는 것이다. 정약용은 한학에 정통하고 고증하는 일에 뛰어나므로, 그의 말은 필히 근거가 있고 믿을 만하다. 그는 중국어 옹호자의 입장에서 어의가 변화한 현실을 전혀 받아들일 수 없었고 한자어의 오용에 대해서도 몹시 개탄하였다. 정약용의 《아언지하》[《與猶堂全書補遺》(二), 景仁文化社, 1972年]는 사실상 《아언각비》의 자매편인데 그 중의 많은 예들이 비슷하지만 그래도 참고할만한 예들이 있어 아래와 같이 열거한다.

(1) 藥草之"酒炙""蜜炙"者, 好稱"酒灸""蜜灸". 藥草有丹田乎? 有關元乎? "灸"何穴哉? (약초를 '주자酒炙(약초를 술로 섞어서 굽는 것)'·'밀자蜜炙(약초를 꿀로 섞어서 굽는 것)'한다는 것을 우리나라에서 '주구酒灸'·'밀구蜜灸'라고 말하는데 약초에 단전丹田이 있는가? 관원關元이 있는가? 어느 혈穴에다가 뜸을 뜰까?)

(2) 俗稱"松脂"爲"松津", "鹿皮"爲"鹿比". "津"與"脂"近(津液猶膏液), "比"與"皮"通(虎皮稱皋比), 此固有據矣. 其稱"桃脂"爲"松桃津", "狗皮"爲"狗鹿比", 抑又何述焉? 豈唯是也, 其云"杏松津""柏松津""馬鹿比""虎鹿比", 凡木脂之凝者稱"松津", 獸皮之擱者皆稱"鹿比", 則過矣.(지금 풍속으로 '송지松脂'를 '송진松津'이라고 말하고, '노피鹿皮'를 '노필鹿比'이라고 말한다. '진津'는 '지脂'와 비슷하고(진액津液은 고액膏液과 비슷하다.), '비比'는 '피皮'와 소리가 통하기 때문에 이는 본래 근거가 있는 것이다. 그러나 '도지桃脂'를 '도송진松桃津'이라 말하고, '구피狗皮'를 '구록비狗鹿比'라 말하는 까닭은 무엇일까? 이것뿐인가, '행송진杏松津'·'백송진柏松津'·'마록비馬鹿比'·'호록비虎鹿比'란 말도 있다. 무릇 목지木脂의 응고된 것을 다 송진이라 칭하고, 수피獸皮(짐승의 가죽)의 부빈 것을 다 녹피鹿皮라고 칭하는 것은 잘못이다.)

(3) 靉靆之劣者, 俗稱"麥鏡". 蓋方言謂"麥"謂"菩離", 而華音"玻瓈"亦近"菩離", 故因以爲訛傳也.(속어에서 안경[靉靆]의 졸렬한 것을 '맥경麥鏡'이라고 말한다. 방언에서 '맥麥'을 '보리菩離'라고 말하고, 중국어에서 '파려玻瓈'의 음이 '보리菩離'와 비슷한 것으로 보니 이는 잘못 전해진 것으로 생각된다.)

(4) 王衍口不言錢, 見錢在牀前, 曰"阿堵", 後人遂謂"錢"爲"阿堵". 此已可笑, 我邦又有甚焉, 昔顧長康"傳神"曰: "精神妙處正在阿

堵中.” 當時所指似在“眸子”, 兼有“堵”訛作“睹”. 今人論人, 輒云“阿睹不良”; 稱眼疾, 輒云“近患阿睹”, 則又誤之甚者.(왕연王衍은 입으로 돈을 말하지 않았다. 그는 돈이 평상 앞에 있는 것을 보면 ‘아도阿堵’라고 하였다. 그래서 뒷사람이 돈을 ‘아도阿堵’라고 하였다. 이는 어처구니가 없지만 우리나라에서는 이보다 더욱 심한 것이 있다. 옛날에 고장강顧長康이 생동감 있게 이르기를 “정신이 묘한 것이 바로 여기에 있다.”라고 하여 당시에 ‘눈동자[眸子]’를 가리키는 것 같은데, 우리나라 사람들은 살펴보지 않고 ‘도堵’를 ‘도睹’자로 만들었다. 자금 사람들이 남의 간악奸惡함을 논할 때는 ‘아도불량阿睹不良’이라고 말한다. 눈병을 말할 때는 ‘최근에 눈병 걸렸다[近患阿睹]’라고 하는데, 이는 더욱 잘못된 것이다.)

(5) 扉, 戶扇也. 今人幼讀古詩, 多見“柴扉”句, 遂以“扉”爲“柴門”, 誤矣.《禮記》“閏月闔門左扉”,《士昏禮》“主婦闔扉”, 豈可“柴門”乎? 梁元帝詩“蠟燭凝花影, 重臺閉綺扉”, 陳後主詩“高樓雲母扇, 複殿琉璃扉”, “扉”之華麗如此.(비扉란 호선戶扇(문짝)이다. 지금 사람들은 어릴 때부터 시를 배우면서 ‘시비柴扉(사립문)’란 말을 많이 보았기 때문에 ‘비扉’를 ‘시문柴門’으로 여기니 잘못이다.《예기》에서 이르기를 “윤달이면 명당문明堂門의 좌측 문을 닫는다.”라고 하였고,《사혼례》에서는 “안주인이 문을 닫다.”라고 하였는데, 어찌 시문柴門이라 할 수 있겠는가? 양원제는 시에서 “촛불 빛은 꽃의 아름다운 그림자를 만들고, 겹친 누대는 화려한 문을 닫고 있다.”라고 하였고, 진陳후주後主의 시에는 “높은 누각에 운모선雲母扇이 있고, 복전複殿(겹친 전각)에는 유리琉璃문이 있다.”라고 하였다. ‘비扉’의 화려함은 이와 같다.)

(6) 麵, 麥末也. 束晳《麵賦》“重羅之麵, 塵飛雪白”是也. 後漸爲食物之名, 陸遊詩“不數狐泉槐葉麵”, 又“新蔬供冷麵”,《齊民要術》“棋子麵”是也. 今華語刀切者曰“切麵”, 榨壓者曰“拉條麵”, 幹者曰“卦麵”. 而今人竟不知“麵”之爲“麥末”也.(면麵은 밀가루이다. 속절束晳의《면부麵賦》에 이르기를 “중라의 밀가루는 가루가 눈처럼 희게 날린다.”라고 하였는데, 여기서 면麵은 바로 밀가루이다. 이후 차차 음식이름으로 변하였는데, 육유陸遊의 시에 “호천괴엽면狐泉槐葉

麵을 더 말할 나위가 없다."라고 하였고, 또 "싱싱한 채소는 냉면에 곁들인다."라고 하였다.《제민요술》에서 "기자면棋子麵"이다. 지금 중국에서는 칼로 썬 것을 '절면切麵'이라 말한다. 그것을 누른 것을 '납조면拉條麵'이라고 말하고, 그것을 말린 것을 '괘면卦麵'이라 한다. 그러나 지금 사람들은 '면麵'이 '밀가루[麥末]'를 말하는 것을 모른다.)

(7) 方言"佛"曰"夫妻". 佛法東來, 在苻堅之時, 則亦無自古流來之方言. 餘嘗疑之, 及見《傳燈錄》, 知左右之佛謂之左右"輔處", 其位亞於中坐之佛. 東僧入唐求法者, 歸而誤傳, 以訛傳訛. "佛"曰"夫妻", "夫妻""輔處", 聲相近也. 今之僧徒, 不知佛有二等, 混之爲一物.(방언에서 '불佛'을 '부처夫妻'라고 말한다. 불법이 우리나라에 전래한 것은 부견苻堅(先秦의 군주)때였으니 반드시 옛날부터 유전된 방언이 있을 리가 없다. 나는 일찍이 이를 이상하다고 여겼으나《전등록》을 보고 나서 좌우의 불佛을 좌우 '보처輔處'라고 말하고 지위는 중좌中坐(중간에 앉힌)의 불佛보다 낮다는 것을 알았다. 우리나라 승려가 당나라에 들어가서 불법을 구하고 돌아와서 잘못 전하여 헛소문이 꼬리를 물고 번져갔다. 불佛을 '부처夫妻'라고 말하고, '夫妻'와 '輔處'는 발음이 비슷하다. 지금의 승려들은 불佛도 차등이 있는 줄 모르고 다 같다고 생각한다.)

조선 후기에 이르러 한자어가 한국어에 들어온 지 이천 년 가까이 되었다. 이 유구한 역사 발전 과정에서 한자어의 어의 변화는 이미 개별적이고 고립된 현상이 아니며 중국어에 상응하는 단어와 뒤얽혀 복잡한 관계를 형성하였는데 이 점은 정약용의《아언각비》와《아언지하》를 통해 알 수 있다. 한자어의 어의 변화는 어의, 문법, 화용에서 일어났으며 이는 민족성의 차이로 인해 나타난 것이다. 언어 중의 어의, 특히 의위義位는 민족성의 특성을 가장 잘 나타낸다. 이런 민족성은 사회, 사유 및 언어 3개의 조건에 의해 결정되므로 일반적으로 친족관계가 없는 두 가지 언어의 단어들 간에 큰 차이가 나타나기도 한다. 중국어와 한국어는 각각 다른 언어 유형에 속하고 단어 간의 차이가 아주 크지만 대량의 한자어의 도입으로 양국 단어 간에 불가분의 친족관계가 형성되었다. 비록 한자어의 어의 변화가 일어났지만 중국인과 한국인은 한자에 대한 같은 이해가 있고 한자는 표의문자이기에 이런 변화는 결국 한자어 자체를 바꾼 것은 아니다. L.R.팔머가 말하듯이 "중국과 이집트에 있어서, 문자는 단지 일종의 형식화·단순화된 도화 계통일 뿐이다. 다시 말하면 시각 부호는 직접적으로 개념을 나타내는 것이지 구두의 단어로 개념을 표현하는 것이 아니다……따라서 한자는 중국의 통용된 유일한 교제 수단이며 바로 이 점 때문에 한자는 중국 문화의 중추라 할 수 있다."[41] 중국에서뿐만 아니라 한국에서도 한자는 오랜 시간동안 유일한 교제 수단이었다. 한자는 중국 문화의 산물로 한자 자체가 명확한 문화 정보를 전달하고 있으며, 한국인들의 한자어 사용은 유구한 역사를 지니고 있어 한자어는 이미 한국인들의 사유에 깊은 영향을 미쳤다. 따라서 한자어의 어의 변화는 한자 어소의 의미와의 관계를 끊을 수 없을 뿐만 아니라 한자어의 형성 원리와도 어긋날 수 없다. 한자의 기본 원칙을 벗어날 수 없다는 것은 마치 손오공이 부처님의 손바닥을 벗어날 수 없는 것과 같다.

2. 한자어의 구조

단어는 외부 형식과 내부 형식으로 구성되어 있는데, 즉 '소지所指'와 '능지能指', '표층구조'와 '심층구조'이다. 유서신劉書新은 단어의 내부 형식은 어의가 맨 처음 형성되었을 때 사물 대상의 특징을 나타내기 위한 형식이며 이는 단어 형식의 제약을 받고 고정된다고 하였

41) 《語言學概論》, 상무인서관, 1983년.

다.[42] '단어의 내부 형식'이란 단어의 뜻으로 이는 단어의 의미를 저장하며 그 의미를 나타낸다. 단어의 내부 형식과 어의 사이에는 복잡한 관련이 있으며 내부 형식은 반드시 일정한 수단을 통해야 어의와 연계될 수 있는데, 연계 수단이 다르고 어의와의 연계 정도도 다르다. 여기서는 단어의 내부 형식과 어의와의 관계에 대해서 많이 논술하고 싶지 않다. 왜냐하면 내부 형식은 어의 형성의 복잡한 과정을 나타내고 있어 명확하게 설명하려면 많은 부분을 할애해야 하기 때문이다. 여기서는 단지 한자어의 형성 원리에 관해서만 언급하고자 한다. 단어의 형성 원리는 민족의 사유형태 및 언어문화 심리와 관련되어 있어, 단어 형성 방식을 고찰하는 것은 한자어가 다른 언어 환경에서의 생존 상태를 파악하는데 도움이 되기 때문이다. 단어의 내부 형식은 어의 자체의 표현 방식으로 객관적으로 단어의 내부에 존재하지만 원리는 어형語形이 어의와 연계되는 원인이므로 단어 내부에 존재하지 않는다. 중국어와 한국어에서 같은 개념을 나타내는 단어가 종종 다른 어소를 선택하는데 이는 아주 흥미로운 현상이며 우리는 이 현상에서 양국 조어 이념의 차이를 알 수 있다. 이런 한자어들이 표현하는 개념에는 변화가 없고 조어법에도 변화가 없다. 변화하는 것은 단지 어소가 되는 한자이다. 바꿔 말하면 표층구조가 어떻게 변하던 심층구조는 중국어의 어휘 형성원리와 규칙의 제약을 받아야 하므로 한자는 단어를 구성하는 어소로서 중요한 역할을 하였다. 왕애록王艾錄과 사부진司富珍은 "언어가 여전히 원시적 어근 단계에 있을 때, 중국어는 서양 언어와 같이 내부 형식이 존재하지 않았지만 중국어는 조자법造字法에서 전력을 다해 내부형식화의 노력을 하였고 이는 회의자會意字에서 두드러지게 나타난다."고 하였다.[43]

42) 《漢語描寫詞彙學》 p.217, 상무인서관, 1990년.
43) 《漢語的詞語理據》 p.130, 상무인서관, 2001년.

이는 또 한 가지의 재미있는 사실로서 중국어 어휘의 청각적 조어 원리를 불분명하게 하고 시각적 조어 원리를 뚜렷하게 했다. 한자가 어소로써 광범위하게 어휘 형성에 참여하고 게다가 한자어는 대부분 고대 문헌을 통해 한반도에 유입됐기 때문에, 한국식 한자어는 상응한 중국 단어와 다르지만 조어 원리가 같고 어휘소 또한 모두 한자이기에 변함없이 어의 정보를 제공할 수 있다. 17세기 후반에 집필된 판소리류 소설《춘향전》은 애틋하고 감동적인 사랑 이야기를 서술하였고 18세기 전후의 사회생활을 반영하였다. 이 책에서는 한국인이 스스로 만든 한자어가 대량으로 나타나는데 예를 들면 道令(도령), 三門(삼문), 妓生(기생), 傳喝(전갈), 長丞(장승), 政丞(정승), 令監(영감), 守廳(수청), 外托(외탁), 外入(외입), 閑良(한량), 簇子(족자), 團束(단속), 景概(경개), 所避(소피), 蔔債(복채), 待令(대령), 人便(인편), 行廊(행랑), 急殺(급살), 體鏡(체경), 册房(책방), 三巨裏(삼거리), 無消息(무소식), 井華水(정화수), 酒案牀(주안상), 一口二言(일구이언), 一夫從事(일부종사), 無男獨女(무남독녀), 月態花容(월태화용), 路柳牆花(노류장화), 百年言約(백년언약), 百年之客(백년지객), 胡奴子息(호노자식), 人命在天(인명재천) 등이다. 이 단어들은 어디선가 본 듯하나 정확하게 어의를 파악하는 것은 쉬운 일이 아니다. 왜냐하면 어의는 절대로 어소의 의미를 간단히 나열한 것이 아니기 때문이다. 따라서 어소간의 배열 및 단어의 내부 형식과 어의의 관계를 고찰해야 한다.

한국어 속의 한자어의 구조를 분석할 때 가장 간편한 방법은 음절 형식에 따라 분류하는 것이다. 한국어 속의 한자어는 단음절어와 다음절어로 나눌 수 있는데 단음절어는 완전히 중국어에서 옮겨온 것으로 대체로 옮겨온 당시의 어의를 유지한다. 예를 들면 國, 鄕, 山, 江, 人, 牛, 房, 樓, 門, 册, 前, 後, 金, 銀, 美 등이 있는데 예가 많기 때문에 일일이 열거할 수 없다. 한국어의 문법 관습에 따르면 단음절 한자어는 모두 명사범주에 속하므로 기능을 바꾸고 다른 품사로 쓰인다면 한자 뒤에 보조동사나 접미사를 덧붙여야하는데 그 예로 '甚하다'·'求하다'·'通하다'·'群하다'·'合하다'·'反하다'·'答하다' 등이 있다. 다음절어는 2음절어를 위주로 하고 그 외에 3음절, 4음절, 5음절의 관용구나 관용형식이 있다. 2음절어는 한국어 한자어의 핵심 부분인데 이는 현대중국어 단어의 음절 형식과 같다. 이해를 돕기 위해 아래에서 2음절어의 구조에 대해 간단하게 분석하였다. 용례는 중국어와 한국어에 공존하는 한자어이다.

주술구조: 家貧, 地動, 國立, 人造, 日出
편정구조: 漢字, 多元, 名人, 蜜月, 未刊
병렬구조: 言語, 選擇, 父母, 命運, 都市
술목구조: 觀光, 避難, 斷罪, 落榜, 關心
술보구조: 買入, 賣出, 說明, 移動, 修正
부가구조: 椅子, 先頭, 可愛, 第一, 所願

그 밖에 3음절 한자어의 예로는 '不得-已', '多-方面', '未-可信', '不動-產', '半病-身', 4음절 한자어의 예는 '觀葉-植物', '非-合理的', '多多-益善', '幾至-死境', '丹筆-定罪', 5음절어 한자어의 예로는 '多讀-多商量', '不當利-得金', '物上-保證人', '觀世音-菩薩', '無過失-責任' 등이 있다.

여기서는 한국어에서 스스로 만든 한자어의 구조에 대해 중점적으로 분석하였으며 그 가운데서 한자어 조어법에서 나타난 일관성을 볼 수 있다. 다음은 현대 한국어에서 여전히 사용하는 스스로 만들어진 한자어의 예이다.

(1) **편정구조**

多幸:

부사어-중심어 구조, 중국어의 대응 단어는 '萬幸'·'有幸'이다.

苦生:

부사어-중심어 구조, 중국어의 대응 단어는 '辛苦'·'辛勞'이다.

拉致:

부사어-중심어 구조, 중국어의 대응 단어는 '綁架'이다.

都賣:

부사어-중심어 구조, 중국어의 대응 단어는 '批發'이다.

小賣:

부사어-중심어 구조, 중국어의 대응 단어는 '零售'이다.

寄附:

부사어-중심어 구조, 중국어의 대응 단어는 '捐贈'이다.

繼走:

부사어-중심어 구조, 중국어의 대응 단어는 '接力賽'이다.

密輸入:

부사어-중심어 구조, 중국어의 대응 단어는 '走私'이다.

籠球:

수식어-중심어 구조, 중국어의 대응 단어는 '籃球'이다.

寢臺:

수식어-중심어 구조, 중국어의 대응 단어는 '牀'이다.

溫突:

수식어-중심어 구조, 중국어의 대응 단어는 '地炕'·'地熱'이다.

掌甲:

수식어-중심어 구조, 중국어의 대응 단어는 '手套'이다.

封套:

수식어-중심어 구조, 중국어의 대응 단어는 '信封'이다.

陶瓷器:

수식어-중심어 구조, 중국어의 대응 단어는 '陶器'이다.

中古品:

수식어-중심어 구조, 중국어의 대응 단어는 '二手貨'이다.

性戱擾 :

수식어-중심어 구조, 중국어의 대응 단어는 '性騷擾'이다.

派出婦 :

수식어-중심어 구조, 중국어의 대응 단어는 '鍾點工'이다.

(2) **주술구조**

天動 :

주술구조, 중국어의 대응 단어는 '雷'이다.

地動 :

주술구조, 중국어의 대응 단어는 '地震'이다.

(3) **술목구조**

求景 :

술목구조, 중국어의 대응 단어는 '觀光'·'遊覽'이다.

感氣 :

술목구조, 중국어의 대응 단어는 '感冒'이다.

罷業 :

술목구조, 중국어의 대응 단어는 '罷工'이다.

閉業 :

술목구조, 중국어의 대응 단어는 '破産'이다.

惹端 :

술목구조, 중국어의 대응 단어는 '出事'·'責罵'이다.

(4) **병렬구조**

飯饌 :

한식 반찬이다. 병렬구조, 중국어의 대응 단어는 '小菜'이다.

賃貸 :

병렬구조, 중국어의 대응 단어는 '出租'이다.

(5) **술보구조**

引上 :

술보구조, 중국어의 대응 단어는 '漲價'이다.

賣出 :

술보구조, 중국어의 대응 단어는 '營銷'이다.

(6) **파생구조**

視聽者 :

파생구조, 중국어의 대응 단어는 '電視觀眾'이다.

先頭 :

파생구조, 중국어의 대응 단어는 '領先'이다.

현대 한국어의 한자어는 대체로 중국 고대의 서면어 자료에서 유입되었으며 그 중의 다수가 현재까지 계속 사용되어 왔다. 그러나 현대 중국어에는 새로운 단어로 대체되었기 때문에 같은 개념에 다른 단어 형식이 나타나게 되었다. 예는 다음과 같다.

(1) **편정구조**

罪悚 :

부사어-중심어 구조, 중국어의 대응 단어는 '抱歉' · '對不起'이다.

獨佔 :

부사어-중심어 구조, 중국어의 대응 단어는 '壟斷'이다.

小憩 :

부사어-중심어 구조, 중국어의 대응 단어는 '休息'이다.

勿論 :

부사어-중심어 구조, 중국어의 대응 단어는 '當然'이다.

民願 :

수식어-중심어 구조, 중국어의 대응 단어는 '民意'이다.

頂上 :

수식어-중심어 구조, 중국어의 대응 단어는 '高峰' · '高端' 등이다. 예를 들어 '頂上會談' · '頂上訪問'은 중국어의 '高峰會談' · '高端訪問'이다.

波紋 :

수식어-중심어 구조, 중국어의 대응 단어는 '風波'이다.

예를 들면 한국어의 '政治波紋'은 중국어의 '政治風波'이다.

水准 :

수식어-중심어 구조, 중국어의 대응 단어는 '水平'이다.

情報] :

수식어-중심어 구조, IT용어로 중국어의 대응 단어는 '信息'이다.

危樓 :

수식어-중심어 구조, 중국어의 대응 단어는 '高樓'이다.

弄談 :

수식어-중심어 구조, 중국어의 대응 단어는 '玩笑'이다.

念外 :

수식어-중심어 구조, 중국어의 대응 단어는 '意外'이다.

念間 :

수식어-중심어 구조, '念'는 '廿'인데 중국어의 대응 어구는 '二十天中'·'二十天左右'이다.

賞金 :

수식어-중심어 구조, 중국어의 대응 단어는 '獎金'이다.

貰物 :

수식어-중심어 구조, 중국어의 대응 단어는 '出租品'이다.

欲心 :

수식어-중심어 구조, 중국어의 대응 단어는 '欲望'이다.

化妝室 :

수식어-중심어 구조, 중국어의 대응 단어는 '衛生間'이다.

未亡人 :

수식어-중심어 구조, 중국어의 대응 단어는 '寡婦'·'喪偶者'이다.

土臺 :

수식어-중심어 구조, 중국어의 대응 단어는 '基礎'이다.

(2) 주술구조

家貧 :

주술구조, 중국어의 대응 단어는 '家庭貧困'이다.

日沒 :

주술구조, 중국어의 대응 단어는 '日落'이다.

(3) 술목구조

按酒 :

술목구조, 현대 중국어에서 대응하는 단어는 '下酒菜'이다.

授業 :

술목구조, 중국어의 대응 단어는 '上課'·'講課'이다.

代身 :

술목구조, 중국어의 대응 단어는 '代替'이다.

無勝負 :

술목구조, 중국어의 대응 단어는 '平局'이다.

蹴球 :

술목구조, 중국어의 대응 단어는 '足球'이다.

總角 :

술목구조, 고대 중국어에서는 미성년자를 가리키는데 현대 한국어에서는 미혼 청년을 가리키고 현대 중국어의 대응 단어는 '小夥子'이다.

省墓 :

술목구조, 중국어의 대응 단어는 '掃墓'이다.

觀光 :

술목구조, 중국어의 대응 단어는 '旅遊'이다.

(4) 병렬구조

等次 :

병렬구조, 중국어의 대응 단어는 '等級'·'檔次'이다.

親舊 :

병렬구조, 중국어의 대응 단어는 '朋友'이다.

淈沒 :

병렬구조, 중국어의 대응 단어는 '沉浸'이다.

須髥 :

병렬구조, 중국어의 대응 단어는 '胡子'·'胡須'이다.

介入 :

병렬구조, IT용어로 중국어의 대응 단어는 '接入'이다.

處分 :

병렬구조, 중국어의 대응 단어는 '處理'이다.

滅殺 :

병렬구조, 중국어의 대응 단어는 '消滅'이다.

但祗 :

병렬구조, 중국어의 대응 단어는 '祗是'·'僅僅'이다.

降服 :

병렬구조, 중국어의 대응 단어는 '認輸'이다.

滿足 :

병렬구조, 중국어의 대응 단어는 '滿意'이다.

(5) 피동구조

見奪 :

피동구조, 중국어의 대응 단어는 '被搶'이다.

被侵 :

병렬구조, 중국어의 대응 단어는 '受到侵害'이다.

(6) 기타

麒麟 :

연면사, 중국어의 대응 단어는 '長頸鹿'이다.

所願 :

《馬氏文通》에서는 목적어가 앞에 놓이는 동빈구조로 본다.
중국어의 대응 단어는 '願望'이다.

앞에서 언급했듯이, 한국·중국·일본 세 나라의 한자어에서 일부는 일본과 한국이 같고 중국과 다른 것들이 있는데 이 단어들 역시 중국과 다른 단어 형식을 이루고 있다. 그 예는 다음과 같다.

(1) **편정구조**

案內 :

수식어-중심어 구조, 중국어의 대응 단어는 '嚮導'·'導遊'이다.

人氣 :

수식어-중심어 구조, 중국어의 대응 단어는'知名'·'受歡迎'이다.

株式 :

수식어-중심어 구조, 중국어의 대응 단어는 '股票'·'股份'이다.

月給 :

수식어-중심어 구조, 중국어의 대응 단어는 '月薪'이다.

映畫 :

수식어-중심어 구조, 중국어의 대응 단어는 '電影'이다.

運動場 :

수식어-중심어 구조, 중국어의 대응 단어는 '操場'이다.

郵便 :

수식어-중심어 구조, 중국어의 대응 단어는 '郵政'·'信件'이다.

外貨 :

수식어-중심어 구조, 중국어의 대응 단어는 '外滙'이다.

外務 :

수식어-중심어 구조, 중국어의 대응 단어는 '外交'이다.

看護婦 :

수식어-중심어 구조, 중국어의 대응 단어는 '護士'이다.

應急室 :

수식어-중심어 구조, 중국어의 대응 단어는 '急診室'이다.

障礙人 :

수식어-중심어 구조, 중국어의 대응 단어는 '殘疾人'이다.

洗濯機 :

수식어-중심어 구조, 중국어의 대응 단어는 '洗衣機'이다.

地下鐵 :

수식어-중심어 구조, 중국어의 대응 단어는 '地鐵'이다.

大統領 :

수식어-중심어 구조, 중국어의 대응 단어는 '總統'이다.

昨年 :

수식어-중심어 구조, 중국어의 대응 단어는 '去年'이다.

改少年 :

수식어-중심어 구조, 중국어의 대응 어구는 '悔過自新的少年'이다.

石炭 :

수식어-중심어 구조, 중국어의 대응 단어는 '煤炭'이다.

自動車 :

수식어-중심어 구조, 중국어의 대응 단어는 '汽車'이다.

非行 :

수식어-중심어 구조, 중국어의 대응 단어는 '胡作非爲'·'不良'이다.

野球 :

수식어-중심어 구조, 중국어의 대응 단어는 '棒球'이다.

貴下 :

수식어-중심어 구조, 중국어의 대응 단어는 '足下'이다.

見本 :

수식어-중심어 구조, 중국어의 대응 단어는 '樣品'이다.

待合室 :

수식어-중심어 구조, 중국어의 대응 단어는 '接待室'·'會見室'이다.

白鳥 :

수식어-중심어 구조, 중국어의 대응 단어는 '天鵝'이다.

笑劇 :

수식어-중심어 구조, 중국어의 대응 단어는 '喜劇'이다.

複寫 :

부사어-중심어 구조, 중국어의 대응 단어는 '複印'이다.

都合 :

부사어-중심어 구조, 중국어의 대응 단어는 '總計'·'一共'이다.

受動 :

부사어-중심어 구조, 중국어의 대응 단어는 '被動'이다.

割引 :

스스로 만든 단어, 부사어-중심어 구조, 중국어의 대응 단어는 '降價'·'折扣'이다.

生放送 :

부사어-중심어 구조, 중국어의 대응 단어는 '現場直播'이다.

主催 :

부사어-중심어 구조, 중국어의 대응 단어는 '主辦'·'擧辦'이다.

配達 :

부사어-중심어 구조, 중국어의 대응 단어는 '配送'·'送外賣'이다.

遠寫 :

부사어-중심어 구조, 중국어의 대응 단어는 '遠景'이다.

(2) 술목구조

賀正 :

술목구조, 중국어의 대응 어구는 '恭賀新年'·'祝賀新年'이다.

放課 :

술목구조, 중국어의 대응 단어는 '下課'·'課餘'이다.

寫真 :

술목구조, 중국어의 대응 단어는 '照相'이다.

卒業 :

술목구조, 중국어의 대응 단어는 '畢業'이다.

奉仕 :

술목구조, 중국어의 대응 단어는 '義務'·'志願'이다.

決死 :

술목구조, 중국어의 대응 단어는 '誓死'·'拼死'이다.

終講 :

술목구조, 중국어의 대응 어구는 '課程結束'·'結課'이다.

容疑 :

술목구조, 중국어의 대응 단어는'嫌疑'이다.

調印 :

술목구조, 중국어의 대응 단어는 '簽署'·'簽約'이다.

貯金 :

술목구조, 중국어의 대응 단어는 '儲蓄'·'存款'이다.

分野 :

술목구조, 중국어의 대응 단어는 '領域'이다.

(3) **병렬구조**

取給 :

병렬구조, 중국어의 대응 단어는 '辦理'·'處理'이다.

會社 :

병렬구조, 중국어의 대응 단어는 '公司'이다.

受容 :

병렬구조, 중국어의 대응 단어는 '接受'·'容納'이다.

走行 :

병렬구조, 중국어의 대응 단어는 '運行'이다.

修煉 :

병렬구조, 중국어의 대응 단어는 '訓練'이다.

福祉 :

병렬구조, 중국어의 대응 단어는 '福利'이다.

完了 :

병렬구조, 중국어의 대응 단어는 '完畢'·'結束'이다.

領受 :

병렬구조, 중국어의 대응 단어는 '領取'이다.

利子 :

병렬구조, 중국어의 대응 단어는 '利息'이다.

(4) **주술구조**

下剋上 :

주술구조, 중국어의 대응 단어는 '以下犯上'·'尾大不掉'이다.

(5) **술보구조**

修了 :

술보구조, 중국어의 대응 단어는 '結業' 이다.

한국어 속에서 일부 한자어는 병렬구조인데 어순은 중국어와 반대이다. 어순이 다른 단어들의 형성 원인은 비교적 복잡하다. 한국어 속 한자어의 일부는 중국의 고대 문헌에서 유입되어 지금까지 사용돼 왔지만 현대 중국어에서는 변화하였다. 예를 들어 '紹介'는《전국책戰國策·조책삼趙策三》의 "勝請爲紹介而見之於將軍"에서 나왔는데 현대 중국어에서는 '介紹'로 바뀌었다. 어떤 것들은 일본어에서 나왔다. 예를 들어 '療治'는 5·4운동 전후 아주 유행하였지만 현대 중국어에서는 '治療'로 뒤바뀠다. 일부는 한국인이 스스로 만든 것으로 예를 들어 중국어의 '跳高'는 한국어에서는 '高跳'이다. 다음은 관련된 예이다.

齒牙 —— 牙齒	生誕 —— 誕生
運命 —— 命運	尿檢 —— 檢尿
慰安 —— 安慰	運搬 —— 搬運
奸通 —— 通奸	食糧 —— 糧食
平和 —— 和平	銳敏 —— 敏銳
差出 —— 出差	慣習 —— 習慣
兒孩 —— 孩兒	制限 —— 限制
限界 —— 界限	探偵 —— 偵探
抑壓 —— 壓抑	論議 —— 討論
聯關 —— 關聯	利權 —— 權利
困窮 —— 窮困	段階 —— 階段
促急 —— 急促	切迫 —— 迫切
位牌 —— 牌位	替代 —— 代替
榮光 —— 光榮	識見 —— 見識
付託 —— 托付	留保 —— 保留
誘引 —— 引誘	行進曲 —— 進行曲
氛圍氣 —— 氣氛	羅針盤 —— 羅盤針

이 외에, 한국어에서 중국어와 형태는 다르지만 뜻은 같은 한자어들도 많다. '이형동의異形同意'란 것은 단어 형태가 다르지만 뜻은 같다는 것이다. 이런 현상이 형성된 원인은 앞에서 서술한 바와 같으며 주로 조어 근거에서의 차이 및 유래가 다르기 때문이다. 이런 한자어들의 짜임새를 명확하게 알아보기 위해 다음과 같이 도표로 나타내었다.

1) 중국어 A+B, 한국어 C+D

중국어	한국어	중국어	한국어	중국어	한국어
公司	會社	上班	出勤	下班	退勤
地址	住所	存款	五金	機場	空港
上課	授業	停課	休講	免費	無料
上吾	吾前	下吾	吾後	明天	來日
招牌	看板	鍾表	時計	本子	空冊
樓梯	階段	客滿	滿員	丈夫	男便
照片	寫真	坐塾	方席	晩報	夕刊
搬家	移捨	回信	答狀	捐款	獻金
信息	情報	擔心	念慮	小攤	路店
簽約	調印	玩偶(娃娃)	人形	二手	中古

2) 중국어 A+B, 한국어 A+C

중국어	한국어	중국어	한국어	중국어	한국어
醫生	醫員	家務	家事	新娘	新婦
參加	參席	修改	修正	代替	代身
居住	居處	謝罪	謝過	表達	表現
到達	到著	答謝	答禮	見習	見學
同歲	同甲	留神	留念	滿分	滿點

3) 중국어 A+B, 한국어 C+B

중국어	한국어	중국어	한국어	중국어	한국어
足球	蹴球	棒球	野球	畢業	卒業
收信	受信	禮物	膳物	天氣	日氣
提問	質問	拜托	付托	門衛	守衛
醫院	病院	相當	該當	優點	長點
出院	退院	居民	住民	遊泳	水泳

4) 중국어 A+B, 한국어 C+A

중국어	한국어	중국어	한국어	중국어	한국어
面具	假面	號碼	番號	檢查	點檢
出口	輸出	損壞	破損	襪子	洋襪
護理	看護	面臨	當面	拜年	歲拜

5) 중국어 A+B, 한국어 B+C

중국어	한국어	중국어	한국어	중국어	한국어
孩子	子息	受苦	苦生	考試	試驗
申請	請求	兌換	換錢	開始	始作
安慰	慰勞	信封	封套	分配	配置

6) 중국어 A+B, 한국어 A+C+B 혹은 C+A+B

중국어	한국어	중국어	한국어	중국어	한국어
兒科	小兒科	地鐵	地下鐵	飛機	飛行機
刊物	刊行物	宿舍	寄宿舍	新生	新入生
食物	飮食物	專家	專門家	血型	血液型

한국어 속 한자어의 짜임새에 대한 분석은 2음절 한자어가 대부분

이기 때문에 2음절어를 위주로 하였다. 그 외에, 한국어에서는 일정 수량의 3음절, 4음절 심지어 5음절의 한자어도 있는데 , 예를 들면 3음절의 '未亡人'·'無作爲'·'懷古談'·'公主病' 등, 4음절의 '關係改善'·'傷人害物'·'不正處分'·'頂上會談' 등, 5음절의 '不當利得金'·'愛情缺乏症'·'書籍都賣商'·'民主會議黨' 등이 있다.

그 밖에, 한자는 어소-표의문자語素-表詞文字이므로 조어력이 강하고 조어 방법도 간편하여 한자 어소를 일정한 순서로 배열하면 하나의 새로운 단어가 만들어진다. 한국인들은 이 점을 잘 알기에 한자 어소로 많은 '한국풍'의 한자어를 만들어냈다, 예를 들면 多—多收獲(다수확)·多目的(다목적), 大—大記者(대기자)·大成功(대성공), 今—今月(금일)·今周(금주), 假—假契約(가계약)·假建築(가건축), 過—過消費(과소비)·過積載(과적), 猛—猛攻擊(맹공격)·猛活躍(맹활약), 要—要注意(요주의)·要视察人(감시하여야 할 사람), 助—助教授(조교수)·助監督(조감독), 愛—母性愛(모성애)·人類愛(인류애), 體—健康體(건강체)·企業體(기업체), 陣—醫療陣(의료진)·幹部陣(간부진) 등이 있다.

복합어 외에 한국어는 어근에 어미를 덧붙이는 파생어도 받아들였다, 그 예로는 帽子(모자), 調子(의견), 卓子(탁자), 牌子(상표), 骰子(주사위), 扇子(부채), 餃子(교자), 孫子(손자), 後頭(뒤), 渾然(혼연·완전히), 忽地(갑자기) 등이 있다. 한국인들의 인식에서는 이런 파생어들은 복합어와 구조상 차이가 없으며 그들은 모두 개념을 나타내는 하나의 의미 단위로써 더 이상 문법 구조의 분석이 필요 없다고 간주한다.

총괄적으로 말하면, 한국 한자어는 유래가 다르지만 짜임새에는 뚜렷한 변화가 없기에 여전히 문법적 조어 범주에 속한다. 대부분의 동형어('동형어'란 중국어와 한국어에서 같은 한자 어소로, 같은 순서로 배열하고 중국어와 한국어의 독음에 부합하는 단어들이다[44]) 외에 짜임새가 불분명한 단어들이 일부 있는데 어떤 것들은 음독이고(예 : 大樸花), 어떤 것들은 훈독이다(예 : 竹栗膠). 이는 주로 동북아 삼국이 한자·한문에 대해 같은 이해가 있기 때문에 단어를 만들 때 같은 조어원리에 의거하고 같은 조어법을 택했기 때문이라 할 수 있다.

3. 한자어의 어의

중국어와 한국어에 있는 한자어의 형식은 대략 두 가지 부류로 나눌 수 있는데 하나는 동형어同形語이고 하나는 이형어異形語이다. 그 중 동형어가 대부분이고 이형어는 소수이다. 일부 학자들의 표본조사에 따르면 한국어와 중국어의 동형어는 전체 한자어의 62%이다.[45]) 이 두 종류의 한자어를 비교해 보면 이형어의 어형과 어의의 관계는 비교적 단순하고, 동형어의 어형과 어의의 관계는 비교적 복잡하다. 어의에 있어서 이형어는 중국어와 교차된 부분이 없기에 비교 연구할 가치가 거의 없으나 동형어는 그렇지 않다. 중국어와 비교하면 어떤 의미항은 같고 어떤 의미항은 다르며 또 교차된 것들이 있어 중국어와 한국어의 동형어 어의 관계를 정리하는 것은 한자어의 다른 언어 환경 속 생존상태 파악과 더 나아가 사용 중 반영된 민족문화 심리 해석에 도움이 된다. 이득춘은 중국어와 한국어의 동형어는 어의 관계에서 동형동의同形同義, 동형이의同形異義와 부분이의部分的異義 세 가지로 나눌 수 있다고 지적하였다.[46]) 이득춘의 분류는 실질적으로 비교언어학의 대응어·비대응어와 불완전대응어 개념

44) 이득춘(李得春)《韓文與中國音韻)》 p.223, 흑룡강조선족출판사, 1998년.
45) 전향란(全香蘭)〈漢韓同形詞偏誤分析〉, 《漢語學習》, 2004년 3期.
46) 《韓文與中國音韻》, 제3장 〈韓語中的漢字詞〉.

이다. '대응어'란 두 종류의 언어에서 같은 개념을 나타내는 단어를 가리키고, '비대응어'는 하나의 언어에서는 존재하지만 다른 언어에서 대응하는 개념이 없을 뿐만 아니라 대응하는 사물의 단어도 없는 것이다. '불완전대응어'는 두 가지의 언어에서 개념적 의미는 대응하지만 내포적 의미는 대응하지 않거나 완전히 대응하지 않은 단어를 가리킨다. 비교언어학의 이런 분류는 한국어의 한자어를 분석하는데 적합하지 않다. 왜냐하면 서로 다른 언어 간의 단어 비교는 '소지所指'와 '능지能指' 두 방면과 관련되어 있는데, 한국어 한자어의 '능지'(소리)는 이미 고정되어 분류는 '소지'(개념)에 착안할 수밖에 없다. 장기간 한자어를 사용하는 과정에서 절반에 가까운 한자어의 의미는 변화하였는데, 이런 단어들은 원래의 형태를 유지하고 있지만 어의는 어느 정도의 변화가 있었다. 바꾸어 말하자면 그들은 '능지'에서 중국어와 대응 관계를 유지하지만 '소지'에서는 어긋났다는 것이다. 맹주억孟柱億은 이런 한자어들을 '박쥐단어蝙蝠詞'라고 부른다.

1) 동형동의同形同義

'동형동의'는 단어의 형태가 같고 의미도 같은 것이다. 이런 한자어들은 동형어에서 다수를 차지한다. 최봉춘崔奉春의 《朝漢詞彙對比》(연변대학출판사, 1983년)에 따르면, 5,447개의 한자 상용 어휘에서 동형동의에 속하는 단어는 2,291개이고 55%를 차지한다. 비교 자료가 조선어이기 때문에 한국어와 조금 차이가 날 수 있어 데이터는 참고로 제공한다. 이런 단어들의 유래를 얘기하자면 하나는 중국 고대의 문헌이고 하나는 일본 근대의 문헌이다. 전자는 중국어 단어들과 '동형동의同形同意' 관계를 이루고 후자는 중국어·일본어와 '동형동의' 관계를 이루고 있다. 단음절 혹은 다음절 '동형동의' 단어들의 수량이 많아 책 뒷 부분에 '한국어 상용 한자어 표'를 덧붙여 참고로 제공하였으므로 여기서는 열거하지 않겠다.

'동형동의' 한자어에는 사자성어가 상당부분 있는데 예를 들면 다음과 같다.

> 百發百中, 醉生夢死, 改過遷善, 千方百計, 不義之財, 無人之境, 一望無際, 不問曲直, 赤手空拳, 送舊迎新, 一目了然, 似夢非夢, 變化無常, 富貴榮華, 富國強兵, 不共戴天, 山珍海味, 三三五五, 連戰連勝, 溫故知新, 郁郁蒼蒼, 吟風弄月, 仁者樂山, 智者樂水, 人之常情, 一敗涂地, 日就月將, 立身揚名, 長生不死, 自暴自棄, 長幼有序, 切磋琢磨, 晝耕夜讀, 千差萬別, 晴天霹靂, 徹頭徹尾, 秋風落葉, 豪言壯語, 喜怒哀樂, 人一己百, 人百幾千.

한국어에는 또한 대량의 한자 속담이 있는데 '한역 속담'으로 불린다. 속담은 숙어의 일종으로 단어의 고정된 조합이며 어휘론의 연구 대상에 속한다. 이런 한역 속담들은 근대 조선 시기에서 아주 성행하였는데, 이 시기 문인들의 저서에 많이 수록되었으며 수록자의 대부분은 당시 명성이 대단한 실학자들이다. 한역 속담은 생동적으로 한민족의 사유형태와 행위방식, 그리고 민족적 특색을 띠는 풍속습관·제도와 신앙·생활경험을 나타내고 있으며 평민사상의 발흥을 반영하고 있다. 박영섭의 통계에 따르면《순오지旬五志》·《열상방언洌上方言》·《이담속찬耳談續纂》·《송남잡식松南雜識》·《동언해7》·《동한역어7》 등 속담집에는 모두 속담 1,096개를 수록되어 있으며 그 중 '서기식7' 표기는 174개이고 '한어식7' 표기는 922개이다. 다음 예문 몇 개를 살펴보자(괄호 안은 대체로 대응하는 중국어 숙어이다).

> 失馬治廐(亡羊補牢)·惡狗無完鼻(兩敗俱傷)·膚不毁, 虎難制(捨不得孩子套不著狼)·龜背上刮毛(鐵公雞一毛不拔)·見蚊拔劍(高射炮打蚊子)·烏飛梨落(無巧不成書)·雖小唯椒(有志不在年高)·俎上肉, 不畏刀(死豬

不怕開水燙)·啖梨之美兼以濯齒(一擧兩得)·婦老爲姑(多年的媳婦熬成婆)·針盜牛盜(小時偷針, 長大偷金)·我腹旣飽, 不察奴饑(各人自掃門前雪, 休管他人瓦上霜)·獨掌難鳴(一個巴掌打不響)·夫婦戰, 刀割水(天上下雨地上流, 小兩口打架不記仇)·突不燃, 不生煙(無風不起浪)·矢落處立的(事後諸葛亮)·以鎌遮眼(刀尖上舔血)·婦無可短, 踵如雞卵(雞蛋裏挑骨頭)

이런 한역 속담의 문장은 중국어 속담과 다르지만 우리가 그 속뜻을 이해하는데 전혀 영향을 주지 않는다. 속담은 민족성을 가장 풍부하게 띠고 있으므로, 같은 뜻이지만 서로 다른 민족에서 종종 다른 표현 방식으로 나타나며 한역 속담이 바로 이런 특징을 드러낸다. 상술한 한국 속담을 중국 속담과 비교해 보면 심층 구조가 같을 뿐만 아니라 표층 구조도 역시 중국식 표현으로, 형식은 다르지만 뜻은 같아 이해하는데 문제가 되지 않는다.

2) 동형이의同形異義

'동형이의'는 단어의 형태는 같지만 뜻은 다른 것을 가리킨다. 이런 단어들은 한국어 동형어에서 비율이 높지 않다. 이런 현상이 나타나는 이유는 다음 몇 가지이다. 첫째, 어소의 뜻이 다르기 때문이다. 중국어에는 수천 개의 어소가 있어 아주 많은 단어를 구성하였다. 중국어와 한국어에 있는 한자어는 대부분 2음절 합성어이므로 두 개의 단음절어로 구성되어 있지만 단음절어는 다의적 특징을 가지고 있다. 그러므로 어소 의미의 선택에 따라 '동형이의' 현상이 나타났다. 예를 들어 '過年'이란 말은 중국어에서 '구정을 쇠다'는 뜻이지만 한국어에서는 '주로 여자의 나이가 보통 혼인할 시기를 지난 상태에 있음'을 나타내는데 예로는 '과년한 처녀'가 있다. 그것은 중국어의 '過年'에서 '過'는 '(시간)을 보내다, 지내다'는 뜻이고 '年'은 '설'의 뜻이지만 한국어의 '過年'에서 '過'는 '초과'의 뜻이고 '年'은 '나이'의 뜻이기 때문이다. 다른 예로 '病故'란 단어는 중국어에서 '병으로 사망하다'는 뜻으로 '故'는 '사망하다'는 뜻인데, 한국어에서는 '병 때문에'의 뜻으로 '故'는 '연고'의 뜻이다. 둘째, 조어 원리가 다르기 때문이다. 서로 다른 조어원리와 규칙은 단어 내부 형식의 차이를 형성하는 하나의 주요 원인이다, 예를 들어 중국어의 '白糖'은 한국어에서 '雪糖'으로 불리는데 전자는 묘사법, 후자는 은유법을 택하였다. 비록 중국인과 한국인이 어소를 표기하는 한자에 대해 같은 이해를 가지고 있지만, 조어원리가 다르기 때문에 이해상의 차이가 나타날 수 있다. 예를 들면 '藥水'란 단어는 중국어에서 '액상 약물'을 가리키고 한국어에서는 '광천수'를 가리키는데, 이는 한국인들은 광천수도 약효가 있다고 생각하기 때문이다. 또 하나의 예로 '汽車'는 중국어에서나 한국어에서나 모두 일종의 동력 엔진 차량을 가리키지만, 중국어의 조어원리는 '휘발유를 연료로 삼는 차'이고 한국어의 조어원리는 '수증기를 동력으로 삼는 차'이다. 또 하나의 예로, '亡羊補牢'란 성어는 《전국책戰國策·초책사楚策四》에서 유래되었고, 뜻은 양을 잃은 후에라도 서둘러 울타리를 수리하면 그래도 늦은 편은 아니라는 것이다. 중국어에서는 손실을 입거나 문제가 발생한 후에 서둘러 보완하여 유사한 상황이 재차 발생하지 않도록 한다는 뜻을 비유하는 반면 한국어에서는 손실을 입고 나서 조취를 취하면 이미 늦다는 뜻을 비유한다. 중국어의 조어원리는 사후 보완에 착안하고 한국어의 조어원리는 이미 손실이 발생하였다는 점에 착안하는 것이다. 셋째, 어의 근거가 다르기 때문이다. 이런 동형어는 대부분 중국 고대에서 형성되어 서로 다른 언어 환경에서 변화가 일어났으며 일부는 중국어에서 옛 의미를 계속 사용해왔지만 한국어에서 새로운 뜻이 나타난 것인데, 예를 들면 '總角'이란 단어는 중국어에서 '아동'을 가리키나 한국어에서는 '젊은이'·'청년'을 가리킨다. 다른 예로 '白丁'은 중국어에서 '학식이 없는 자'를 일컫는데 한국어에서는 '도축업자'를 가리키고 '人間白丁'은 '도살자'를 가리킨다. 일부는 한국어에서 옛 의미를 사용하는데 중국어에서 새로운 뜻이 생긴 것이다. 예를 들면 '饅頭' 는 한국어에서 '교자 종류의 속이 있는 밀가루 식품'을 가리키는 반면 중국어에서는 '속이 없는 찜 종류의 밀가루 식품'을 가리킨다. 다른 예로 '先輩'·'後輩'는 현대 중국어에서 여전히 옛 의미로 쓰여 나이나 항렬이 다른 세대를 가리키는데 한국어에서는 나이가 다르거나 경력이 다른 사람을 가리킨다, 예를 들어 학교에서의 고학년 학생과 저학년 학생, 군대에서의 신병과 고참 병사 등이다. 또 일부는 양쪽 다 변했지만 동시에 변화가 발생하지 않은 것인데, 예를 들면 '功夫' 란 단어는 원래 '재능'·'소양'을 가리키고 '한가한 시간'도 가리켰는데, 현대 중국어에서는 '시간'을 가리키고 현대 한국어에서는 '공부'를 가리킨다. 넷째, 문화 배경이 다르기 때문이다. 한자어는 서로 다른 생존 환경에서 필연적으로 서로 다른 문화적 요소를 지니고, 사용하는 과정에서 서로 다른 인식을 나타낸 것인데, 예를 들면 '有權者'란 단어는 중국어에서 '권력을 가지고 있는 사람'을 가리켜 일반적으로 '관원'을 가리키지만 한국어에서는 '선거권이 있는 사람', 즉 '선거인'을 가리킨다. 또 '高等學校'는 중국어에서 '대학교'를 나타내지만 한국어에서는 '고등학교'를 나타내는데, 이것은 초등, 중등과 고등 세 등급의 학교 분류에 있어서 중국어의 '中等學校'는 중학교와 고등학교를 포함하였고 한국어의 '中等學校'는 중학교만 가리키기 때문이다.

다음은 동형이의어의 예시이다.

人事: 맨 처음에는 '인간 세상의 만사'를 가리켰는데, 예를 들면

《사기史記·태사공자서太史公自序》에서 "공자께서 춘추를 지으신 것은 위로는 삼왕의 도를 밝히고, 아래로는 인간사의 기강을 논하여(夫《春秋》, 上明三王之道, 下辨人事之紀)"라 하였다. 그 후로 '통사정하다'와 '부탁하다'란 뜻으로 인신되어 일상 교제에서 사용한다. 현대 중국어에서 '人事'는 주로 직원들에 대한 인사관리의 뜻을 가리키는데 한국어에서는 '인사하다' 와 '문안드리다'를 가리킨다.

本家 : 처음에는 '친정'을 가리켰는데, 예를 들면《후한서後漢書·왕창전王暢傳》에서는 "자식이 없는 사람은 친정으로 돌아가기를 원했다(其無子者願還本家)"라고 하였다. 송원 시기에서는 '고향'과 '본적'의 뜻인데, 예를 들면 〈폄황주貶黃州〉에서는 "양 태수는 역심을 품고 결당하여 시기하고 선한 사람을 해치고 관직이 박탈되어 고향에 돌아간 사람들을…(楊太守懷奸結黨, 妒賢戕善, 削去官職, 本家爲民者)"라고 하였다. 현대 중국어에서는 '같은 종족의 사람'을 가리키지만 현대 한국어에서는 여전히 '친정'을 가리킨다. '本家'의 원래의 뜻은 '고향', '본관'이다.

召喚 : '召'는 '喚'의 뜻도 있는데 예를 들면《시경詩經·소아小雅·출거出車》에서는 "마부를 불러 운전하라 이르고(召彼僕夫, 謂之載矣)"라 하였다. 따라서 현대 중국어에서 '召喚'은 '부르다'는 뜻이고 현대 한국어에서는 '소환'의 뜻으로 법률 용어이다.

工夫 : 원래 '공사와 노동 인력'을 가리키고 중고 시기에서 인신되어 '재능', '소양'을 의미하였는데, 예를 들면 당대 한악韓偓의 〈상산도중商山道中〉에서 "왕년에 곱게 꾸민 그림만을 봤던 것을 문득 생각해보니 명화에 깊은 조예가 담겨 있다는 것을 깨달았다(卻憶往年看粉本, 始知名畫有工夫)"라고 하였다. 또 '한가한 시간'을 가리켰는데, 예를 들면 송대 여남공의 〈봉기자발奉寄子發〉에서 "능력과 지혜는 하늘을 따라 움직이니 하늘과 경쟁할 시간이 없다(能物智慮隨天轉, 未有工夫與天爭)"라고 하였다. 이 두 개의 의미항은 중국어에서 지금까지 사용해 왔으나 한국어에서는 '공부'를 의미한다.

人間 : 본래의 뜻은 '인간 세상', '세상'을 가리켰는데, 예를 들면《한

비자韓非子·해로解老》에서 "미치는 것은 인간 세상 법령의 화를 면하게 할 수 없다(狂則不能免人間法令之禍)"라고 하였다. 현대 중국어에서는 여전히 이 뜻으로 사용하나 한국어에서는 인신되어 '사람'·'인류'를 가리킨다.

檢討 : 본래의 뜻은 '검사'·'정리하다'란 뜻이었는데, 예를 들면 당대 백거이白居易의 〈여원구서與元九書〉에서는 "나는 몇 달 동안 책장을 정리하며 새로운 시와 옛 시를 각 각 분류했다(僕數月來, 檢討囊袠中, 得新舊詩, 各以分類)"라고 하였다. '검사하다'의 뜻은 현대 한국어에서 여전히 사용하고 있으며 '검토하다'의 뜻도 생겨났으나 중국어에서는 '잘못에 대해 반성하고 그 근원을 찾아내다'는 뜻이고 '檢査'란 단어에도 비슷한 인신용법이 생겼다.

乘馬 : 원래는 '말을 몰다'는 뜻이었는데, 예를 들면 《역易·계사하系辭下》에서 "소를 길들이고 말을 몰아 무거운 것을 끌고 멀리 보냄으로써(服牛乘馬, 引重致遠)"라고 하였다. 이후에 인신되어 '말을 타다'를 가리킨다. 현대 중국 서면어에서 여전히 '말을 타다'를 의미하지만 한국어에서는 체육 경기 중의 '승마술'을 의미한다.

足球 : 현대 중국어에서는 일종의 구기 경기를 가리켜, 즉 football이다. 이 뜻은 한국어에서 '蹴球'로 나타내고 '足球'는 '발야구'란 뜻으로 일종의 게임식 경기이다.

約束 : 본래의 뜻은 '휘감아 묶다'란 뜻인데, 예를 들면 《장자莊子·병무駢拇》에서 "묶여 있어도 노끈으로써 묶어서 된 것이 아니다(約束不以纆索)"라고 하였다. 이후 '규약'·'제약'이란 뜻이 인신되었다. 현대 중국어에서는 여전히 '속박'·'제약'이란 뜻이 있지만 한국어에서는 '약속'·'약정'을 가리킨다.

拘束 : 본래의 뜻은 '속박·제약 받는다'란 뜻이었는데, 예를 들면 《북제서北齊書·풍위전馮偉傳》에서 "왕은 그가 속박을 받는 것을 원치 않다는 것을 알고 예로서 그를 보냈다(王知其不願拘束, 以禮發遣)"라고 하였다. 현대 중국어에서 계속하여 이 뜻을 쓰고 '제한을 받다', '뜻대로 못하다'를 의미하지만 한국어에서는 법률상의 '구속'을 가리킨다.

道具 : 불교 어휘에서 유래된 것으로 불교에서 사용하는 기물의 통칭이다. 한국어에서는 '도구', '용구'를 일반적으로 가리키지만 현대 중국어에서는 '공연 도구나 촬영 소품'을 가리킨다.

演出 : '演'은 원래 '추론하여 연역하다', '진화하다'의 뜻이었는데 중고시기에 '출연하다'란 뜻으로 인신되었다. 현대 중국어에서의 '演出'은 여전히 '연극하다'라는 뜻인데 한국어에서는 '감독하다'를 의미한다.

藥水 : 현대 중국어에서는 '액상 약물'을 가리키고 한국어에서는 '광천수'를 가리키는데 아마도 광천수에도 치료하는 효과가 있기 때문에 생겨난 의미일 것이다.

複寫 : '寫'는 '옮겨 놓다', '모방하다'란 뜻이다. 현대 중국어에서는 '옮겨 쓰다'·'먹지로 손으로 쓰다'를 가리키고 한국어에서는 '복사기로 복사하다'를 가리키다.

老婆 : 현대 중국어에서는 '아내'의 해학적인 칭호인데 한국어에서는 '노년 여성'을 가리킨다.

難聽 : 현대 중국어에서는 '소리가 좋지 못하다'·'귀에 거칠다'란 뜻인데 한국어에서는 '논인들의 청각이 저하 또는 상실된 상태'를 의미한다.

摘發 : '摘'은 고대 중국어에서 '고르다'·'선택하다'란 뜻이었는데, 예를 들면 한대 채옹蔡邕의 〈낭야왕천채랑비琅琊王川蔡朗碑〉에서는 "전적을 모두 망라하여 실전失傳된 책을 골라내어 발간하였다(包洞典籍, 刊摘沉祕)"라고 하였다. 또 '질책'이란 뜻이 있는데, 예를 들면 송대 증공曾鞏의 〈기왕개경시寄王介卿詩〉에서 "사람들이 곤궁하여 대접을 하지 못하니, 큰 소리를 치고 눈살을 찌푸리며 (그들을) 모아 놓고 꾸짖었다(群兒困不酬, 吽嚬聚譏摘)"라고 하였다. '摘發'란 단어는 현대 중국어에서 '적록하여 게재하다'란 뜻인데 한국어에서는 '적발'이란 뜻으로 서로 다른 옛 의미를 사용하였다.

病故 : '故'는 원래 '원인'·'연고'란 뜻이었는데, 예를 들면 《좌전左轉·장공삼십이년莊公三十二年》에서 "무슨 연고인가?(是何故也?)"라고 하였다. 나중에 '낡다'·'변고'·'고의로' 등의 뜻으로 인신

되었다. 근대에 와서 '故'자에 '사망하다'란 뜻이 생겼다, 예를 들면 《고금소설古今小說》五에서는 "작년에 조삼랑은 이미 사망했고, 그의 아내는 수절하였다(前年趙三郎已故了, 他老婆在家守寡)"라고 하였다. 따라서 '病故'는 한국어에서 '병으로'를 의미하고 중국어에서는 '병으로 사망하다'를 의미한다. 전자는 본래의 의미를 택하였고 후자는 인신된 의미를 택하였다.

作文 : '作文'란 단어는 아주 늦게 나타났는데 현대 중국어에서는 '글을 쓰다'란 뜻이고 한국어에서는 '관청의 서류'를 가리킨다.

文章 : '文章'은 현대 중국어에서 주로 '독립적으로 편篇을 이루는 글'를 가리키는데 한국어에서는 주로 '구'를 가리키므로 아마도 고대의 '章句'에서 유래된 것이다.

眼目 : '眼'은 본래의 뜻은 '안구'였다. 《장자莊子 · 도척盜蹠》에서는 "비간은 심장을 찢기었고, 오자서는 눈알이 도려내졌으니, 이것은 충忠 때문에 일어난 화禍이다.(比幹剖心, 子胥抉眼, 忠之禍也)"라고 하였다. 중고시기에 '眼目'은 '눈'을 가리키는데, 예를 들면 《북사北史 · 주태조기周太祖紀》에서는 "이 아이의 눈은 다르다(此小兒眼目異)"라고 하였다. 송대 진진손陳振孫의 《직재서록해제直齋書錄解題》四에서는 "선현들이 독서하는데 있어서 안목이 높다는 것을 알 수 있다(可以見前輩讀書眼目之高)"라고 하였다. 현대 중국어에서 '眼目'은 '눈'을 가리키나 한국어에서는 '안식' · '안목'을 가리킨다.

汽車 : 근대 중국어에서 나타난 새로운 단어인데, 자동차와 기차는 처음에 모두 수증기로 동력으로 삼았으나 중국어에서는 나중에 휘발유를 동력으로 하고 도로에서 달리는 차만 의미하게 되었고, 수증기를 동력으로 하고 철도에서 달리는 차는 '火車'라고 하였다. 일본어와 한국어에서는 후자를 '기차'라고 부르고 전자를 '자동차'라고 부른다.

翻案 : 원래는 '옛 사람들의 결론을 뒤집고 새로운 학설을 세우다'란 뜻을 가리키는데, 그 후 '기존의 판정을 뒤집다'는 의미를 나타내기도 하였다. 예를 들면 〈도화선桃花扇〉에서 "원수를 갚고 판정을 뒤집는 일이 분분히 많아지니 정직한 선비들이 모두 숨

게 되었네(報仇翻案紛紛, 正士皆逃遁)"라고 하였다. 중국어에서는 이 뜻을 계속하여 사용했지만 한국에서는 '번각', '모방하여 쓰다'의 뜻으로 바꿨다.

散心 : '散心'이란 단어는 불경에서 나왔으며 본래의 뜻은 '흐트러진 마음'을 가리켰는데, 예를 들면 《능엄경楞嚴經》七에서는 "가령 도량道場에 있거나 나다니거나 심지어 마음이 흩어져 촌락(村落 ; 聚落)에서 놀지라도(若在道場及餘經行, 乃至散心遊戲聚落)"라고 하였다. 그 후 '번민을 없애다'란 뜻을 가리켰다, 예를 들면 원대 관한경關漢卿의 〈노재랑魯齋郎〉에서 "오늘 나는 마음의 번민을 풀기 위해 운대관에 다녀와야겠네(今日我去雲臺觀散心咱)"라고 하였다. 현대 중국어에서는 이 뜻을 계속 사용하지만 한국어에서는 이전의 의미항을 사용해 왔으며 '방종하다'를 가리킨다.

書房 : 원래는 '책을 소장하는 장소'란 뜻이었는데, 예를 들면 당대 원진元稹의 《화악천과필각서성구청和樂天過祕閣書省舊廳》에서는 "聞君西省重徘徊, 祕閣書房次第開"라고 하였다. 그 후 일반적으로 '독서 전용 방'을 가리키며 지금 중국어에서도 이 뜻을 사용하지만 한국어에서 '書房'은 '남편'을 가리키는데 이는 상대를 낮춰 부르는 말로 '관직이 없는 남자'에서 유래되었다.

有權者 : 현대 중국어에서 '有權者'는 '권력을 가지고 있는 사람'을 가리키므로 주로 관원, 통치자를 가리키지만 한국어에서는 '선거권이 있는 선거인'을 가리키므로 어의가 축소되었다.

安心 : 현대 중국어에서 '安心'은 마음이 '안정되다'를 의미하고 '放心'은 '우려할 것 없다'란 뜻인데 이 두 단어는 약간의 차이가 있지만 한국어에서는 '安心'은 '放心'의 뜻이고 '放心'은 '경각심을 늦추다'란 뜻이다.

新聞 : 현대 중국어에서는 대중 매체들이 최근 발생한 중대사건에 대해 보도하는 것을 가리키나 한국어에서는 '신문'을 가리킨다.

程度 : 원래는 '도덕·지식·기능 등이 도달한 표준'을 가리켰는데 예를 들면 한유韓愈의 〈답최립지서答崔立之書〉에서 "그래서 다시 자신을 의심하며 제가 시험친 것과 급제한 사람과는 수준이 달

랐다고 생각했습니다(乃複自疑, 以爲所試與得之者, 不同其程度)"라고 하였다. 현대 중국어에서는 변함없이 이 뜻을 사용해왔지만 한국어에서는 한도나 대략의 숫자를 나타내므로 '左右'와 비슷하다.

先輩 : 중국어에서는 '항렬이 앞에 있는 자', 즉 '웃어른'을 가리키는데 한국어에서는 '나이가 많거나 경력이 압도적인 사람'을 가리킨다, 예를 들어 학교에서 저학년이 고학년에게, 군대에서 신병이 고참 병사에게 모두 '先輩'라고 부른다. '後輩'는 '先輩'의 반의어로 중국어나 한국어에서 각각 다른 의미를 가리킨다.

點心 : 이 단어는 고대의 백화에서 유래되어 원래는 동사로 정찬을 먹기 전에 잠시 요기하는 것을 가리켰다. 예를 들면 당대 강손위康孫頠의 〈판교삼낭자板橋三娘子〉에서는 "방금 만든 떡을 제상에 올리고 손님들에게 간식을 드린다(置新作燒餅於食牀上, 與諸客點心)"라고 하였다. 그 후로 식전, 식후의 간식을 나타내었으므로 명사이다. 현대 중국어에서는 여전히 이 두 개의 뜻을 가지고 있지만 한국어에서 '點心'은 '오찬'을 가리킨다.

野菜 : 중국어에서는 '채소로 쓸 수 있는 야생 식물', 즉 인공적으로 재배하지 않은 식용 식물을 나타내지만 한국어에서는 보통 '재배한 채소'를 가리킨다.

質問 : 한국어에서는 일반적인 '문의'나 '질문'을 가리키는데 중국어에서는 '사실에 근거하여 잘잘못을 묻다', 즉 '문책하다'를 가리키는 어의가 강하다. 이런 의미는 한국어에서 '質疑'로 나타낸다.

白手 : 원래는 '빈손으로'란 뜻이었는데 중국어에서는 일반적으로 '아무 기반이 없거나 조건이 좋지 않다'란 뜻을 나타낸다. 예를 들면 '白手起家'이다. 한국어에서는 '직장이나 수입이 없는 사람'을 뜻한다.

私處 : 한국어에서는 '개인이 거처하는 곳'을 가리키나 중국어에서는 생식기의 완곡한 표현이다.

高等學校 : 중국어에서 '대학교'를 가리키고 한국어에서는 '고등학교'를 가리킨다.

發福 : 중국어에서는 사람이 살이 찌는 것을 가리키는 길한 말이나, 한국어에서는 '행운이 다가오다', '복이 넘치다' 를 의미한다.

3) 부분이의部分異義

'부분이의'는 '동형기의同形岐義'라고도 한다. '부분이의'란 일부 한자어들이 중국어와 한국어에서 뜻이 같은 부분도 있고 다른 부분도 있다는 것이다. 즉 이런 한자어들은 서로 다른 언어 환경에서 뜻이 같은 것도 있고 다른 것도 있거나, 사용하는 범위가 넓거나 좁거나, 감정적 색채가 좋거나 나쁘다는 것이다. '부분이의'가 생성된 원인은 주로 어의가 변화하는 과정에서 확대·축소되거나 전이되거나 화용상의 차이가 생겼기 때문이다. 어의가 확대된 용례로 '獨身[독신]'이란 단어는 중국어와 한국어에서 모두 '배우자가 없는 사람'을 가리키지만, 한국어에서는 '형제나 자매가 없는 사람'도 가리키는데 이는 중국어에서 없는 의미항이다. 다른 예로 '內外'란 단어는 중국어와 한국어에서 모두 '내부와 외부'란 뜻인데 한국어에서는 '부부'를 가리키기도 한다. 이는 중국어에는 없는 의미항이다. 어의가 축소된 용례로 '作業'이란 단어는 중국어와 한국어에서 모두 '계획 있는 노동과 작업'이란 뜻이지만 중국어에서는 '선생님이 내어준 방과 후의 연습문제'도 가리키는데 이 의미항은 한국어에서 '숙제宿題'로 나타낸다. 또 하나의 예로 '飜譯'이란 단어는 중국어와 한국어에서 모두 '서면 번역이나 문자 번역'을 가리킨다. 그러나 중국어에서 '통역'도 가리키는데 한국어에서는 '통역通譯'이란 단어를 쓴다. 어의가 전이하는 용례로 '故事'는 중국어와 한국어에서 모두 '옛날 이야기'를 가리키지만 중국어에서는 '문예 작품 중의 줄거리'를 가리키기도 하는데 이는 한국어에는 없으므로 '故事'란 단어가 중국어에서 전이되었음을 설명해 준다. 다른 예로 '階段'이란 단어는 중국어와 한국어어에서 모두 '사물 발전 과정의 단락'을 가리킨다. 그러나 한국어에서는 '계단'·'층계'란 뜻도 있어 '階段'이 한국어에서 어의가 전이되었음을 설명해 준다. 화용에서의 차이는 주로 두 방면에서 나타나는데, 하나는 품사의 차이이다. 예를 들면 '경제'란 단어는 한국어에서 명사로만 쓰이나 중국어에서는 형용사로도 쓰여 '비교적 적은 인력, 물력, 시간으로 비교적 큰 성과를 얻다'를 의미한다. 또 하나의 예로 '關心'은 한국어에서 오로지 명사로만 쓰이는데 중국어에서는 동사로도 쓰인다. 하나는 감정적 색채의 차이이다. 중국어에서 일부 좋은 의미를 가지고 있는 단어가 한국어에서 나쁜 의미로 변하는 것인데, 예를 들면 '歡樂'란 단어는 한국어에서 자주 '여색을 밝히다', '쾌락을 좇아 즐기다'란 뜻으로 사용되어 나쁜 감정적 색채를 가지고 있다. 중국어에서 일부 나쁜 뜻을 가지고 있는 단어가 한국어에서 중성 혹은 좋은 뜻으로 쓰이기도 하는데, 예를 들면 '自負'란 단어는 중국어에서 '스스로 비범하다고 생각하다'란 뜻으로 나쁜 의미를 가지고 있는 반면 한국어에서는 '자신감이 있다', '영광스럽다고 여기다'는 뜻으로 자랑스럽다는 감정적 색채를 가지고 있다. 다른 예로 '工作'이란 단어는 한국어에서 나쁜 뜻으로 쓰여 자주 첩보 활동을 가리키며 '情報'란 단어는 중국어에서 흔히 '간첩'과 연관되어 약간의 나쁜 뜻이 있으나 한국어에서는 '정보'를 가리킨다.

어의 변화의 결과에서 볼 때 어의 확대·축소·전이 세 가지로 나눌 수 있다. 어의 확대는 크게 두 가지로 나누는데, 하나는 중국어 의미는 변화가 없고 한국어 의미는 확대된 것이다. 예를 들면 '愛情'은 중국어에서는 남녀 간의 감정에만 사용되나 한국어에서는 모든 좋아하는 마음을 나타낸다. '性格'은 중국어에서 일반적으로 사람의 감정·의지·행동 등 인간성의 특징을 나타내는데 한국어에서는 사물과 현상의 성질을 나타낸다. '食堂'은 중국어에서 기관·단체 내부의 식당을 가리키나 한국어에서는 가정집의 식당과 규모가 크지 않은 식당을 가리킨다. 또 하나는 한국어 의미는 변하지 않았지만 중국어 의미는 확대된 것이다. 예를 들면 '東西'는 한국어에서는 계속하여 '동'과 '서' 두 방위를 나타내지만 중국어에서는 구체적이거나 추상적인 사물을 가리킨다. '禮拜'는 한국어에서 단지 종교 의식만을 가리키는데 중국어에서는 '요일'도 가리킨다. '工具'는 한국어에서 단지 생산적 노동에 쓰이는 기구만 가리키는데 중국어에서는 어떤 목적에 도달하기 위한 사물을 비유하기도 한다. 어의 축소도 두 가지로 나눌 수 있는데, 하나는 중국어 의미는 변화가 없으나 한국어 의미는 축소된 것이다. 예를 들면 '家族'은 중국어에서 혈통 관계로 형성된 사회 집단을 가리키는데 한국어에서는 혈연과 혼인 관계로 결합된 한 집안 식구를 가리키며 '가정'과 비슷하다. '幫助'는 중국어에서 남을 위해 힘을 쓰거나 방법을 생각해 내는 것을 가리키며 좋고 나쁨의 뜻은 없으나 한국어에서는 나쁜 사람이나 나쁜 일을 위해 힘쓰는 것만 가리킨다. 또 하나는 한국어에서 의미 변화가 없었으나 중국어에서 어의가 축소되었다는 것이다. 예를 들면 '窓戶'는 한국어에서 '창'과 '문'을 가리키는데 중국어에서는 '창'만 가리킨다. 어의의 전이도 두 종류로 나눌 수 있는데, 하나는 한국어의 의미 전이로 예를 들면 '敎書'는 '정식 문서', '內外'는 '부부', '點心'은 '오찬'을 가리킨다. 또 하나는 중국어의 의미 전이이다. 예를 들면 '老婆'는 '아내', '生氣'는 '불쾌하다', '工夫'는 '시간'을 가리킨다. 어의 전이의 양상은 비교적 복잡한데, 인신된 어의가 확대나 축소에 속하지 않으면 모두 전이에 속한다.

다음 몇 가지 예를 들어 다른 층면에서 어의 변화의 양상을 알아보자.

文字 : 중국어와 한국어에서 모두 '언어를 기록하는 부호'를 가리키는데 한국어에서는 휴대폰 '문자 메시지'도 가리킨다. 이는 중국어에는 없는 것이다.

放學 : 현대 중국어에서 '放學'은 '학생들이 수업을 마치고 집으로 가다'를 가리키기도 하고 '학교 방학'도 가리키는데, 한국어에서는 '학교 방학'만 가리킨다.

來日 : 본래는 '다가오는 날'을 가리키는데, 예를 들면 《예기禮記·곡례상曲禮上》에서 "산 사람의 날은 이튿날부터 기산하고, 죽은 자의 날은 죽은 날부터 기산한다(生與來日, 死與往日)"라고 하였다. 중고 시기에는 '내일'·'이튿날'을 가리키는데, 예를 들면 〈옥경대玉鏡臺〉에서는 "내일은 좋은 날이다(來日是個好日辰)"라고 하였다. 현대 중국어에서는 '다가오는 날'이란 뜻만 남아 있고 한국어에서는 이 두 개의 의미항을 모두 사용한다.

對象 : 중국어와 한국어에서 모두 '행동하거나 사고 할 때의 목표가 되는 사람이나 사물'을 가리킨다. 이 외에 현대 중국어에서는 '연인'이나 '배우자'도 가리키는데 한국어에서는 이런 의미항이 없다.

愛人 : 중국어와 한국어에서 모두 '연인'을 가리키나 중국어에서는 '이미 결혼한 배우자'도 가리킨다. 이는 한국어에 없는 의미항이다.

以上 : 중국어와 한국어에서는 모두 '차례·위치·숫자의 어떤 기점 위에 있다'는 것을 나타내나 한국어에서는 '종료'·'마침'이란 뜻을 나타내기도 한다. 예를 들어 한국인은 발언 마지막 단계에서 흔히 '以上이다'로 마친다.

時間 : 송·원 시기에서는 '지금'·'한 시기'란 뜻이었는데, 예를 들면 고문수高文秀의 〈양양회襄陽會〉에서는 "지금 장수와 군사가 모두 부족하니 어이하리(奈時間將少兵微)"라고 하였다. 또 진나라 간부簡夫의 〈전발대빈剪髮待賓〉에서는 "비록 지금은 곤경에 처

해 있지만 훗날에 곧 출세할 것이다(雖則時間受窘, 久後必然發跡)"라 하였다. 근대에 오늘날의 '시간'이란 뜻으로 변하였으나 한국어에서는 이 의미 외에 시간을 계산하는 단위로 쓰여, '~시간'을 나타내는데 이는 중국어에 없는 뜻이다.

討論 : 중국어와 한국어 모두 '어떤 문제를 놓고 의견을 나누다'란 뜻을 나타내는데 한국어에는 '발언'이란 뜻도 있다. 이는 중국어에는 없는 뜻이다.

黃色 : 중국어와 한국어에서 모두 '노란색'을 가리키나 중국어에서는 '선정적인 내용이 있는 것'을 가리키기도 한다. 이는 한국어에 없는 것이며 이 의미항은 일반적으로 '퇴폐頹廢', '외쇄猥瑣' 등 한자어로 나타낸다.

品質 : 중국어와 한국어에서 모두 '물품의 질'이란 뜻을 나타내나 중국어에서는 '사람의 도덕적 수양과 소질'을 나타내기도 한다. 이 의미항은 한국어에 '品性'이나 '人品' 등의 한자어로 나타낸다.

生氣 : 중국어와 한국어 모두 '생명력이나 활력이 있다'는 것을 나타내나 중국어에서는 '분노'나 '불쾌하다'는 뜻도 있다. 이는 한국어에 없는 뜻이다.

成立 : 중국어나 한국어 모두 '어떤 의견이나 이론에 근거가 있어 성립된다.'는 것을 나타내지만 중국어에서는 '어떤 기구나 조직이 설립되어 존재하기 시작한 것'을 나타내기도 하는데 이는 한국어에는 없는 뜻이다.

一定 : 중국어와 한국어 모두 '규정된 것·확정된 것'을 나타내나 중국어에서는 부사어로도 쓰여 '단호함'을 의미하는데 이는 한국어에서 없는 뜻이다.

告訴 : 중국어와 한국어 모두 '피해자가 법원에 소송을 제기하다'란 뜻을 가리키며 '起訴'란 뜻과 비슷하다. 이외에 중국어에서는 '알려주다'·'알게 하다'란 뜻이 있는데 이는 한국어에 없는 뜻이다.

大家 : 중국어와 한국어에서 '大家'는 모두 '명망이 높은 전문가나 학자'를 나타내는데 이외에 중국어에서는 '일정한 범위 내에

있는 모든 사람'을 가리키기도 한다. 이는 한국어에서 없는 뜻이다.

特務 : 중국어와 한국어 모두 '특수한 임무'를 가리키는데 중국어에서는 '간첩'·'정보를 은밀히 살피는 사람'을 가리키고도 한다. 이는 한국어에는 없는 뜻이다.

下流 : 중국어와 한국어 모두 '강의 하류'란 뜻이 있으나 중국어에서는 '비열하다'도 의미하는데, 예를 들면 '下流話(천한 말)'인데, 한국어에서는 이런 뜻이 없어 일반적으로 '비열卑劣'로 나타낸다.

世代 : 중국어와 한국어에서 모두 '(많은)세월'이란 뜻이 있으나 한국어에서는 '가구'나 '집안 식구'도 가리킨다. 이는 중국어에서 없는 뜻이다.

普通 : 중국어와 한국어에서 모두 형용사로 '평범하거나 특별한 것이 없음'을 나타내나 한국어에서는 부사어로도 쓰여 '일반적으로'란 뜻을 나타내는데 중국어에는 이런 용법이 없다.

點播 : 현대 중국어에서 '點播'는 일종의 파종법을 가리켜 '줄 파종條播'과 구별하나 '시청자나 관객들이 프로그램을 지정하여 방송을 요청하다'란 뜻을 가리키기도 한다. 한국어에서는 단지 앞에 있는 의미항만 쓰고 뒤에 있는 것은 쓰지 않는다.

區區 : 중국어와 한국어에서 모두 '하찮아서 언급할 가치도 없다'란 뜻을 나타내지만 한국어에서는 '일치하지 않다'·'제각기 다름'이란 뜻이 있다. 이는 현대 중국어에서 없는 뜻이다.

技巧 : 중국어에서는 '교묘한 기능'을 가리키는 일반적인 어휘인데, 한국어에서는 '사기술'이란 뜻이 있어 부정적인 색채가 있다.

過分 : 중국어에서는 '일정한 한도나 정도를 넘다'·'지나친 것은 모자라는 것과 같다'란 뜻을 나타내므로 부정적 색채가 있는 반면 한국어에서는 경어로 쓰여 '사랑 받다'나 '상상을 초월하다'란 뜻을 나타내는데, 예를 들면 '過分待遇(과분한 대우)' 등이다.

위에서 우리는 중국어와 한국어에 있는 한자어에 대하여 간략한 어의 분석을 하였다. 여기서 우리는 중국어와 한국어의 동형 한자어에는 동형동의가 대부분이고, 부분동의가 그 다음이고, 동형이의가 가장 적다는 것을 알 수 있다. 《現代漢語三千常用詞表》(北京師範大學出版社, 1987)에 대한 통계 분석을 의하면 그 중 중국과 한국의 동형어는 1,756개인데 어의 유형에 대한 통계 결과도 이러한 비율을 증명해 준다. 통계 결과는 아래 도표와 같다.

어의유형	단어수량	백분율
동형동의同形同義	1,287	73%
동형이의同形異義	124	8%
부분동의部分同義	335	19%
합계	1,756	100%

한국어에서 한자어는 줄곧 주요 어휘였으며 중국과 한국에서 통용되는 한자어에는 동형동의가 대부분이고, 부분동의가 그 다음이고, 동형이의가 가장 적다는 것을 위 도표에서 알 수 있다. 이는 중국과 한국이 대체로 비슷한 문화 배경과 언어 심리가 있다는 것을 증명해 주는데, 비록 한자어가 장기간 사용과정에서 한민족의 문화 요소를 받아들였다 하지만 중국어 모어와의 혈맥 관계는 오히려 갈수록 깊어지고 있는데 이는 한자어는 한자를 전달 매체로 삼고 한자의 표의 성질이 지역과 방언을 초월하는 특성이 있기 때문이다. 한자어는 한자와 한문을 따라 한반도에 들어왔는데 처음 들어올 때 이 단어들은 분명히 '본래의 맛'을 유지하고 있었다. 당시 중국어의 어음과 어의를 유지하고 있었다는 것이다. 그러나 새로운 생존 환경에서 그들은 필연적으로 그 고장에 가면 그 고장의 풍속을 따라야 했기에, 변화는 불가피한 것이다. 언어는 발전하는 과정에서 어휘의 변화가 가장 빠르며 시대와 같이 전진하는 것이 기본 추세이다. 그러나 한자어의

생존 양상은 다르기 때문에 어의 발전의 속도가 다르고 차이도 여기서 나타난다. 정말로 언어 문화학적 가치가 있는 것은 '동형이의'와 '부분동의' 한자어인데, 이 단어들은 '불투명성'의 특징이 있어, 그들의 개념적 의미 차이는 아주 쉽게 외부에 있는 부호 형식으로 덮이기 때문에 알아보기 어려워 중국어나 한국어를 제2외국어로 배우는 학습자들에게 부정적 문화 옮김 현상이 나타나게 한다. 따라서 우리는 중국어와 한국어의 한자어를 비교할 때 같은 면보다 다른 면에 중점을 두어야 한다고 생각한다. 한자어의 의미 변화에 관한 고찰은 어휘 밑바닥에 있는 문화적 요인을 파악하고 한자어의 다른 뜻을 깊이 이해하는데 유리함으로 중국어와 한국어 교육에 커다란 의미가 있다.

4. 한자어의 품사

중국어와 한국어는 각각 다른 언어 유형에 속하는데, 중국어는 고립어이고 한국어는 교착어이다. 이 두 언어의 단어들은 서로 다른 문법적 특성을 나타내며 품사 분류에도 뚜렷한 개성이 있다. 중국어 어휘에는 형태적 표기가 없기 때문에 옛날부터 한자어의 겸류兼類 현상과 활용 현상이 보편적이었다. 그러나 한국어의 경우는 그렇지 않고 어휘에 전문적으로 문법적 의미를 나타내는 성분이 있다. 한국어의 한자어는 일반적으로 어간과 어미로 구성되어 있다. 예를 들어 동사 '工夫하다'는 어간 '工夫'와 어미 '하다'로 구성된 것이다. 이 책에서 '한자어'는 어간만 가리키고 어미를 포함시키지 않는다. 어미에는 문법적 의미만 있고 어휘적 의미가 없어 민족 언어의 특징이 가장 많이 드러나는 부분이다. 이 책의 토론 범위에 속하지 않는 한국어 한자어는 대체로 명사·동사·형용사·부사 등의 실사이고 모두 구체적인 어휘적 의미가 있다. 중국어와 마찬가지로 이 단어들에는 품사 표기가 없어 품사구별은 주로 어의에 의거하며 단어를 배열할 때도 품사의 판정은 주로 어순에 의거한다. 중국어 어휘는 복음화複音化로 인해 어의가 단일화되었고 어휘의 문법적 기능이 비교적 고정되었지만, 여전히 어형으로 품사를 판단할 수 없다. 한국어에는 격조사·조동사·동사어미 등과 같은 보조 요소agglutinative element가 발달했기 때문에 어간 뒤에 어미를 덧붙이는 방법으로 품사를 구별할 수 있다. 예를 들면 한자어 중의 명사가 직접적으로 문장을 만드는데 쓰일 수 있지만 문법적 기능은 격조사를 덧붙임으로 실현되고, 한자어가 동사나 형용사로 쓰이려면 어간에 '하다' 등 어미를 덧붙여야하며, 명사가 수식어로 쓰일 경우 뒤에 '적'(한정어로 쓰임)이나 '히'(부사어로 쓰임)를 덧붙여야 한다. 이로 인해 한자어가 한국어에 들어온 후 품사 변화가 아주 원활해졌고 어의에 근거하여 품사를 구별하는 특성도 약해졌다. 품사가 다르면 문법적 기능도 다르기 때문에 중국어와 한국어의 동형어는 어의와 품사의 충돌이 발생한다. 예를 들면 중국어의 명사가 한국어에서 동사나 형용사로 쓰이고 동사가 명사의 수식어로 쓰이기도 하는 현상들이 있다. 따라서 한국어 사전의 표제자에는 한자어 어간만 열거하였는데, 이는 품사는 단어를 배열할 때만 분석할 가치가 있기 때문이다. 가장 전형적인 것은 술목구조와 술보구조인 한자어들인데 이 단어들은 중국어에서는 일반적으로 동사로 쓰이지만 한국어에서는 명사로 간주된다. 동사로 쓰이려면 반드시 뒤에 동사 어미 '하다'를 덧붙여야한다. 예를 들면 술목구조에는 治國, 通商, 通信, 退任, 讀書, 藏書, 投稿, 辦公, 制圖, 表音, 破産, 罷工, 獻金, 借款, 造幣, 探險, 航海, 避暑, 駐車, 乘機, 回國, 休學, 投資, 合資, 解雇, 登山, 養老, 行醫, 散步, 給水, 收稅, 越境, 有名, 迎賓, 染髮, 投票, 違憲, 下野, 任命, 入手, 完工, 參戰, 抗敵, 贖罪, 服藥, 輸血, 失

戀, 割愛, 悔過, 專心, 糊口, 念佛, 無線, 立法, 執政, 理財, 在校, 就業, 受賞, 著書 등이 있고, 술보구조에는 餓死, 退出, 戰勝, 照明, 打破, 壓縮, 提高, 引上, 革新, 刷新, 漂白, 擴大, 確定, 延長 등이 있다. 被罰, 被殺, 被選, 被壓迫, 被治者, 被保險物 등은 피동구조이지만 동사로 쓰일 경우 이 규칙을 따라야한다. 한국어에서 한자어의 품사를 판정함에 있어 어의적 표준은 이미 크게 약화되었고 형태적 표준이 크게 강화되었다는 것이다. 한자어가 용언으로 쓰일 경우 자체는 어간일 뿐이며 뒤에 붙여진 성분이 문법적 기능을 나타낸다. 한국인이 보기에 한자어는 어휘적 의미만 있고, 문법구조에서의 문법적 의미는 격조사와 어미에 의해 실현된다. 이는 중국어와 한국어의 언어 유형에 의해 결정된 것이다. 시각을 바꾸어서 본다면, 한국어가 교착어형태로 형성된 것은 대량의 문법적 의미가 없는 한자어와 긴밀한 관계가 있다는 추론이 나올 것이다. 훔볼트의《인간의 언어 구조적 차이 및 인간의 정신발전에 미친 영향에 대하여 논함》에서 '단어'는 언어 유형이 형성될 때, 그 형성을 적극적으로 촉진하거나 부정적으로 가로막는 작용을 하며 그 역할은 무시할 수 없다고 논술하였다.(제13장 참조)

유숙신劉叔新은 〈단어의 동의관계와 품사詞的同義關係和詞性〉란 문장에서 단어의 동의 관계는 품사와 긴밀히 연결되어 있고, 품사가 같은 단어들만 서로 간의 동의 관계가 형성될 수 있다고 지적하였다.[47] 동의어에 대한 기준이 엄격하기 때문에 우리는 확실하게 이 정의에 맞는 동의어는 아주 적다고 판단한다. 그러나 중국어와 한국어의 한자어를 고찰할 때 이 기준을 써서는 안 된다. 같은 한자어라 하더라도 어미가 없으면 명사이고, 어미가 있으면 동사나 형용사로 쓰이기 때문이다. 여금희黎錦熙는 "문장을 떠나면 품사를 구별할 수 없고, 문

47) 《詞彙學和詞典學問題研究》, 천진인민출판사, 1984년.

장에 의지하여 품사를 구별한다"고 했다. 이에 근거하여 우리는 품사가 중국어와 한국어의 동형어를 판별하는 필수 조건이 아니고, 어형·어의만 같으면 동형동의가 형성된다고 생각한다. 이 동형동의 한자어들이 사용하는 과정에서 나타나는 차이는 개괄적으로 네 가지가 있다. 첫째, 품사가 다르다. 예를 들어 '講義'란 단어는 중국어에서 명사이지만 한국어에서 동사로도 쓰이며, '責任'이란 단어는 중국어에서 명사이지만 한국어에서 동사로도 쓰인다. 다른 예로 '關心'이란 단어는 중국어에서 명사로도 쓰이고 동사로도 쓰이는데 한국어에서 명사로만 쓰인다. 그래서 한국인들이 중국어를 배울 때 흔히 '有關心'이란 말을 쓴다. '專攻'이란 단어는 중국어에서 동사이지만 한국어에서 명사로도 쓰인다. 이는 중국어는 형태적 표지가 없는 언어이기에 품사의 구별을 어의에 크게 의존하고 있으나, 한국어는 한자어 뒤에 덧붙인 동사 어미나 형용사 어미로 쉽게 품사를 바꾸므로 한국어에서는 문법적 기능 표기가 어의 식별보다 강하며 이는 교착어의 특징 중의 하나이다. 둘째, 감정적 색채가 다르다. 예를 들어 '殺害'란 단어는 중국어에서는 나쁜 뜻으로 쓰여 오로지 나쁜 사람이 좋은 사람을 살해하는 것을 가리키는데, 한국어에서는 중성사이므로 살해하는 대상과 상관이 없다. 다른 예로 '工作'는 중국어에서는 중성사인데 한국어에서는 폄의로 쓰여 '정보를 몰래 알아보는 것'과 관련이 있다. 이런 단어들은 민족성과 사회성의 차이를 나타내며 어떤 것들은 심지어 이데올로기적 차이와도 관련이 있다. 셋째, 짜임이 다르다. 예를 들어 중국어에서는 '대박수大拍手'·'대기록大紀錄'이란 말을 쓰지 않는데 한국어에서는 쓸 수 있다. 다른 예로 한국어에서 '세계일주世界一周'란 말을 쓸 수 있으나 중국어에서는 '周遊世界'만 쓸 수 있다. 단어의 짜임은 문법과 관련되어 있어 한국인들은 문장을 만들 때 문법적 규칙을 더욱 중요시하며 한자어를 쓸 때 어의적 기능보다 문법적 기능을 더욱 중요시한다. 이로 인해, 한국인들은 중국어를 배울 때 모국어의 영향을 가장 잘 받는다. 우리는 한국인 유학생들에게서 흔히 '見面你', '握手你', '幫忙我'와 같은 우스꽝스러운 중국어를 들을 수 있다. 넷째, 적용 범위나 대상에 차이가 있다. 예를 들어 '孝子'란 단어는 한국어에서 적용 범위가 중국어보다 넓다. 남의 의중을 잘 헤아리고 해를 끼치지 않으면 모두 '효자'라 할 수 있는데, 예를 들면 '孝子颱風' 등이 있다.

제4장

한자어의 외부 형식

1. 《훈민정음》의 창제와 한자음
2. 한국어 한자음의 성질
3. 현대 한국어 중의 한자음

제4장

한자어의 외부 형식

한국어 한자어의 독음은 실질적으로 중국 한자의 음이라 할 수 있다. 맨 처음에 한국어가 한자어를 받아들일 때 음과 의를 모두 받아들였던 것이다. 다시 말해 당시 한자어의 독음(이하 '한자음'이란 약칭을 씀)이 바로 모국어에서 원래의 음이었던 것이다. 그러나 한국어의 주음부호인 언문은 15세기 중엽에 와서야 비로소 나타났기 때문에 이전 한자어의 구체적 음가는 고증할 수 없다. 전문가들이 '이두문체'·'서기문체' 및 언문으로 기록한 '향찰' 등 어음 자료에 대해 깊이 연구하였지만 여전히 공통된 결론을 내지 못하였다. 일본학자 아리사카히데요有坂秀世는 조선 한자음의 체계상으로 볼 때 10세기 중국 개봉開封음을 기반으로 삼았다고 지적하였다.(《國語音韻史研究》) 중국 학자 진식번陳植藩은 조선어 한자 음계는 대체로 중고 시기 중국어의 어음 특징을 유지하고 있다고 주장한다.(《朝鮮語中的漢字詞》) 두 학자의 견해에 차이가 있지만 한국어에 유입된 한자어가 《切韻》음계에 속한다고 생각하는 것은 분명하며 이는 한국 학자들을 포함한 전반적인 학계의 공통된 의견이다. 1984년 중국학자 섭홍음聶鴻音은 이에 대해 이견을 제기하고 많은 한국 한자가 《절운》에 속한다는 것은 설명하기 어려운 반면 상고 중국어에서는 원만한 답을 얻을 수 있으므로 한국 한자음이 《절운》보다 상고 중국어와 더욱 비슷하다고 볼 수 있으며, 적어도 성모문제에서는 이렇다고 지적하였다.48) 이득춘李得春은 이 견해를 찬성하면서 세 방면에서 상세하고 확실하게 고증하였다. 즉 《절운》 성모는 설두음舌頭音(端, 透, 定)과 설상음舌上音(知, 徹彻, 澄)으로 나눠지고 있으나 한자음에는 이런 구별이 없으며 중국 상고음에는 설음이 많으나 중고시기에 와서 일부는 치음(齒音)으로 변했다는 것이다. 예를 들면 《절운》의 章組字는 한국어 한자어에서 변함없이 설음으로 읽는다. 중국 중고음 중의 유모喻母 사등四等 글자는 상고음에서 정모定母에 속하는데 한국어 한자음도 그렇다.49) 사실 중국 상고음에서부터 전해 내려온 것은 이들 뿐만 아니다. 예를 들면 현대 한국어의 음계에서는 순치음[f], 즉 옛 사람들이 말한 '경순음輕脣音'이 없으므로 중국어의 경순음은 모두 중순음重脣音으로 읽고 있다. 예를 들면 '方'은 '방'으로 읽고 '佛'은 '불'로 읽는데, 이는 상고음과도 부합된다. 상고음이 남아 있는 현상들이 한자어의 유입이 상고 중국어 시기까지 거슬러 올라갈 수 있다는 것을 설명해 준다. 이후로 양국 간의 지속적인 언어문화 교류에 따라 《절운》을 대표로 하는 중고음계의 영향이 점차적으로 강화되고 한국 한자음이 《절운》음계에 융합되었을 뿐만 아니라 《훈민정음》의 탄생에도 직접적인 영향을 미쳤다.

고려 시기부터 조선조 전기까지는 한국어의 중고 시기로 때마침 중국의 위진남북조魏晉南北朝와 수당隋唐시기였다. 이때 중국 중고 음계의 영향으로 한국어의 한자음 체계가 확립되었다. 김형규金亨奎는

48) 〈切韻重紐三四等字的朝鮮讀音〉, 《民族語文》, 1984년 3期.
49) 〈韓文與中國音韻〉, 《漢語上古音在十六世紀漢字音中的遺存》, 1998년.

한국어 한자음은 7세기에서 10세기 사이 형성되었으며 그 밑바탕은 중국 북방의 중원음中原音이고 그 중 남조의 강동음江東音도 섞여 있다고 지적하였다. 안병호安炳浩의 연구에 따르면, 이 시기 한자음의 성모는 모두 15개(영성모 포함)로, 그 중에 아음牙音 2개, 설음舌音 4개, 후음喉音 1개, 순음脣音 3개, 치음齒音 4개이다. 중고음의 36개 자모와 비교해보면 다음과 같은 차이가 있다. 설두舌頭와 설상舌上을 구별하지 않고, 경순輕脣과 중순重脣을 구별하지 않고, 치두齒頭와 정치正齒를 구별하지 않고, 낭모娘母와 니모泥母를 구별하지 않으므로 여전히 상고음의 특징이 남아 있는 것은 분명하다. 운모 체계는 대체로 《절운》음계를 따르는데, 이는 한국이 고려 시기에 과거제도를 시행했기 때문이다(958). 시험은 3장場에 걸쳐 이루어진다. 초장初場에서는 경학, 즉 사서오경을 본다. 중장中場에서는 시와 부, 즉 한시의 창작을 본다. 종장終場에서는 시무책을 본다. 한시의 창작은 반드시 《절운》음계의 운부를 따라야 했고, 한시·한문의 교육 및 보급에 따라 한자음의 운모 계통이 확립될 수 있었다. 운서의 규범이 있었기 때문에 고려 전기에는 삼국 시기의 단모음과 복모음의 혼용 현상이 완전히 없어지고 개開음절과 폐閉음절의 혼용 현상도 없어졌다. 상고 중국어의 양성운陽聲韻과 입성운入聲韻은 처음부터 한국어에 들어오지 않았다. 비음鼻音운미와 자음운미를 가지고 있던 한자는 오늘날 중국어에서 모두 운미를 상실하고 주요 모음만 남았다. 당시 한국어에서는 아직 종성 체계가 이루어지지 않았기 때문에 통일신라시대에 와서 입성운入聲韻과 양성운陽聲韻이란 개념이 형성되었고 고려시기에 이르러 비로소 고정되었다. 여기서 짚고 넘어 가야 할 것은 중국어 입성운에 속하는 [t]운미 한자는 고려 시기의 한자음에서 [l]운미로 변했다는 것이며, 이는 한국어 한자음 체계의 하나의 뚜렷한 특징이다.

1444년 창제된《훈민정음》은 최초로 한국어의 어음 체계를 정확하게 기록하였으며 창제한 목적의 하나는 바로 한자의 음을 규범화시키는 것이었다. 이때부터 한국어 한자음의 표기를 규범화하는 근거가 생겨났다.

《훈민정음》이 제정한 자모는 '언문'이라고도 불리고 한국어에서는 '한글'이라고 불린다. 한글은 '한국 본토 문자'로 외래 문자인 '한자'와 구별된다. 한글은 일종의 음소자모이지만 부호의 조합은 음절단위로 하고 필획 구조는 한자의 형태와 비슷하다. 이런 음소문자가 있기에 한국어의 어음 체계를 기록할 수 있었고 한자음도 교정할 수 있었다. 따라서《훈민정음》은 이 과정에서 크게 기여하였다 할 수 있다.

한국어 한자음의 어음 체계를, 특히 이 체계의 성질을 알고 더 나아가 한자음의 음가를 재구성하려면 반드시《훈민정음》에서부터 설명해야 한다. 한자의 독음이 타향에서 '고향의 음이 변하지 않았는가? 변했다면 그 변화의 원인은 무엇인가? 변화하는 규칙에는 어떤 것들이 있는가?' 이는 우리가 아래에서 설명하고자하는 문제들이다.

1.《훈민정음》의 창제와 한자음

중국의 창힐倉頡이 글자를 창제했다는 것이 전설이라면 조선의 세종대왕(1418~1449)이 글자를 창제했다는 것은 실증될 수 있는 사실이다. 1444년 1월(세종25년 12월), 조선 제4대왕 세종의 주관 아래 집현전 학자 정인지郑麟趾, 신숙주申叔舟, 성삼문成三問, 최항崔恒, 박팽년朴彭年 등이 함께 참여하여《훈민정음》을 완성하였다.《훈민정음》의 창제는 세종대왕이 펼치는 어문정책과 직접적인 관계가 있다. 한반도에서는 장기적으로 한자를 차용하였는데 한자의 성질이 원만하게 조선어를 기록할 수 없었기 때문에 삼국 시대부터 '서기체'·'이두체'·'구결체 등 보조 수단이 나타났지만 여전히 근본적으로 '언문불일치' 문제를 해결 할 수 없었다. 조선시기에 이르러 한자음이 더욱 혼란해지고, 사용에서의 임의성이 한자음의 혼란스러운 현상을 더욱 악화시켰는데 이두문의 허사 표기에서 알 수 있다. 이두문 초창기에 한국어의 허사 표기는 대체로 한자의 음독으로 했는데 조선 후기에는 대체로 훈독으로 하였다. 훈독은 거의 한자의 음·의의 규범에서 벗어났으므로 한자음이 기준에서 벗어나고 관습에 끌려가게 되었다. 다음은 조선 후기 이두문 중의 일부 허사 표기이다. 여기서 우리는 한자음의 혼란 상태를 확인할 수 있다.

置[도] : 역시, 도
良[안] : 그 때
加于[더욱] : 더욱, 더, 훨씬
是如[이다] : 이다
是去等[이거든] : 만약
是良置[이라도] : 비록, 그러나
是白乎乃[이살버나] : 그러나
为行如可[하였다가] : 이후에
是白乎等以[이살분더로] : 때문에
矣身何为良[으이몸안하여] : 나에게
教是卧乎在矣[이시누온견여] : 이미…하였기 때문에
为卧乎所乙用良[하누온바를써아] : 한 것으로
是如为乎乙喻良置[이다하올지라도] : 비록 … 라 하더라도
是如为白乎乙叱分不喻[이다하살볼뿐인지] : 뿐만 아니라

한자음의 혼란은 백성들의 언어 문자 생활에 큰 어려움을 주었을 뿐만 아니라 나라가 국민을 교화하는 데에도 영향을 끼쳤기 때문에

세종대왕은《훈민정음》의 서문에서 “우리나라 말이 중국과 달라서 한자와 서로 통하지 못한다. 그러므로 백성들이 말하고 싶은 바가 있어도 마침내 그 뜻을 펴지 못하는 이가 많다(國之語音, 異乎中國, 與文字不相流通, 故愚民有所欲言而終不得伸其情者多矣.)”라고 지적하였다. 정인지는《훈민정음해례본训民正音解例本》의 서문에서 이 점에 대하여 더 나아가 표명하며 다음과 같이 지적하였다, “대개 중국 이 외의 나라 말은 그 소리는 있으나 글자는 없으므로 중국의 글자를 빌어서 통용하고 쓰고 있는데, 이는 마치 둥근 구멍에 모난 자루를 낀 것과 같이 서로 어긋나는 일이 있으니, 어찌 뜻을 잘 전달함에 막힘이 없을 수 있겠는가. 모두 각자 살고 있는 곳에 따라서 편안함을 구하고, 억지로 같게 해서는 안 된다. 우리 동방은 예악, 문물제도가 중국에 견줄 만하나 다만 방언·속어가 중국과 같지 않다. 그래서 글 배우는 자가 그 뜻을 깨치기 어려움을 근심하고 관리들은 그 곡절을 통하기 어려움을 괴롭게 여긴다. 옛날 신라의 설총이 처음으로 이두를 만들었는데, 관청과 민간에서는 지금까지도 그것을 쓰고 있다. 그러나 모두 한자를 빌어서 사용하므로 어떤 것은 어색하고 어떤 것은 뜻이 통하지 않는다. 속되고 이치에 맞지 않을 뿐만이 아니다. 언어 사이에 이르러서는 만분의 일도 통달치 못하는 것이다(蓋外國之語, 有其聲而無其字, 假中國之字以通其用, 是猶枘鑿之鉏鋙也, 豈能達而無礙乎？ 要皆各隨所處而安, 不可强之使同也. 吳東方禮樂文章, 侔擬華夏. 但方言俚语, 不與之同. 學書者患其旨趣之難曉, 治獄者病其曲折之難通. 昔新羅薛聰始作吏讀, 官府民間, 至今行之. 然皆假字而用, 或澁或窒. 非但鄙陋無稽而已. 至於言語之間, 則不能達其萬一焉.)” 조선조 군신들은 한자를 전적으로 빌려 쓰는데서 오는 폐단을 깨달았기 때문에 관습을 타파하고 관념을 바꾸어 자신의 민족 언어를 기록하는 문자를 만들기로 결심할 수 있었다. 세종대왕의 언어관은 주로 다음 몇 가지에서 드러난다.

첫째, 세종대왕의 언어관은 문화전통에서 벗어나 새로 시작하려는 것이 아니고, 반대로 '사대숭유事大崇儒'에 바탕을 두었다. 특히 송대 이학은 그가 《훈민정음》을 창제하는데 밑바탕이 된 주된 사상이었다.

둘째, 세종대왕의 언어관에는 자각적인 민족의식이 드러난다. 그는 한자·한문·한자음훈차표기법이 한국어와 모순되는 점이 있다는 것을 또렷하게 인식하였고 근본부터 해결하기로 결심하였다.

셋째, 세종대왕의 언어관은 강한 평민의식을 드러내고 있다. 그는 백성들을 더 잘 교화시키기 위해 반드시 그들의 이중 언어생활을 개선해야 한다고 생각하였고, 새로운 문자를 창제하는 것이 급선무가 되었다.

넷째, 세종대왕의 언어관은 중국 음운학에 바탕을 두었다. 그는 성인의 도를 널리 알리기 위해 반드시 한자음을 정리해야 하며, 이 때문에 백성들에게 맞는 주음부호가 필요하다고 생각했다.

다섯째, 세종대왕의 언어관은 '실용'이라는 기초에서 설립되었다. 중화문화를 전면적으로 학습하기 위해 반드시 번역학을 더 발전시켜야 했고, 이를 위해서는 적절한 표음문자의 제정이 필요했다.

위에서 말한 언어관의 지배하에서 세종대왕은 명확한 창제 동기를 형성하게 되었다. 《훈민정음》을 창제하는 가장 중요한 목적은 장기적으로 존재하는 '언문불일치'의 모순을 해결하고 자신의 민족에게 배우기 쉽고 사용하기 적합한 문자부호를 제공하기 위한 것이며, 이는 그가 서문에서 서술한 바와 같다. "새로 28자를 만드니 사람들이 쉽게 배우고 일상생활에서 사용하기 편하게 하고자 할 뿐이다.(新製二十八字, 欲使人人易學, 便於日用耳.)" 한자·한문의 난해함과 거리감으로 인해 한자는 소수 상류층 인사들이 독점하는 문화자원이 되었으며 이 상황은 세종대왕이 추진하는 '훈민교화訓民教化' 정책에까지 악영향을 미쳤기에 한자의 민족화·실용화와 대중화는 급선무가 되었다. 한자와 한문을 보급하는데 많은 노력으로 적은 성과를 내는 것보다 차라리 백성들이 일상에 사용하는데 적합하고 간편한 문자를 만드는 것이 나았다. "물고기를 잡아주지 말고, 물고기 잡는 법을 가르쳐 주라(授人以魚不如授人以漁)"라는 말은 세종대왕이 매우 고심했던 흔적을 나타낸다. 《훈민정음》을 창제하는 또 다른 목적은 한자의 독음을 교정하고 규범화함으로 조선조에서 신봉하는 '사대숭유'란 기본 국책을 유지하기 위한 것이다. 일찍이 삼국시대부터 중화문화를 전적으로 받아들였고, 조선조에 이르러 중국을 숭배하는 풍조가 더욱 심해졌다. 조선시기의 우의정 김안로金安老는 말을 엄정하게 하면서 품위 있게 하였다. "우리나라가 비록 중국에서 먼 외진 곳에 있으나 의장제도儀章制度는 모두 중국의 것을 모방하여 왔고, 중국에서 우리나라를 다른 나라들과 다르게 대우하여 예의로 허락해준 점도 역시 이와 같은 이유에서입니다(我國雖在僻遠, 凡儀章制度, 皆效中華. 中朝所以待我異諸外國, 以禮儀許之者, 亦以是也.)"50) 고려는 불교로 나라를 보호하였지만 조선은 유교로 나라를 세웠다. 조선시기에 유교사상이 융성해져 국가의 정통 사상으로 선포되었다. 조선의 유교정치는 사회 각 방면으로 퍼졌으며 유학을 중심으로 하는 학술연구, 유학 경전을 시험 내용으로 하는 과거제도, 유학 고서를 교육 텍스트로 하는 서원 등 모두 유학을 널리 알리는데 취지를 두었다. 유학의 보급은 유학 경전의 학습과 전파로 실현되고 한자는 유학 경전을 배우는 도구이므로 한자음을 정리하는 것은 세종대왕의 언어 정책 중 중요한 부분이 되었다. 한자가 한반도에 유입된 후 시간이 흐름에 따라 조선어 한자음은 중국 한자음과 계속 똑같은 모습을 유지하지 못해 양자 간의 차이가 점점 커지고 '속음俗音'·'오독誤讀'이 무척 많아 "대개 자음이 잘못된 것은 열에 일곱 여덟를 차지하고 있으니 이루

50) 《조선태종실록》29년.

다 말할 수 없다(大抵字音之訛, 十居七八, 不可勝言)"(《아언각비》)고 하였다. 한반도의 역대 문인 선비들은 사서오경을 숙독하고 한자·한문을 사용하는데 익숙했지만 그들은 조선어음을 계속 사용하고 한자음을 사용하지 않아 한자음 오독 현상을 피할 수 없었다. 이것은 분명 '지성으로 사대하고(至誠事大)'·'경전을 근본으로 한다(以經爲本)'는 치국 방침과 어긋나는 것이다. 신숙주는 《동국정운東國正韻》서문에서 다음과 같이 지적하였다, "우리나라는 안팎 강산이 스스로 한 구역이 되어 풍습과 기질이 이미 중국과 다르니, 호흡이 어찌 중국음과 서로 합치될 것이랴. 그러한즉, 말의 소리가 중국과 다른 까닭은 이치에 당연한 것이고, 글자의 음에 있어서는 마땅히 중국음과 서로 합치될 것 같다(矧吳東方, 表裏山河, 自爲一區, 風氣已殊於中國, 呼吸豈與華音相合歟? 然則語音之所以與中國異者, 理之所當然也. 至於文字之音, 則宜若與華音相合矣.)" 조선 한자음이 중국 한자음과 서로 맞지 않음으로 조선 통치자는 이를 우려하여 규범화시키기로 결심하였는데 이는 신숙주가 말한 바와 같다, "만일 크게 바로잡지 아니하면 오래 될수록 더욱 심해져 장차 구해낼 수 없는 폐단이 있을 것이다(若不一大正之, 則愈久愈甚, 將有不可救之弊矣.)" 1433년 《훈민정음》이 창제되기 전, 대신들을 소집하여 중국에 유학생을 파견하는 일에 대해 상의할 당시 세종대왕은 "중국의 어음語音은 사대하는 데 관계가 있는 일로서, 생각하지 않을 수 없다(漢音有關事大, 不可不慮.)[51]"라고 강조하였고, 이듬해 사역원에 "專尙漢音(오로지 한음漢音을 숭상함)"에 업무 중점을 두게 하였다. 세종대왕은 한자음의 규범화를 크게 중요시했기 때문에 《훈민정음》의 창제를 가속화시켰다.

《훈민정음》에는 세종대왕이 멀리 내다보는 탁월한 식견을 가지고 있음이 드러나 있고 '언문불일치言文不一'와 '자음불정字音不正' 문제를

51) 《조선세종실록》15년.

해결하려한 두 목적이 모두 '언문'을 통해 실현되었다. '정음'에 근거를 제공하기 위해 세종대왕께서는《훈민정음》을 창제하는 동시에 집현전의 학자들을 모아《동국정운東國正韻》(1447)과《사성통고四聲通考》(1455)를 편찬하고《홍무정운洪武正韻》의 '역훈譯訓'도 완성하였다. 이득춘李得春은 아래와 같이 지적하였다, "이 세 가지의 언어 사업은 동일한 시간대에 동일한 인원들이 완성하였다. 즉《훈민정음》의 창제·한국 한자음의 정리 및 통일·중국 한자음의 연구는 언어문자에 대한 세종대왕의 전체 계획으로 유기적으로 구성되어 서로 불가분의 관계이다."[52]《훈민정음》은 중국 음운학 지식으로 중세기 조선어의 어음을 분석하고 이를 바탕으로 새로운 표음문자를 창제하였다. 1446년 10월(세종28년 9월),《훈민정음해례》가 완성되어 반포하고 시행되었다.《훈민정음해례》의 내용은 다음과 같다.

制字解 : 제자원리, 제자표준, 자음체계, 모음체계, 발음방법 등. 중국 음운학과 송학 이론 두 방면에서 설명하였다.

初聲解 : 한국어 음절의 '초성'에 대해 해석하고 "정음의 초성은 곧 운서의 자모이다(正音初聲, 即韻書之字母也.)"라 하였다. 게다가 초성의 구체적인 음가에 대해 묘사하였다.

中聲解 : 한국어 음절 중의 '중성'에 대해 해석하고 "중성이란 것은 자운의 가운데에 있어서 초성과 종성이 합해져 음을 이룬다(中聲者, 居字韻之中, 合初終而成.)"라고 하였다.

終聲解 : 한국어 음절의 '종성'에 대하여 해석하고 "종성이란 것은 초성과 중성을 이어받 아 자운을 이룬다(終聲者, 承初中而成字韻.)"라고 하였다.

合字解 : 한국어 음절의 짜임에 대하여 해석하고 "초성·중성·종성을 합하여 글자를 이룬다(初中終三聲, 合而成字.)"라고 하였다. 게다가 중세국어의 성조에 대해서도 설명하였다.

52)《韓文與中國音韻》pp.107~108.

用字例 : 초성·중성·종성으로 중세국어의 단어를 어떻게 표기하는지에 대하여 상세히 설명하고 94개 단어에 대한 구체적인 표기도 열거하였는데, 예를 들면 "ㄱ+ㅏ+ㅁ爲감(柿)", "ㅋ+ㅗ+ㅇ爲콩(大豆)", "ㅂ+ㅣ爲비(燕)", "ㅂ+ㅕ+ㄹ爲별(星)" 등이다.

《훈민정음》이 창제한 '언문'은 일종의 음소-음절 문자인데, 단어의 음을 표기할 때 음절마다 초성·중성·종성 세 개의 음소로 구성되기 때문에(어떤 음절에는 초성과 중성만 있다) 음소분석을 할 수 있다. 따라서《훈민정음》의 창제는 분명히 중국 음운학에서 영감을 받았다고 할 수 있다. '초성'은 음운학의 성모, 즉 자음과 같고, '중성'은 음운학의 운복, 즉 단모음·복모음과 같고, '종성'은 음운학의 운미, 즉 비음운미 및 자음운미와 같다.《훈민정음》에서는 "終聲復用初聲(종성終聲은 초성初聲을 다시 사용한다)"이라 하여 한국어의 종성은 따로 만들지 않고 초성과 같은 표기를 쓴다는 것을 설명하고 있다.《훈민정음》의 이런 성질 및 조합원칙은 한자음을 표시하는데 확실히 유리하다.《훈민정음》의 28 자모의 분류 및 구체적인 음가는 다음과 같다.

1) 초성(자음)

[ㄱ]는 엄소리니 '군君'자의 처음 나는 소리와 같다.

[ㄲ]는 어울러 써서 나는 소리고, '규虯'자의 처음 나는 소리와 같다.

[ㅋ]는 엄소리니 '쾌快'자의 처음 나는 소리와 같다.

[ㆁ]는 엄소리니 '업業'자의 처음 나는 소리와 같다.

[ㄷ]는 혀소리니 '두斗'자의 처음 나는 소리와 같다. [ㄸ t']는 어울러 써서 나는 소리니 '담覃'자의 처음 나는 소리와 같다.

[ㅌ]는 혀소리니 '탄呑'자의 처음 나는 소리와 같다.

[ㄴ]는 혀소리니 '나那'자의 처음 나는 소리와 같다.

[ㅂ]는 입술소리니 '별彆'자의 처음 나는 소리와 같다.

[ㅃ]는 어울러 써서 나는 소리니 '보步'자의 처음 나는 소리와 같다.

[ㅍ]는 입술소리니 '표漂'자의 처음 나는 소리와 같다.

[ㅁ]는 입술소리니 '미彌'자의 처음 나는 소리와 같다.

[ㅈ]는 잇소리니 '즉卽'자의 처음 나는 소리와 같다.

[ㅉ]는 어울러 써서 나는 소리니 '자慈'자의 처음 나는 소리와 같다.

[ㅊ]는 잇소리니 '침侵'자의 처음 나는 소리와 같다.

[ㅅ]는 잇소리니 '술戌'자의 처음 나는 소리와 같다.

[ㅆ]는 아울러 써서 나는 소리니 '사邪'자의 처음 나는 소리와 같다.

[ㆆ]는 목소리니 '읍挹'자의 처음 나는 소리와 같다.

[ㅎ]는 목소리니 '허虛'자의 처음 나는 소리와 같다.

[ㆅ]는 아울러 써서 나는 소리니 '홍洪'자의 처음 나는 소리와 같다.

[ㅇ]는 목소리니 '욕欲'자의 처음 나는 소리와 같다.

[ㄹ]는 반혀소리니 '려閭'자의 처음 나는 소리와 같다.

[ㅿ] 는 반잇소리니 '양穰' 자의 처음 나는 소리와 같다.

《훈민정음》의 주요 역할은 한자음을 표시하기 위한 것으로 일부 부호는 한자음을 표시하기 위해 특별히 창제하였다. 예를 들면 '影'母를 표기하는 喉塞音[ㆆ], 전탁 성모 '群'·'定'·'並'·'奉' 및 '從'·'牀'·'匣'·'邪'·'禪'을 표기하는 [ㄲ], [ㄸ], [ㅃ], [ㅆ], [ㅉ], [ㆅ] 등이다. 《훈민정음해례》에서는 초성인 [ㆆ]는 [ㅇ]와 같으므로 언문에서는 통용할 수 있다고 하였다. 이는 [ㆆ]가 당시 한국어의 실제 음소를 대표하지 않았음을 증명한다. 이 밖에, 한국어에 경순음이 없기에 경순음이 나는 한자음을 위해 특수 표기 부호도 창제하였다.

2) 중성(모음)

[ㆍ]는 '탄呑'자의 가운데 소리와 같다.

[ㅡ]는 '즉卽'자의 가운데 소리와 같다.
[ㅣ]는 '침侵'자의 가운데 소리와 같다.
[ㅗ]는 '홍洪'자의 가운데 소리와 같다.
[ㅏ]는 '담覃'자의 가운데 소리와 같다.
[ㅜ]는 '군君'자의 가운데 소리와 같다.
[ㅓ]는 '업業'자의 가운데 소리와 같다.
[ㅛ]는 '욕欲'자의 가운데 소리와 같다.
[ㅑ]는 '양穰'자의 가운데 소리와 같다.
[ㅕ]는 '술戌'자의 가운데 소리와 같다.
[ㅛ]는 '별彆'자의 가운데 소리와 같다.

위에 11개의 중성자에서 7개의 단모음, 4개의 복모음이 있다. 《훈민정음》에서 예로 든 초성자는 발음 기관의 형태를 모방하여 창제한 것이고, 중성자는 역학의 천天·지地·인人, 즉 '삼재설三才說'에 따라 창제한 것이다. 중성자는 'ᆞ'·'ㅡ'·'ㅣ'를 기본자로 하고 각각 '천'·'지'·'인'과 대응하며 십이지의 '자子'·'축丑'·'인寅'과도 조합하는데, 다른 중성자의 형태도 이 세 개 기본자의 기초에서 만들어진 것이다.

《훈민정음》의 '제자해制字解'는 이에 대해 상세히 설명하였다, "중성은 무릇 11자이다. 'ᆞ'는 혀가 오그라지고 소리가 깊어서 마치 천도天道가 자子에서 처음 생하는 것이라 그 모양이 둥근 것은 하늘을 본뜬 것이요. 'ㅡ'는 혀가 조금 오그라지고 소리가 깊지도 않고 얕지도 않아서 마치 지도地道가 축丑에서 처음 물러가는 것이라 그 모양이 평평한 것은 땅을 본뜬 것이요, 'ㅣ'는 혀가 오그라지지 않고 소리가 얕아서 마치 인도人道가 인寅에서 처음 발동하는 것이라 그 선立 모양인 것은 사람을 본뜬 것이다. 이 아래의 여덟 소리는 닫히기도 하고 열리기도 하니 'ㅗ'는 'ㆍ'와 같되 입이 오므라지고 그 모양은 'ㆍ'와 'ㅡ'가 합하여 이룬 것이니 하늘과 땅이 처음으로 사귀는 뜻인 것이요. 'ㅏ'는 'ㆍ'와 같되 입이 벌어지고 그 모양은 'ㅣ'와 'ㆍ'를 합하여 이룬 것이니 천지의 작용이 사물에 나타나 사람을 기다리어 이루는 뜻인 것이요. 'ㅜ'는 'ㅡ'와 같되 입이 오므라지고 그 모양은 'ㅡ'와 'ㆍ'를 합하여 이룬 것이니 또한 천지가 처음으로 사귀는 뜻을 취한 것이요. 'ㅓ'는 'ㅡ'와 같되 입이 벌이지고 그 모양은 'ㆍ'와 'ㅣ'가 합하여 이룬 것이니 또한 천지의 작용이 사물에 나타나 사람을 기다리어 이우는 뜻인 것이요. 'ㅛ'는 'ㅗ'와 같되 'ㅣ'에서 일어나고, 'ㅑ'는 'ㅏ'와 같되 'ㅣ'에서 일어나고, 'ㅠ'는 'ㅜ'와 같되 'ㅣ'에서 일어나고, 'ㅕ'는 'ㅓ'와 같되 'ㅣ'에서 일어난 것이다(中聲凡十一字、舌縮而聲深, 天開於子也, 形之圓象乎天也. 一舌小縮而聲不深不淺, 地闢於丑也, 形之平象乎地也. ㅣ舌不縮而聲淺, 人生於寅也, 形之立象乎人也. 此下八聲 一闔一闢 . ㅗ與ㆍ同而口蹙, 其形則ㆍ與ㅡ合而成, 取天地初交之義也. ㅏ與ㆍ同而口張, 其形則ㅣ與ㆍ合而成, 取天地之用發於事物待人而成也. ㅜ與ㅡ同而口蹙, 其形則ㅡ與ㆍ合而成, 亦取天地初交之義也. ㅓ與ㅡ同而口張, 其形則ㆍ與ㅣ合而成, 亦取天地之用發於事物待人而成也. ㅛ與ㅗ同而起於ㅣ. ㅑ與ㅏ同而起於ㅣ. ㅠ與ㅜ同而起於ㅣ. ㅕ與ㅓ同而起於ㅣ.)" 위의 11개의 중성자 외에 당시 문헌에서 사용된 18개의 중성자도 있어 모두 복모음에 속하고 자형字形은 11개의 중성에서 파생한 것이다.

3) 종성(자음)

《훈민정음》에서 "종성終聲은 초성初聲을 다시 사용한다(終聲復用初聲)"라고 규정하였는데, 그 뜻은 종성에 다른 자모를 만들지 않고 초성과 같은 부호를 쓴다는 뜻이다. '종성'은 실제로 곧 자음운미이므로 '초성'과 같다는 것도 이치에 맞는 일이다.

종성으로 쓰이는 자음은 모두 8개, 즉[ㄱ][ㅇ][ㄷ][ㄴ][ㅂ][ㅁ]

[ㅅ][ㄹ] 이다. 《홍무정운역훈》과 《사성통해》에서는 또 두 개의 자음운미가 있는데, 후색음[ㆆ]과 반치음 [ㅿ]이다. 《훈민정음》의 '종성'에 관한 사용원칙도 한자음을 표시하는데 적용하며 바로 '종성'을 분리해 냈기 때문에 우리는 한국어에서 한자음 운미의 구체적 음가 및 그의 변천을 뚜렷하게 알 수 있었다.

《훈민정음》의 28개 표음문자는 15세기 한국어 어음계통을 그대로 반영하였으며 한자음을 표시하는데 '반절反切'원리를 충분히 참고하였고 성운의 조합으로 음절을 표기하였다. 유일한 차이점은 반절에는 성聲·운韻·조調 삼분법三分法을 채택하였지만 운과 조는 반절하자反切下字에서 하나로 묶어지기 때문에 실제로는 성과 조를 이분한 것이다. 그러나 《훈민정음》은 초성·중성·종성 삼분법을 채택하여 운미를 중요시하고 성조는 강조하지 않았는데, 이는 한국어 어음에서 성조 구별이 없기 때문이다. 따라서 《훈민정음》의 '합자合字'는 '반절'의 한국판으로 원리는 본질적 차이가 없다는 것을 알 수 있다. 그러나 초성·중성·종성이란 삼분법이 한 음절의 자음·개음介音·모음·성조를 분리시켜 음소 분석을 더욱 합리적이고 정확하게 분석한다는 점은 '반절'보다 더욱 과학적이다. 한국어 한자음의 음절 구조는 대체로 네 가지 형식이 있다. 즉 (C=모음, V=자음)

① V ② C+V ③ V+C ④ C+V+C이다.

《훈민정음》의 한자음을 표시 방법은 다음과 같다.

'韓'은 중국어에서 반절하면 '胡安切'로 [h]와 [an]이 합해지는 것인데, 《훈민정음》에서는 초성[h]·중성[a]·종성[n]이 합해지는 것이 된다.

'國'은 중국어에서는 '古或切'로 [k]와 [uk]이 합해지는 것인데, 《훈민정음》에서는 초성[k]·중성[u]·종성[k]이 합해지는 것이 된다.

《훈민정음》은 성조의 표기에 대해서도 구체적으로 규정하였다.

15세기 한국어에 성조가 있는지는 지금까지 이견이 있다. 강신항姜信沆은 당시 한국어는 성조가 있었기 때문에 《훈민정음》의 〈예의편例義篇〉에서 특별히 성조를 구분하는 '방점법傍點法'을 설정하였다고 생각한다. 이득춘은 한국어에 음을 구별하는 특징을 지닌 성조가 존재하는지는 아직 결론을 내리기 어렵다고 하였다. 《훈민정음》의 '사성四聲'에 관한 용어는 명백하게 중국 음운학에서 기원한 것으로 '합자해合字解'에서는 아래와 같이 지적하였다. "평성은 안정되고 부드러우니 봄이라 만물이 펴져 활기참과 같고, 상성은 부드럽게 들리니 여름이라 만물이 점점 무성해 지는 것과 같고, 거성은 들리고 씩씩하니 가을이라 만물이 이루어져 무르익는 것과 같고, 입성은 빠르고 막히니 겨울이라 만물이 닫히어 잠기는 것과 같다(平聲安而和, 春也, 萬物舒泰; 上聲和而舉, 夏也, 萬物漸盛; 去聲舉而壯, 秋也, 萬物成熟; 入聲促而塞, 冬也, 萬物避藏.)" 《훈민정음》에서는 한자음이 성조가 있을 뿐만 아니라 당시의 고유 어휘에도 성조가 있다고 단언하였으며, '합자해'에서 이 점에 대해 예도 제시하였다. 활弓은 평성, 돌石은 상성, 칼刀은 거성, 필筆은 입성이다. 우리는 고대 한국어 고유어에 성조 구별이 아마도 있었을 것이라고 여기며, 오늘날 경상도 방언에 흔적이 남아있다고 생각한다. 그러나 성조가 존재한 것은 아마도 한자 성조의 영향을 받았기 때문일 것이며 고유어의 성조는 틀림없이 한자음 성조와 일치하지 않았을 것이다. 그러므로 《훈민정음》에서 고유어 성조에 대한 설명도 분명히 모방에서 비롯되었을 것이다.

《훈민정음》에 성조에 대한 표기법은 "글자의 왼쪽에 한 점을 가하면 거성이 되고 두 점을 가하면 상성이 되고 점이 없으면 평성이 된다. 한자의 입성은 거성과 비슷하다(左加一點則去聲, 二則上聲, 無則平聲, 入聲加點同而促急.)"라고 했다. 성조를 표기하고 상응한 부호를 제정했다는 것은 아주 과학적인 창조인데 이는 또한 중국 음운학을 발전시켰다.

총괄적으로 말한다면, 《훈민정음》의 창제는 한자음 표기를 위해 과학적인 방법을 제공하였는데 그 가치는 한국어 한자음을 규범화하는데 있을 뿐만 아니라 근대 중국어 어음을 연구하는 데에도 귀중한 자료를 남겨주었다.

2. 한국어 한자음의 성질

한국어 한자음은 오랫동안 혼란 상태에 놓여 있었는데, 양국의 유구한 문화교류 역사로 인해 각기 다른 역사 시기의 한자음이 흔적을 남겼기 때문이고 또 한국에 한자음을 표기하는 도구가 없었기 때문이다. 이런 상황은 조선 세종 시기에 바뀌게 되었다. 세종대왕은 한자음의 규범화를 중요시하고 이를 어문정책의 하나로 삼았는데, 그가 "중국의 어음語音은 사대하는 데 관계가 있다"는 것을 알았기 때문이다. 이를 위해 세종대왕은 한자음을 표기하는 '언문'을 발명했을 뿐만 아니라 한자·한문을 학습하기 위한 한중 대조 음운서 《홍무정운역훈》·《사성통해》·《동국정운》도 편찬하여 그의 3대 어문사업이 완성되었다. 이 세 부 운서에 대한 연구를 통해서 우리는 한국 한자음의 기본 상황을 알 수 있고 이를 바탕으로 한자음의 어음 성질도 탐구할 수 있다. 한국 한자음의 어음 성질에 대하여 학계에서는 줄곧 서로 다른 견해가 있었다. 우리는 다음과 같이 생각한다. 첫째, 한국어 한자음은 거의 중국어 한자음과 같이 발전하였는데, 양국 간의 빈번한 인적 교류 및 언어교제가 필요한 조건을 충족하였다. 둘째, 한국어 한자음은 대체로 중국 북방관화음계에 속하는데, 이는 양국의 지리적 관계로 결정된 것이다. 일본어 한자음은 비교적 복잡하며 일반적으로 오음吳音·한음漢音·당음唐音 세 가지로 나눈다. 오음은 '화음和音'·대마음對馬音으로 불리기도 하는데, 모태가 된 음은 중국 육조六朝시기 장강長江 하류의 오吳방언으로 5세기에서 7세기까지의 중국 한자음을 반영하였다. '한음'은 '정음正音'으로도 불리는데 모태가 된 음은 중국 당대 중반의 장안長安방언으로 8세기에서 9세기까지의 중국 한자음을 반영하였다. '당음'은 마지막에 일본에 들어간 것으로 모태가 된 음은 중국 송대 말기의 중국 북방관화인데 12세기에서 13세기까지의 중국 한자음을 반영하였다. 일본 한자음과 비교해보면 한국어 중의 한자음이 비교적 단순하고 한반도의 역대 학자들이 한학에 정통하고 운서를 잘 알았기 때문에 한자음을 규범화하는데 용이했다. 아래에서 우리는 조선시기의 세 부 운서를 소개함으로써 한국 한자음의 성질을 귀납해 보기로 한다.

1) 《동국정운東國正韻》

최항·박팽년·신숙주 등이 편찬한고 신숙주가 서문을 지었다. 모두 여섯 권이며 세종 29년(1447)에 완성되었고 이듬해 9월에 간행되었다. 책 서문에서 신숙주는 "우리나라는 안팎 강산이 한 구역이 되어 풍습과 기질이 이미 중국과 다르니, 호흡이 어찌 중국음과 서로 합치될 것이랴. 그러한즉, 말의 소리가 중국과 다른 까닭은 이치의 당연한 것이고, 글자의 음에 있어서는 마땅히 중국음과 서로 합치될 것 같으나, 호흡의 돌고 구르는 사이에 가볍고 무거움과 열리고 닫힘의 동작이 역시 반드시 말의 소리에 저절로 끌림이 있어서, 이것이 글자의 음이 또한 따라서 변하게 된 것이니, 그 음音은 비록 변하였더라도 청탁淸濁과 사성四聲은 옛날과 같은데, 일찍이 책으로 저술하여 그 바른 것을 전한 것이 없었다.(矧吳東方, 表裏山河, 自爲一區, 風氣已殊於中國, 呼吸豈與華音相合歟, 然則語音之所以與中國異者, 理之所當然

也. 至於文字之音, 則宜若與華音相合矣. 然其呼吸旋轉之間, 輕重翕辟之機, 亦必有自牽於語音者, 此其字音之所以亦隨而變也. 其音雖變, 淸濁四聲則猶古也, 而曾無著書以傳其正)"라고 하였다. 여기서 이 책이 완전히 당시 한자음의 속음화俗音化와 혼란 국면에 초점을 맞추어 편찬되었고 중국 운서 체제로 한국 한자음을 교정한 운서란 것을 알 수 있다. 구체적인 방법은 신숙주가 서문에서 말한 바와 같다. "세속의 습관을 두루 채집하고 전해 오는 문적을 널리 상고하여, 널리 쓰이는 음音에 기본을 두고 옛 음운의 반절법에 맞추어서 자모字母의 칠음七音과 청탁淸濁과 사성四聲을 근원의 위세委細한 것까지 연구하지 아니함이 없이 하여 옳은 길로 바로잡게 하셨사옵니다(旁采俗習, 博考傳籍, 本諸廣用之音, 協之古韻之切, 字母七音淸濁四聲, 靡不究其源委, 以復乎正)" 따라서 이 책의 한자음 체계는 중국의 중고中古음계를 그대로 옮겨 놓은 것이 아니라 한국 한자음의 실제 독음에 입각하여 중국 중고음계로 조정하고 바로잡았던 것을 알 수 있다. 바꿔 말하면 총체적으로 한자 원음에 가까이하나 이미 일반 대중에 의해 인정된 실제 독음도 고려했다는 것이다. 즉 부분적으로 풍습에 따르고 대중을 따른다는 것이다. "널리 쓰이는 음音에 기본을 두고 옛 음운의 반절법에 맞추다(本諸廣用之音, 協之古韻之切)"란 것이 이 책의 한자음을 규정하는 표준이다. 《동국정운》의 음계는 표준 중국어 중고음도 아니고 실제 한자음도 아니라 인위적으로 규정된 조화음調和音이다.

《동국정운》의 음계는 중국 등운학等韻學을 바탕으로 결론을 얻은 것으로 《훈민정음》의 학술성과를 충분히 참고하였다. 《동국정운》이 구축한 자음계통은 전통적 36개 자모와 달리《훈민정음》의 23개 자모를 채택하였다. 36개 자모에서는 설상음舌上音과 설두음舌頭音, 경순음輕脣音과 중순음重脣音, 정치음正齒音과 치두음齒頭音이 이미 구별되어 있으나 한국 한자음에는 변화가 없음으로 이전의 상고음上古音

을 그대로 유지하고 있다. 이는 신숙주가 서에서 말한 바와 같다. “자모字母를 만든 것은 소리에 맞출 따름이요, 설두舌頭·설상舌上과 순중脣重·순경脣輕과 치두齒頭·정치正齒와 같은 것들은 우리 글자 음에는 분별할 수 없으니 또한 마땅히 자연에 따라 할 것이지, 어찌 꼭 36자에 구애 받을 것이랴(字母之作, 諧於聲耳, 如舌頭舌上 脣重脣輕 齒頭正齒之類, 與我國字音未可分辨, 亦當因其自然, 何必泥於三十六字乎?)” 따라서 《동국정운》은 《훈민정음》과 같이 그들을 다른 음소로 구분하지 않았다. 중국 운서의 전탁성모全濁聲母는 《훈민정음》에서는 독립된 음소가 아니지만 《동국정운》은 중국 운서의 ‘청탁대립淸濁對立’ 에 맞추기 위해 인위적으로 규정하였다. 이 점에 대해서도 신숙주는 서문에서 설명하였다. “우리 말소리에 청탁淸濁의 구분이 중국과 다름이 없는데, 글자음에는 탁성濁聲이 없으니 어찌 이러한 이치가 있을 것인가. 이는 청탁淸濁이 변한 것이다(我國語音, 其淸濁之辨與中國無異, 而於字音獨無濁聲, 豈有此理? 此淸濁之變也.)” 따라서 《동국정운》은 한자음에 대해서 시종일관 중국 운서를 기본으로 하였으나 운서에 구애 받지 않고 이유가 있으면 변통하기도 하였다는 것을 알 수 있다.

《동국정운》의 모음체계는 아주 독특한데 91개의 운모체계는 한국어 한자의 실제 독음을 대조하여 나온 것이다. 중국어 등운학의 운韻은 운두韻頭·운복韻腹·운미韻尾 세 부분으로 구성되어 있다. 중고중국어 시기에 운두의 사용이 비교적 활달하였는데 특히 [w]이 많이 사용되었다. 《동국정운》에서 [w]는 단지 일부 모음과 결합할 수 있었는데 중국 운서에 맞추기 위해 편집자가 신축성 있게 처리하였다. 음성운미는 ‘중성’의 한 부분으로 간주하였는데, 《동국정운》의 ‘중성’은 음성운미를 포함하고 있다. 따라서 운미를 가진 중성을 표기하기 위해 또 일부 복모음을 더하였다. 또한 중국어 입성자의 독음은 《동국정운》에 아주 잘 보존되어 있다. 한국어 실제 독음에서 입성자

중의 자음운미[k]·[p]는 잘 보존되어 중국어 독음과 다름이 없고 [t]는 변하여 반설음[l]로 읽는다. 이에 대해 신숙주는 "또 '질質'운과 '물勿'운에 있어서 '영影'으로써 '내來'를 보충하여 속음을 따르며 바른 음에 맞게 하였다. 옛 습관의 그릇됨이 이에 이르러 모두 고쳐진지라(又於'質''勿'之韻, 以'影'補'來', 因俗歸正. 舊習訛謬, 至是而悉革矣.)"라고 설명하였다. 이는 또 한 가지의 절충법으로 '속음을 따르기'도 하고 '모두 고치기'도 하려고 해서 "영影으로 내來를 보충하였다"고 했다. 즉 종성은 후색음과 반설음으로 구성되었다는 것이다. 그래서 실제 독음도 비슷하고, 운서의 규정에도 맞았다. 한자음 중의 입성운미-t가 어째서 -l로 변했는지에 대해 국내외 학자들은 각자 견해가 달랐다. 어떤 학자들은 상고 중국어에서 -r운미가 있어서 한국 한자음의 -l이 영향을 받았다고 주장하고(고본한高本汉·이방계李方桂·동동소董同酥·최희수崔羲秀 등), 어떤 학자들은 한국어 자체에서 -t음을 회피하는 특징이 있는데 고유 음계가 선택한 결과라고 주장하였다(안병호安炳浩·박병채朴炳采·김영황金榮晃 등) 또 어떤 학자들은 입성운미-t가 역사 발전 과정에서 –t〉-d(-r)〉- ?〉-o 등의 변화를 겪고 마지막에 탈락하였는데 한국 한자음은 -r단계의 입성운미만 받아들였다고 주장하였다(아리사카히데요有坂秀世 · 이기문李基文 등) 신동월申東月의 〈漢韓對音中爲何-t〉-l의 原因〉에서 이런 전환은 고대 한국어 고유의 어음 특징이라 하였다. 고대 한국어는 개음절開音節 언어이므로 자음운미가 없었는데, 이후 일부 단어들의 끝부분 음절의 모음이 탈락하면서 폐음절閉音節로 된 것이다. 예를 들면 koma〉kom(곰), syə-ma〉syə(섬) 등이 있다. 한자가 처음 유입될 때 입성운미-t 뒤에 아마도 모음 하나를 덧붙였는데 두 모음 사이에 있는 -t는 -r로 동화되었고, 그 과정은 곧 '중국어 CVt〉모음을 덧붙임〉한국어 CVtV〉CVrV 모음탈락〉CVr'이다.

《동국정운》과 《훈민정음》은 자동차의 두 개의 바퀴와 같아 《훈민정음》의 내용과 체제를 정확하게 파악해야만 《동국정운》의 한자음 체계를 전반적으로 이해할 수 있다. 이 두 가지를 비교해보면 체제에서 큰 차이는 없다, 예를 들면 《훈민정음》의 초성 체계는 《동국정운》에서 자모 체계이다. 당시 한국어에서 전탁성모는 이미 없어졌는데 한자음을 표시하기 위해 전탁성모를 특별히 설립하였다. 《동국정운》에서 '팔종성'(8개의 전탁성모)이 있는데 실제 한국어 독음에서는 2개만 초성에 쓰일 수 있다. 성모 중의 경순음[f]는 한자음 표기에 쓰이지 않으므로 단지 부록에만 넣고 초성체계에 넣지 않았다. 후색음도 한국어에만 있는 것으로 일반적으로 초성 혹은 모음 사이에 두지 않으나 한자음을 표기할 때 초성에 쓰일 수 있기 때문에 초성체계에 끼워 넣었다. 미모微母[w]도 한국어에서 존재하지 않으나 '蕭'·'肴'·'豪'·'尤'운의 한자음을 표기할 때 종성 [u]와 [o]로 쓰이며 '魚'·'虞'운과 구별하기 위해 [u]·[o]는 경순음에만 표시했다. 《훈민정음》이 국민들의 언어문자생활에 도구를 제공했다면 《동국정운》은 한자음의 통일과 규범을 위해 표준과 근거를 제공했다.

2) 《홍무정운역훈洪武正韻譯訓》

《홍무정운》은 명대 홍무 8년(1375) 악소봉樂韶鳳·송렴宋濂 등 11명이 황제의 명을 받들어 편찬한 것이며 관청의 운서이기에 '홍무'로 명명하였다. 편찬 원칙은 "전부 중원 아음雅音으로 기준을 삼는 것(壹以中原雅音爲定)"이다. 원고가 나오자 방언에 국한됨을 피하기 위해 광범위하게 유기劉基·왕광양汪廣洋 등의 의견을 참고하여 전후 여섯 번의 수정을 거쳐서 비로소 탈고하였다. 《홍무정운》의 음계는 31개 성모 76개 운모이다.[53] 《홍무정운》과 거의 같은 시기에 나

53) 조성(趙誠)《中國古代韻書》 p.81, 중화서국, 1979년.

타난 《중원음운中原音韻》(1333)과 비교해보면 양자가 모두 '중원아음'이라 주장하지만 어떤 점에서는 차이가 있어 완전히 두 개의 서로 다른 계통으로 볼 수 있다. 예를 들면 《중원음운》에서 '평성자를 음평과 양평으로 나누고(平分陰陽)'·'입성자를 다른 세 성조에 넣었다(入派三聲)'고 하였는데 《홍무정운》에서는 입성을 따로 구분하고 평성도 음과 양으로 나누지 않았다. 즉 전자의 성조에는 음평陰平·양평陽平·상성上聲·거성去聲이 있고 후자는 변함없이 평平·상上·거去·입入이다. 이 차이들에 대해 나상배羅常培는 당시(14세기) 중국 북방에는 두 개의 병행되나 서로 어긋나지 않는 독음계통이 있는데 "하나는 관화官話를 대표하는 것이고 하나는 방언을 대표하는 것으로, 독서음讀書音과 구두음口頭音이다"[54]라고 해석했다. 왕력王力은 "《홍무정운》은 당시 중원음을 대표할 수 없으며 그리고 한 지방의 음이 아니라 여러 방언이 뒤섞인 것이다."[55]라고 하였다. 이에 대해 우리는 다음과 같이 이해할 수 있다. 《홍무정운》은 방언에 구애받지 않는 관화 계통을 대표하는 것이고, 《중원음원》은 북방방언의 입말 계통을 대표하는 것이다. 관화가 넓은 지역에서 성행하고 또 그 중에 고음 성분이 많이 남아 있어 남방방언과 은연중에 일치하는 점이 많기 때문에 명·청 양대의 희곡계에서는 이런 말이 전해진다. "북방에서는《중원음운》을 근본으로 하고, 남방에서는《홍무정운》을 숭상한다(北主《中原》, 南宗《洪武》)" 《홍무정운》은 당시 영향이 크고 분포 지역이 넓은 관화의 어음계통을 반영하였기에 조선 학자들이 이를 정통으로 간주하고 한자음의 표준으로 신봉하였다. 그래서 '훈역'을 하게 되었다. 《홍무정운역훈》은 조선 단종 3년(1455)에 완성되었으며 모두 16권 8책자로 구성되었고 신숙주·성삼문 등이 편찬한 것이다.

54) 〈論龍果夫的八思巴字和古官話〉, 《中國語文》, 1959년 12期.
55) 《漢語音韻學》 pp.508~509, 중화서국, 1981년.

이 책은《홍무정운》의 체제와 내용을 온전하게 유지하는 기초에서 원본의 반절을 언문으로 음역하고 또 언문으로 당시 중국의 북방음(속음)을 표기하였다. 신숙주는 서문에서 '역훈'의 동기와 체제를 설명하며 아래와 같이 지적하였다. "이는 사방의 풍토가 동일하지 않음에 따라 기氣도 역시 다르며 소리는 기氣에서 나기 때문에 이른바 사성四聲·칠운七韻이란 당연히 지방에 따라 다르다. 그런데 심약沈約이 ≪사성보四聲譜≫를 저술함으로부터 남방의 음音이 섞이게 되어 식자들이 타당하지 않게 여겼으나 역대에 아무도 정리하여 바르게 해놓은 이가 없었다. 명明 나라 태조 황제가 그 착오를 민망히 여기고, 유신儒臣에게 명하여 한결 같이 중원의 정음으로서 정하여《홍무정운洪武正韻》을 만들었으니, 실로 천하 만국이 따르는 바이다. 우리 세종 장헌대왕께서 운학韻學에 유의하시어 끝까지 궁구하여 훈민정음訓民正音 몇 십 글자를 만들어 놓으시니, 사방에 있는 만물의 소리를 전하지 못할 것이 없으며, 우리 동방 선비가 비로소 사성四聲·칠음七音을 알게 되어 저절로 갖추지 못할 것이 없으며, 특히 자운字韻에만 한정될 뿐이 아니다. 이에 우리나라가 대대로 중국을 섬겼으나 언어가 통하지 아니하여 반드시 통역을 의뢰하기 때문에 제일 먼저《홍무정운》을 번역할 것을 명하였다(蓋四方風土不同, 而氣亦從之. 聲生於氣者也, 故所謂四聲七音, 隨方而異. 宜自沈約著譜, 雜以南音, 有識病之, 而曆代未有釐正之者. 洪惟皇明太祖高皇帝湣其乖舛失倫, 命儒臣一以中原雅音, 定爲《洪武正韻》, 實是天下萬國所宗. 我世宗莊憲大王留意韻學, 窮研底蘊, 創制《訓民正音》若幹字, 四方萬物之聲無可不傳. 吳東邦之士, 始知四聲七音, 自無所不具, 非特字韻而已矣. 於是以吳東國世事中華, 而語音不通, 必賴傳譯, 首命譯《洪武正韻》)"·"무릇《홍무정운》에 사용한 운이 병석併析된 것은 모두 바로잡아 놓았는데 유독 칠음의 선후가 그 순서를 따르지 아니한다. 그렇다고 감히 경솔히 변경할 수가 없어서 다만 이전

것을 그대로 두고 자모字母를 여러 운과 각 글자의 머리에 나누어 편입시켰다. 훈민정음을 이용하여 반절反切을 대신하고, 그 속음俗音과 두 가지로 사용하는 음을 몰라서는 아니되므로 나눠서 본 글자 아래 주를 달고, 그래도 통하기 어려운 것이 있으면 대강 주석을 가해서 그 예를 보여주고, 또 세종께서 정해 놓으신 《사성통고四聲通攷》를 따로 머리에 붙이고, 다시 범례凡例를 나눠서 표준을 만들었다(夫洪武正韻用韻並析, 悉就於正, 而獨七音先後不由其序, 然不敢輕有變更, 但因其舊, 而分入字母於諸韻各字之首, 用《訓民正音》以代反切. 其俗音及兩用之音又不可以不知, 則分注本字之下. 若又有難通者, 則略加注釋, 以釋其例. 且以世宗所定《四聲通考》別附之頭面, 復著凡例, 爲之指南.)"

서병국徐炳國의 고증에 따르면 7세기에 신라가 당나라 문화를 전면적으로 의지하고 받아들여 중국 고대 운서 및 음운학 지식이 한반도에 들어오기 시작하였다. 조선 초기에 중국 고대의 영향이 남아 있는 운서가 모두 유입되어 학자들의 음운학에 대한 이해는 이미 상당한 수준에 달하였다.[56] 주의할 만 한 것은 조선 학자들은 육법언陸法言의 《절운切韻》과 손면孫愐의 《당운唐韻》에 대해서는 별로 언급하지 않고, 《광운廣韻》에 대해서는 아주 관심을 가졌는데 이는 아마도 《절운》과 《당운》의 산실과 관련이 있을 것이다. 이후 《예부운략禮部韻略》(1037)·《집운集韻》(1039)·《몽고운략蒙古韻略》(1269)·《고금운회古今韻會》(1292)·《중원음운中原音韻》(1324)이 잇달아 나타나 한자음 연구를 더욱 촉진시켰다. 특히 조선 건국 전후에 나타난 《홍무정운》은 세종 시대와 가장 가깝기에 학자들의 관심을 불러일으켰다. 조선의 음운학 연구는 《고금운회거요古今韻會擧要》(1297)와 《홍무정운》을 위주로 하였는데 《조선세종실록》 32년에는 "신숙주가 《홍무정운洪武正韻》을 가지고 한참 동안 강론하였다(申叔舟將《洪武正韻》講論良久.)"라

56) 《대학 국어학사》 p.87, 한국문학사, 1990년.

고 기록되어 있다. 여기서 세종이 이 책을 얼마나 중시하는지를 알 수 있다. 사실 세종 15년 조선 군신들이 이미 한자음을 배우고 규범화시키는 것에 대해 신중하게 토론하였는데, 세종대왕은 "중국의 어음語音은 사대하는데 관계가 있는 일로서, 생각하지 않을 수 없는 것이다. 나는 이 자제子弟들을 의주義州에 보내어 요동遼東에 내왕하면서 중국말을 전습傳習하게 하고자 하는데 어떻겠는가?(漢音有關事大, 不可不慮. 予欲遣子弟於義州, 使之來往遼東, 傳習漢語, 何如?)"하니, 모두가 아뢰기를 "요동은 중국의 한 지방으로서 어음語音이 바르지 않습니다. 신 등의 생각에는, 지난 번 뽑은 자제들을 그대로 사역원司譯院에 근무하게 하여 항상 중국 발음으로 된 여러 서적을 익히게 하며, 우리나라 사신이 북경에 갈 때마다 동행하게 하십시오. 이렇게 파견하기를 그치지 않는다면, 중국말을 저절로 깨우쳐 능통하게 될 것이라고 사료되옵니다(遼東乃中國一方, 語音不正. 臣等以爲前所選子弟, 使之仍仕司譯院, 常習漢音諸書, 每於本國使臣赴京時, 並差入送. 如此循環不已, 則漢音自然通曉.)"라고 하였다.[57] 그들이 중국 운서를 한자음의 표준으로 간주하고 방언입말은 규범에 맞지 않다고 생각하는 것을 알 수 있는데, 이는 《홍무정운》이 주목받은 원인을 충분히 설명하였다.

《홍무정운》이 '중원아음'에 어음의 근거를 두려고 하니, 옛 운의 반절을 당연히 고쳐야 할 것이다. 이 책의 반절상자反切上字를 분석귀납하면 자모가 모두 31개가 있다는 것을 알 수 있다. 전통 36자모와 비교하면 '非母'와 '敷母', '知母'와 '照母', '徹母'과 '穿母', '澄母'과 '牀母', '泥母'와 '娘母', '澄母'과 '牀母'(牀母의 일부는 禪母와 합류됨), '泥母'와 '日母'가 합류되어 다섯 개가 적어진 것이다. 《중원음운》과 비교하면 탁성모가 온전하게 유지되어 있고 청탁의 구분이 아주 엄격하다. 다음은 《홍무정운역훈》의 언문 주음注音에

57) 《조선세종실록》15년.

의하여 대역한 음성기호 도표이다.

부위 / 방법	牙音	舌頭音	重脣音	輕脣音	齒頭音	正齒音		半舌音	半齒音
全淸	見k	端t	幫p	非f	精ts	照tʂ	影ø		
次淸	溪k‘	透t‘	滂p‘		淸ts‘	穿tɕ‘	曉x		
全濁	群g	定d	並b	奉v	從dz	牀dʑ	匣ɣ		
不淸不濁	疑ng	泥ŋ	明m	微ɱ		喩j	來l	日ɽ	
全淸					心s	審ʂ			
全濁					邪z	禪ʐ			

《훈민정음》에는 단지 23개의 자음만 있고《홍무정운》의 자음보다 8개나 적기 때문에《역훈》에서는 변통하는 방법을 적용해서 표기하였다. 한자음을 규범화시키기 위해《역훈》은 전반적으로《홍무정운》의 자음계통을 따르고《중원음운》의 자음계통을 따르지 않았는데, 이는《역훈》의 편집자들이《홍무정운》이 한자음의 기원과 발전을 더욱 잘 나타낼 수 있어 규범으로 삼는데 더욱 적절하다고 생각했기 때문이다. 이는 신숙주가 서문에서 말한 바와 같다, “시성始聲이 있고 종성終聲이 있어 한 글자의 음을 이루는 것은 필연의 이치이다(有始有終, 以成一字之音, 理之必然)” 이후 최세진崔世珍은《사성통해》및《번역노걸대》·《번역박통사》의 언문 발음 표기에서도 31개 자음의 체제를 따랐다.

《홍무정운》의 운부체계는 아주 특별하다. 가장 큰 특징은《예부운략禮部韻略》을 교정하였다는 것이며, 이는 송렴宋濂이 서문에서 말한 바와 같다. “지금 홀로 쓰이지만 마땅히 함께 쓰여야 하는 것에는

'東'운과 '冬'운, '淸'운과 '靑'운 등이 있고 함께 쓰이지만 마땅히 두 가지로 나눠야 하는 것에는 '虞'운과 '模'운, '麻'운과 '遮'운 등이 있다, 이와 같은 것을 다 일일이 열거할 수 없다(有獨用當並爲通用者, 如東·冬·淸·靑之屬; 亦有一韻當析爲二韻者, 如虞·模·麻·遮之屬, 若斯之類, 不可枚擧.)" 따라서 《홍무정운》을 귀납하고 분석한 후, 평성·상성·거성에 각 22부, 입성 10부로 모두 76운이 되었다. 다음은《홍무정운역훈》에 의거하여 대역한 음성기호이다:

평성	상성	거성	입성	국제 음성기호
一東	一董	一送	一屋	[uŋ][iu][uk][iuk]
二支	二紙	二寘		[ʅ][ï]
三齊	三薺	三霽		[i][ĭəi]
四魚	四語	四御		[ĭu]
五模	五姥	五暮		[u]
六皆	六解	六泰		[ai][ĭai]
七灰	七賄	七隊		[ui]
八眞	八軫	八震	二質	[in][en][un][ĭun][it][ət]
九寒	九旱	九翰	三曷	[æn][uən][ət][uət]
十刪	十產	十諫	四轄	[an][ĭan][uan][at][ĭat][uat]
十一先	十一銑	十一霰	五屑	[ĭən][ĭuĭən][ĭət][ĭuĭət]
十二蕭	十二篠	十二嘯		[ĭət]
十三爻	十三巧	十三效		[au][ĭau]
十四歌	十四哿	十四箇		[ə][uə]
十五麻	十五馬	十五禡		[a][ĭa][ua]
十六遮	十六者	十六蔗		[iə]
十七陽	十七養	十七様	六藥	[ang][ĭang][uang][ak] [ĭak][uak]
十八庚	十八梗	十八敬	七陌	[eng][uing][ĭuing][əing] [ik][uik][ĭuik][əik]
十九尤	十九有	十九宥		[ĭu][ou]

二十侵	二十寢	二十沁	八緝	[im][əm][ip][ɣp]
廿一覃	廿一感	廿一勘	九合	[am][ĭam][ap][ĭap]
廿二鹽	廿二琰	廿二豔	十葉	[ĭəm][ĭəp]

《홍무정운역훈》에는 《사성통고》 범례 한 편을 덧붙였다. 《사성통고》는 신숙주가 편찬하였다. 단종 3년(1455)에 완성되었으나 현재 실전失傳된 상태이다. 이 책은 《홍무정운》의 축약본으로 체제는 "여러 글자를 한데 모아 성질에 따라 취합하여 책을 만들었으며, 한글음을 맨 앞에 내세우고 이것을 사성의 차례에 맞추어 청탁의 이치에 맞게 조화시키고 거기에 자모를 붙이는 것(類粹諸字會爲一書, 冠以諺音, 序以四聲, 諧之以淸濁, 系之以字母)"이다.(《사성통해四聲通解》서(序)) 《사성통고》는 반절음과 당시의 음으로 이중으로 표기하였는데 범례에서 "모든 운서와 지금 중국에서 사용하고 있는 책으로 그 자음을 정하고, 중국의 지금 음으로써 널리 사용 되고 있으나 운도와 운미의 음과 합치되지 않는 것은 글자의 반절反切 아래에 속음을 기록했다(以圖韻諸書及今中國所用定其字音, 又以中國時音所廣用而不合圖韻者, 逐字書俗音於反切之下.)"라고 하였다. 따라서 《사성통고》는 《홍무정운역훈》과 같이 모두 당시 한자의 독서음讀書音과 구두음口頭音을 고려하였다는 것을 알 수 있는데, 즉 한자음을 표준화시킬 때 언어교제에서의 실제 요구도 고려했다는 것이다. 《사성통고》에서는 양국의 어음 차이도 비교하였는데, 범례에서는 "대체로 우리나라의 음은 가볍고 얕으며, 중국의 음은 무겁고 깊다. 지금 《훈민정음》은 우리말을 근본으로 나왔으니 만일 한자음에서 사용하면, 필히 변화하여 통용해야만 장애가 없을 것이다(大抵本國之音輕而淺, 中國之音重而深. 今《訓民正音》出於本國之音, 若用於漢音, 則必變而通之, 乃得無礙)"라고 하였다. '가볍고 얕다輕淺'는 것과 '무겁고 깊다深重'는 것은 발음부위에서의 차이인데 중국어는 발음할 때 입과 혀의 변화가 크고 사성이 있기

때문에 음절이 뚜렷하고 무거우나, 한국어는 발음할 때 입과 혀의 변화가 작고 분명한 성조가 없기 때문에 음절이 가볍고 부드러워 자연스럽다. 이처럼 어음에 대한 이해와 탐구는 결코 쉬운 일이 아니었다. 이런 발음의 차이를 생각했기에 《사성통고》에서는 많은 부분을 상황에 따라 처리했다. 입성 글자의 발음이 하나의 예이다. 편집자의 생각은 다음과 같다. "입성이 소위 입성이 되는 것은 아음·설음·순음의 맑은 음이 종성이 되면 빨라져 종성으로 사용하지 않으면 안되는 것이 분명하다. 본 운을 만듦에 운이 같은 것은 합하고, 다른 것은 나누었으나, 입성의 여러 운, 즉 아음·설음·순음의 종성은 다 섞이지 않고 구별이 된다(入聲之所以爲入聲者, 以其牙舌唇之全清爲終聲而促急也, 其尤不可不用終聲也明矣. 本韻之作, 並同析異, 而入聲諸韻牙舌唇終聲, 皆別而不雜.)" 입성 글자에는 자음운미 [p]·[t]·[k]가 있는데, 당시 중국 북방방언에서 입성 글자는 이미 소실되었음으로 이 책의 편집자들이 발음할 때 "다만 가볍게 사용하고 급히 끝맺음하여 너무 분명하지 않으면 된다(但微用而急終之, 不至太白可也.)"고 주장했다. 다음은 《홍무정운역훈》의 한글 주음과 《사성통고》범례에서 중성자의 실제 음가에 대한 설명에 따라 정리한 15세기 한국어의 모음과 복모음이다.

단모음 : ㅏ[a] ㅓ[ə] ㅗ[o] ㅜ[u] ㅡ ㅣ[i]
복모음 : ㅐ[æ] ㅑ[ya] ㅒ[yæ] ㅔ[əi] ㅘ[wa]
ㅙ[wæ] ㅕ[yə] ㅖ[ye] ㅝ[wə]
ㅟ[wi] ㅠ[yu] ㅚ[we] ㅢ[əi]

위의 복모음 가운데 일부는 청 말기에 단모음으로 변했는데, 예를 들면 [əi][ui]가 단모음 [e][y]로 변하였다는 것이다. 이런 변화들도 한자음을 표기하는데 점차 영향을 미쳤다.

3) 《사성통해四聲通解》

《사성통해》는 중종 12년(1517)에 완성되었으며 최세진이 편찬하였다. 이 책은 중국어 교과서 《노걸대》와 《박통사》를 학습할 때 정음과 속음을 구별하고 바로 쓰기 위해 편찬한 운서이다. 그리고 이 책은 《사성통고》에 대해서도 보충하고 수정하였다. 최세진은 서문에서 이르기를 "처음 중국어를 배우려고 하는 사람은 먼저 《노걸대》와 《박통사》를 읽어서 어학의 기초를 굳힌 다음, 반드시 《사성통고》를 익혀야 중국말의 정음과 속음을 구별할 수 있습니다. 그러나 앞의 두 책의 훈과 해석에는 잘못된 것과 거짓을 전하고 있고 《사성통고》에서는 글자의 음만 기록하고 해석은 없습니다. 잘못된 것을 계승하고 거짓된 것을 전하니 두 책의 변역본이 나왔으나 바로 잡지 못하였고 《사성통고》에서는 음만 있고 해석이 없으니 같은 글자가 두 번 되풀이 되어 쓰였을 때 어떻게 이해해야 할지 모릅니다. 신이 이 《노걸대》·《박통사》 두 책을 한글로 번역하고 음을 표시하여 그 책에 나오는 고어를 하나로 모아 집람을 만들어 간행하여 누구나 이 책을 참고서 삼아 익히도록 할 것을 청한 일이 있었습니다(夫始肄華語者, 先讀《老乞大》《朴通事》二書, 以爲學語之階梯. 初學二書者, 必觀《四聲通考》, 以識漢音之正俗. 然其二書訓解, 承訛傳僞 ; 《通考》諸字, 有音無釋. 承訛傳僞, 則雖經老譯, 莫能就正 ; 有音無釋, 則一字重出, 無所適從. 臣即將二書諺解音義, 書中古語, 裒成緝覽, 陳乞刊行, 人便閱習.)" 《사성통해》는 《홍무정운역훈》과 달리 반절을 나열하지 않고 한글로 음을 표시하였고 음을 '정음正音'·'속음俗音'·'금속음今俗音' 세 부분으로 나누었다. 그 중 '금속음'은 최세진이 수집한 중국 북방방언의 실제 독음이다. 그는 범례에서 다음과 같이 말하였다, "표기에서 속음이라 한 것은 《사성통고》에서 본래 기록한 속음이고, 금속음이라 한 것은 신이 지금 기록한 속음입니다. 금속음을 기록한 것도 있고 기록하지 않은 것도 있는데 여기는 있고 저기는 없다는 것이 아니라 듣는 바에 의해서 기록한 것입니다(注內只曰俗音者, 則《通考》元著俗音也. 曰今俗音者, 臣今所著俗音也. 今俗音或著或否者, 非謂此存而彼無也, 隨所得聞之音而著之也.)" 여기서 최세진이 말한 '정음'은 중국 전통 운서의 자음과 부합하는 것을 가리키고 '속음'은 운서에 맞지 않지만 중국에서 널리 사용하는 '시음時音'을 가리킨다는 것을 알 수 있다. 조선 시기의 학자들이 홍무운洪武韻을 표준으로 삼기에 "감히 쉽게 변경하지 못 한다(不敢輕有變更)"고 하였다. 그러므로 당시 중국어 입말의 실제 독음을 '속음'으로 칭하고 다름을 표시했다. 최세진은 또 이를 기초로 자기가 "들어서 얻은 음(所得聞之音)", 즉 금속음을 첨가하였다. 이는《홍무정운역훈》,《사성통고》와《사성통해》는 '정음'과 '속음'에 대하는 방법이 일치하다는 것을 충분히 증명하였는데, 단지 최세진의 금속음의 시대성이 더 강하다는 것이다.《사성통해》의 정음·속음·금속음 세 가지의 차이점과 공통점을 비교해보면 자음체계는 거의 같고 모음체계에만 약간의 차이가 있다. 김기석金基石은 이에 대해 정확하게 개괄하였다, "정음은《홍무정음》의 운서음이고 속음은 신숙주 등이《사성통고》를 편찬할 때의 현실음, 즉 15세기 전기 혹은 중기의 북방음이며 금속음은 최세진이《사성통해》를 편찬할 때의 현실음, 즉 16세기 전기의 북방음이다."[58]

최세진은《사성통해》를 편찬했을 뿐만 아니라 당시에 영향이 가장 컸던 중국어 회화 교재인《노걸대》와《박통사》도 번역하였다.《노걸대》와《박통사》는 고려시대에 완성되었으며 흥겨운 줄거리와 생동감이 있는 구어형식으로 가장 인기 있는 중국어 교재였다. 최세진이 번역한《노걸대》와《박통사》(이하《翻老朴》으로 약칭)는 주음 체계에 있어서 아주 독특한 특징이 있는데 본문의 매 한자 옆에 모두 두 개

58)《朝鮮韻書與明清音韻》p.22, 흑룡강조선족출판사, 2003년.

의 한글 주음이 있다는 것이다. 그는 범례에서 "왼쪽에 있는 것은 《通告》에서 만든 글자이고 오른쪽에 있는 것은 지금 한자음으로 우리나라의 제자법에 따라 만든 글자이다(在左者, 即《通考》所制之字; 在右者, 今以漢音依國俗撰字之法而作字者也.)"라고 하였다. 여기에서 말한 《통고》란 책은 바로 신숙주가 1455년에 쓴 《사성통고》이다. 이 책에서는 '정음'과 '속음' 두 가지의 한글 주음이 있는데 '속음'은 신숙주가 들은 15세기의 중국 관화를 반영하였다. 《翻老朴》 왼쪽의 한글이 바로 이런 음을 기록한 것이고 오른쪽은 최세진이 16세기의 중국 관화에 따라 표시한 음이다. 그는 이에 대하여 특별히 설명하였다. "정음을 오른쪽에 쓰고 속음을 왼쪽에 쓴다(書正音於右, 書俗音於左)" '속음'을 《사성통고》에서 취하였다는 것은 본래 크게 비난할 바가 못 되나 오른쪽의 '정음'이란 것은 의문스럽다. 김기석은 최세진이 "속음을 정음 위치에 기재하였고 금속음을 속음 위치에 기재하였다"고 생각하는데 이 설을 따라도 되는 것 같다. 위의 내용을 총괄하면 《사성통고》와 《노걸대·박통사언해》의 한자음 표기를 통하여 중국 명대 어음계통의 일부 특징들을 묘사할 수 있는데 그 중의 중요한 것은 다음과 같다.

첫째, 탁성모濁聲母가 청음화淸化되었다. 《사성통고》의 한글 주음에서 탁성모를 보류하고 있는 것 같으나 《사성통고》 범례의 해석에 의하면 청탁의 구분은 단지 음陰성조와 양陽성조의 구별로 자음과 관계가 없다. 《노걸대·박통사 언해》의 주음에서는 탁성모라는 것이 완전히 소실되었다.

둘째, 의모疑母가 없어졌다. 일본학자 엔도오 미쯔아키遠藤光曉의 연구에 따르면, 중고시기의 의모자疑母字는 《사성통고》와 《언해諺解》에서는 [n]·[ng]으로 분화하거나 영성모零聲母로 변하여 소실하였다는 것이다.59)

셋째, 권설음捲舌音이 생성되고 있었다. 《사성통고》범례에서는 "무릇 설상음舌上音은 혀의 가운데를 잇몸에 닿게 하여 그 소리가 어려워 자연스럽게 정치음正齒音에 귀속되었다. 그러므로 《운회韻會》에서는 知彻澄를 照穿牀禪에 넣었다(凡舌上音以舌腰黏齶, 故其聲難而自歸於正齒, 故《韻會》以知徹澄歸照穿牀禪.)"라고 지적하였다. 이는 知照 두 성모가 [ʧ]에서 [tʂ]로 변하고 이미 권설화되거나 반권설화되었다는 것을 증명하였다.

넷째, 운미[-m]과 [-n]이 [-n]으로 합병되었다. 《사성통고》와 《언해諺解》에서 [-m]운미가 있는 것은 '甚'·'怎' 두 글자 뿐이다. 《사성통해》범례에서는 "여러 운의 종성인 ㄴ[-n], ㅇ[-ng], ㅁ[-m]이 처음에 서로 혼용되지 않았으나 줄곧 侵·覃·鹽의 합구合口 종성을 중국 민간에서 모두 ㄴ[-n]으로 말하니 眞과 侵, 删과 覃, 先과 鹽의 발음이 서로 뒤섞였다(諸韻終聲ㄴ[-n], ㅇ[-ng], ㅁ[-m]之呼, 初不相混, 而直以侵覃鹽合口終聲, 漢俗皆呼爲ㄴ[-n], 故眞與侵, 删與覃, 先與鹽之音多相混矣)"라고 지적하였다.

다섯째, 입성운미 [-p]·[-t]·[-k]가 소실되었다. 《사성통고》의 대역음에서 입성자는 대개 [-ʔ]운미로 변하였고 《언해諺解》에서도 입성운미가 이미 사라졌다.

위의 몇 가지 운서에 대한 분석을 통해 우리는 중국 명대의 어음계통을 묘사할 수 있을 뿐만 아니라 한국 한자음의 성질에 대해서도 대략 귀납할 수 있다. 이돈주李敦柱는 이에 대해 "한국이 고대의 한자를 유입할 때 한국 한자가 한동안 중국 한자 원음의 특징을 충분히 반영하였는데 시간의 흐름과 언어의 본토화에 따라 한국 한자음이 차차 음운 구조에서 동화하거나 변화하여 최종적으로 한국의 독특한 한자음 체계가 이루어졌다."라고 설명하였다.[60] 다음에서 우리는 당시 한

59) 〈翻譯『老乞大』『朴通事』漢字注音索引〉, 《語言學論叢》第13輯(1984년)

자음의 성질과 관련된 문제에 대하여 대략 몇 가지를 추론한다.

첫째, 조선 전기에 한자음을 연구하고 정리한 목적은 날로 혼잡해지는 한자음을 규범화 시킴으로써 올바른 어문을 제공해 '사대숭유'란 기본 국책을 순조롭게 실시하기 위해서이다. 바로 '한음漢音이 사대事大와 관계가 있다'는 지도적 사상에서 세종대왕의 어문정책이 나왔고 3대 언어 사업이 성공적으로 완성되었다.

둘째, 《훈민정음》의 창제는 한자음을 정확하게 분석하고 표기하는데 효과적인 방법을 제공하였다. 만약 이와 같은 표음자모가 없었다면 우리는 15·16세기 한자음의 음가를 정확하게 알 수 없을 뿐만 아니라 중국과 한국 한자음의 비교연구도 진행할 수 없었다.

셋째, 조선 전기 운서에 대한 고찰을 통해 당시의 한자음이 근대 중국어 북방방언의 자음계통과 모음계통을 반영하였다고 생각하며 '고향의 음이 바뀌지 않았다鄕音未改'고 할 수 있다. 한자음의 '정음'은 《홍무정운》이 구축한 고대 독서음讀書音 계통에서 나왔고 '속음'은 북방 구어의 실제 발음을 취하였는데 이 두 가지가 당시 한국 한자음의 특징을 이루었다.

넷째, 《훈민정음》이전의 한자음은 어음표기가 없었기 때문에 지금까지 그 구체적인 음가를 확실히 알 수 없으나 중국어 독음과 많이 차이 나지는 않을 것이다. 한국어 어음체계의 변화에 따라 한자음 표기도 달라졌다. 단언할 수 있는 것은 한국어 한자음도 '시대와 같이 발전했다'는 것인데, 이런 변천 과정은 중국 한자음의 발전·변화과정과 완전히 같지는 않다.

다섯째, 한반도에서 한자 차용의 역사는 이천 년 전으로 거슬러 올라 갈 수 있다. 중국어 어음이 한국어 어음에 깊은 영향을 끼쳤는데, 이는 한국어 어음계통의 형성과 발전에 중요한 역할을 하였다.

60) 《한중한자음연구》 p.431, 태학사, 2004년.

3. 현대 한국어 중의 한자음

한국어의 계통 문제에 대해서 지금까지 통일된 인식은 없으나 대부분 학자들은 알타이 어족의 통구스어계에 속한다고 생각한다. 언어의 계통을 구분하는 주요 기준의 하나는 어음이다. 한국어의 어음 계통은 알타이 어족의 다른 언어들과 친족관계가 있는데 예를 들면 자음계통과 모음계통이 있고, 또 '모음조화'·'어미모음 탈락'·'두음법칙' 등 어음 현상이 있으므로 여전히 알타이 공통 어원의 흔적이 남아 있다(김형규《국어사개요》제1장 참조) 장기적으로 한자·한문을 사용하였기 때문에 한국어의 어음계통은 중국어의 어음계통의 영향을 받지 않을 수 없다. 맨 처음 한자를 차용하여 한국어 고유어를 표기할 때 주로 '음차音借'하였는데 부득이한 경우 '훈차訓借'를 사용하였다. 언어를 사용하는 과정에서 한반도의 사람들은 이미 한자의 음절 형태가 한국어의 어휘 형태와 비슷한 점이 있다는 것을 인식하였기에 동일 음절은 동일 한자로 표기하는 원칙을 세웠다. 즉 '음훈차音訓借 표기체'이다. '음훈차 표기체'의 사용은 반드시 한자음에 대해 아주 익숙해야하며, 고유어의 표기는 의미차용義借보다 음차音借를 더 중요시하기에 고대 한국어의 어음은 이미 한자음과 불가분의 관계를 형성하였다. 12세기 초 송대 손목孫穆이 명을 받아 고려에 사신으로 방문하고 귀국한 후《계림유사鷄林類事》(총3권)란 책을 썼다. 365개의 단어를 수록하였는데 海·江·茶·千·林 등 서른 개 정도의 한자를 제외하고 거의 고유어이다. 고유어는 모두 음차하였는데, 예를 들면, "天은 漢捺[하늘]이라 하고, 雲은 屈林[구름]이라 하고, 雷은 天動[천둥]이라 하고, 風은 孛纜[바람]이라 하고, 雪은 嫩[눈]이라 하고, 今日은 烏捺[오늘]이라 하고, 牛는 燒[소]라 하고, 水는 沒[물]이라 하고, 馬는 末[말]이라 하고, 足은 潑[발]이라 하고, 手는

遜[손]이라 하고, 刀는 劃[칼]이라 하고, 石은 突[돌]이라 하고, 弓은 活[활]이라 하고, 針은 板捺[바늘]이라 하고, 綿絲는 實[실]이라 하고, 花는 骨[꽃]이라 하고, 竹은 帶[대]라 하고, 五는 打戍[다섯]이라 하고, 六은 逸戍[여섯]이라 하고, 酒는 酥孛[술]이라 하고, 醬은 密祖[미소]라 하고, 女兒는 寶妲[딸]이라 하고, 白米는 漢菩薩[흰쌀]이라 한다" 등이 있다. '음훈차 표기체'의 더 발전된 단계는 '향찰체'인데, '향鄕'은 한반도 사람들이 본국에 대한 칭호로 중국을 일컫는 일종의 겸어이다. 예를 들면 '향언鄕言'·'향인鄕人'·'향토鄕土'·'향가鄕歌'·'향약鄕藥' 등이 있다. 이런 의식은 분명히 중국 문화에 대한 숭배에서 나와 자기 민족 언어는 단지 중국어의 소속언어이고 일종의 비문화적 언어라 생각한 것으로, 이는 이후 자기나라 문자를 '언문'으로 부르는 것과 같은 이치이다. '향찰체'란 한자로 한국어를 기록하는 일종의 문체인데, 실사를 기록할 뿐만 아니라 조사와 어미도 기록하며 동시에 어순도 고려한 것이다. 따라서 향찰체를 통해 중국어의 어음체계를 대략 알 수 있다. 이런 의미에서 향찰체는 한국어의 한자판본과 같다고 할 수 있다.

한자·한문이 들어온 이후 '음훈차 표기체'는 대체로 세 단계의 발전을 걸쳤다. 1단계는 고유명사 표기 단계로 향찰체의 초기단계이다. 〈고구려광개토대왕비高句麗廣開土大王碑〉·〈신라진흥왕척경비新羅眞興王拓境碑〉·〈진평왕남산신성비眞平王南山新城碑〉 등의 비문으로 보아, 한자로 고유명사를 표기하는 것은 이미 보편화 되었으며, 이는 한자 음훈 차용 방식으로 한국어 어음을 표기하는 최초의 시도였다. 2단계는 한자로 한국어의 형태소를 표기하는 단계로 음훈차표기의 발전시기이다. 2단계 전기는 향찰체의 시작단계인데, 〈상원사종기上院寺鐘記〉·〈갈항사석탑기葛項寺石塔記〉·〈연지사종기蓮池寺鐘記〉 등의 자료로 보아, 이미 한자로 한국어의 접미사를 표기하기 시작했으며 순수한 표음 표기였다. 2단계의 후기에는 향찰체가 형성되고 확립된 시기로 전체적으로 한자로 한국어를 표기하기 시작했으며 한자음과 한국어 어음과의 관계가 더욱 광범위하고 긴밀하게 되었다. 향가는 기본적으로 향찰체에 속하며 오늘날 향찰체 연구의 중요한 자료이다. 학자들의 연구에 따르면 향찰 표기는 삼국시대에서 시작하여 통일신라시대에 이르러 성숙하였으며, 한반도 사람들의 중국어와 한국어의 언어 형식을 조화시키려는 노력을 나타내고 있다고 한다. 3단계는 향찰체가 몰락하고 폐기된 시기이다. 향찰체는 일종의 이성적이고 실용적인 한자음 훈차 표기 형식이나, 한자어의 대량 침투와 한자의 상형 표의적 특성으로 인해 향찰체의 폐단도 이미 숨김없이 드러나고 있었다. 한자를 전체적으로 선택한 결과 실사와 허사의 구분이 어려워졌고, 한자로 고유어를 표기하기 때문에 능지能指와 소지所指가 서로 헛갈리게 되어 문어체 교제에 어려움을 불러 일으켰다. 겉모습은 그럴듯하지만 실제는 그렇지 않은 향찰체의 폐단이 쉽게 드러나게 되었는데 이는 고려 《균여대사전均如大師傳》의 '행상行狀'에서 지적한 바와 같다. "유감스러운 것은 우리나라의 재자才子 명공들은 당나라의 문장을 해석하고 읽을 수 있으나 당나라의 홍유洪儒와 석덕碩德들은 향가를 이해하지 못한다. 하물며 당나라의 문장은 제망帝網[61]이 서로 펼쳐진 것과 같아 우리나라에서는 읽기가 쉬우나, 이두는 범서梵書가 연이어 유포된 것과 같아 당나라의 선비들은 알기 어렵다(而所恨者, 我邦之才子名公, 解吟唐什. 彼土之鴻儒碩德, 莫解鄕謠. 矧復唐文如帝網交羅, 我邦易讀. 鄕札似梵書連佈, 彼土難諳.)" '帝網交羅'와 '梵書連佈'는 중국어와 한국어의 차이를 정확하게 묘사하였으며, 한자로

61) 제망(역자주) : 제석천궁(帝釋天宮)의 그물인데 인타라망(因陀羅網)과 같음. 그 그물의 선(線)이 주옥(珠玉)이 교락(交絡)하였으므로 물(物)이 교락하여 중중무진(重重無盡)으로 섭입(涉入)하는 것에 비유하여 씀.

완전히 다른 두 가지의 언어를 표기한다는 것은 당연이 뜻대로 되지 않는다. 그러나 향찰체와 밀접한 관계가 있는 이두체는 이런 폐단을 대체로 극복하였다. 고려 시기의 〈경청선원자적선사릉운탑비境清禪院慈寂禪师凌雲塔碑〉·〈정두사조탑기净兜寺造塔記〉·〈통도사국장생석표通度寺國長生石標〉는 모두 이두로 표기되었는데, 이는 이두체가 이미 규범화되었다는 것을 보여준다. 조선 시기에는 고려 시기의 이두체계를 계승하고 점차 발전·보급시켰으므로 이두체가 문단의 지배적 문체가 되었는데, 이 시기에서 나타난《대명률직해大明律直解》가 바로 가장 전형적인 이두체이다. 구결체는 이두체의 기초에서 형성되었으며 그 역할은 주로 한문 원전을 읽는 데에 있다. 구결체의 뚜렷한 특징 중 하나는 한자 약자를 사용한 것으로, 특별히 지정한 기호로 문장의 구절 단락에 쓰인다. 사용 범위의 제한으로 인해 구결체는 언어 교제 영역에 들어가지 못하였다.《훈민정음》이 창제된 후에도 이두체 사용이 쇠락하지 않았다. 언문으로 창작한 첫 번째 작품인《용비어천가龍飛御天歌》에도 한자를 섞어 사용하였는데, 가장 현저한 차이는 언문으로 이두체의 현토를 대체했다는 것이다.

어떤 문체이든 간에, 본질적으로는 모두 한자를 일종의 표음 도구로 삼았다. 한자음을 통해 한국어의 어음체계를 귀납하고 총괄할 수 있을 뿐만 아니라, 언문과 한자의 대역음을 통해 중국어의 어음체계도 추론하고 검증할 수 있다. 더욱 중요한 것은 한자음과 한중 대역음 자료를 통해 양국 어음체계의 변천도 고찰할 수 있다는 것이다.《훈민정음》은 창제된 이후 한문과 이두체의 정통 지위를 뒤흔들지는 못했지만, 언문은 점차 민간에 보급되어 한국어 어음의 발전 과정을 정리하는 데 더욱 풍부한 언어자료를 제공하였다. 현대 한국어의 어음체계에는 모두 10개의 단모음, 11개의 복모음과 19개의 자음이 있는데, 구체적인 음가는 다음과 같다.

모음 : ㅏ[a] ㅑ[ya] ㅓ[ə] ㅕ[yə] ㅗ[o] ㅛ[yo] ㅜ[u] ㅠ[yu]
ㅡ[ɨ] ㅣ[i] ㅐ[æ] ㅒ[yæ] ㅔ[e] ㅖ[ye] ㅘ[wa]
ㅙ[wæ] ㅚ[we] ㅟ[wi] ㅝ[wə] ㅞ[we] ㅢ [ɨi]

자음 : ㄱ[k, g] ㄴ[n] ㄷ[t] ㄹ[r, l] ㅁ[m] ㅂ[p] ㅅ[s, t] ㅇ[ng]
ㅈ[ch, t] ㅊ[ch', t] ㅋ[k'] ㅌ[t'] ㅍ[p'] ㅎ[h,t] ㄲ[kk]
ㄸ[tt] ㅃ[pp] ㅆ[ss, t] ㅉ[jj]

현대 중국어와 한국어는 어음체계에서 많은 차이가 있는데, 여기서는 이득춘의 〈韓國語와 漢語의 音位對比〉(《漢文과 中國音韻》에서 게재)를 참조하여 다음과 같이 귀납한다.

1) 자음부분

(1) 현대 한국어에는 모두 9개의 자음이 있는데, 현대 중국어에는 22개가 있다.

(2) 현대 한국어는 현대 중국어처럼 자음에 청탁의 대립이 없다. 그러나 한국어에서는 된소리가 있고 중국어에는 없다.

(3) 현대 한국어에는 쌍자음 외에 가로막히는 위치의 긴장 정도가 중국어보다 적어서 발음이 비교적 부드럽다.

(4) 현대한국어의 자음이 초성과 종성으로 쓰일 경우 반드시 유기음과 내파열음의 대립을 지켜야 하므로 음이 변하는 사이에 거센소리와 비음의 대립도 생겨났다. 예를 들면 [k]와 [ng], [t]와 [n], [p]와 [m]이 있다.

(5) 현대 중국어에서는 6개의 찰음(擦音)이 있는데 무기파찰음·유기파찰음·마찰음이 모두 포함되어 있는 반면 현대한국어의 찰음에는 [s]·[h]·[sh] 3개만 있다 .

(6) 현대 한국어의 자음은 모음과의 결합이 비교적 자유로우나,

현대 중국어는 모음의 제약을 많이 받아 단지 일정한 모음만 연결할 수 있으므로 한국어의 음절이 중국어보다 많다.

(7) 현대 한국어에서는 폐음절 675개, 비음음절 1,083개, 개음절 330개가 있는데, 현대 중국어에는 비음음절 171개, 개음절 229개가 있다. 따라서 현대 한국어는 비음음절이 우위를 차지하고 현대 중국어는 개음절이 우위를 차지하고 있다.

(8) 현대 한국어에는 순치음[f]와 권설음[zh]·[ch]·[sh]가 없는데 자음체계에서 없을 뿐만 아니라 연속발화 중에도 존재하지 않는다.

(9) 현대 한국어에 비록 고저장단 등 비음질非音質 음위音位 요소가 있으나 중국어의 성조와는 현저한 차이가 있다.

(10) 현대 한국어의 음절은 연속발화에서 가변성이 있는데, 즉 '연음'이다. 그래서 때로는 연속 발화에서 음절이 표면상의 음절과 일치되지 않는다.

2) 모음부분

(1) 현대 한국어에는 10개의 단모음이 있고 현대 중국어에서는 14개의 단모음이 있다(6개 자모로 표시) 한국어 모음과 중국어 모음의 대응 관계에는 예를 들어 [i]·[y]·[u]·[a]·[e]·[ai] 처럼 거의 유사한 것도 있고, 차이가 있는 것도 있다. 그러나 ㅗ와 o[o], ㅡ와 i[ɨ], ㅓ와 e[ɤ]처럼 대응할 수 있는 것, ㅢ와 i[ʅ]처럼 완전히 다른 것이 있다.

(2) 현대 한국어에서는 전설前舌모음만 있고 중설中舌모음은 없으나 현대 중국어에서는 모두 다 있다.

(3) 현대 한국어의 모음은 발음할 때 중국어보다 느슨하고 개구開口의 정도가 적다.

(4) 현대 한국어의 복모음은 중국어보다 적으며, 이합二合모음만 있고 삼합三合모음은 없다.

(5) 현대 한국어의 복모음·음소간의 결합은 긴밀하여 중국어처럼 음소 간에는 움직일 수 없다.

(6) 현대 한국어의 모든 모음은 단독으로 음절을 구성할 수 있으나 중국어는 어떤 모음은 단지 자음과 결합할 때만 음절을 구성할 수 있다.

(7) 현대 한국어의 모든 단모음이 자음과 결합하여 음절을 구성할 수 있으며, 이런 음절들은 모두 단어가 될 수 있다.

현대 한국어의 한자음은 모두 이 어음체계에 포함되어 있고, 발음도 모두 상술한 구체적인 음가에 따라 초성+중성+종성의 방식으로 조합하였다.

한국어 한자음의 음절 구조에는 두 가지 형식이 있다. 하나는 '자음+모음'식인데, 예를 들면 [ㄷ]+[ㅐ]=[(대大)], [ㄱ]+[ㅜ]=[구(邱)] 등이다. 또 하나는 '자음+모음+자음'식인데, 예를 들면 [ㅎ]+[ㅏ]+[ㄴ]=[한(韓)], [ㄱ]+[ㅜ]+[ㄱ]=[국(國)]이다. 한국어 한자어는 대부분 음독차용사이지 음역차용사가 아니다. 현대 한국어의 한자음은 긴 역사 과정에서 형성된 것으로 고대 중국어와 근대 중국어의 한자음과 모두 어느 정도의 차이가 있다. 구체적으로 어느 한자음의 음가가 원래 발음 그대로를 나타낸다고 하기는 어렵다. 따라서 한국인들에게 있어 한자는 매 글자마다 고정된 독음이 존재하며 이 독음도 반드시 한국어의 어계에 부합해야 한다. 그러므로 이미 받아들인 한자어에 대해서는 발음 구조를 변화시키고 중국어의 음역차용사를 한국어의 음독차용사로 바꿀 필요가 있다.

여기서 반드시 지적해야할 것은 한국어 자모의 국제음성기호 표기는 줄곧 통일되지 않고 근거가 다르며 출처가 달라 사람들로 하여금 무엇을 따라야할지 모르게 한다는 것이다. 필자가 쓴 음성 기호는 대체로 한국 정부가 1984년에 반포하고 실행한《국어로마자표기법》이며 이와 동시에 양국 학자들의 연구 성과도 참고하였다.《국어로마자표기법》62) 은 '전사법轉寫法'이라고도 하는데 19세기 서양인들이 한국어를 학습하기 위해 채택한 표음 방법이다. 중국 독자들이 한국어 자모에 대해서 생소하다는 점을 감안하여 필자는 언문자모를 표기할 때 국제음성기호로 표기하기도 하였다.

김형규는 현대 한국어의 음계가 전반적으로 근대 한국어의 음계를 따랐다고 생각한다. 예를 들면 [ʾ ɐ]가 [a]로 합병되고, " ʾ "음은 제주도방언에서만 남아 있고, [æ]·[ei]·[oe] 등 복모음은 단음화 되었으며, [s]혹은 [ch]가 [ya]·[yə]·[yo]·[yu]와 결합할 때 [ya]·[yə]·[yo]·[yu]가 이미 [a]·[ə]·[o]·[u]로 전환되었다는 것 등이 있다. 이런 변화들은 사실 모두 근대 한국어 시기에 일어났다. 즉 현대 한국어의 어음 구조는 근대에 이미 형성되었는데 단지 결합규칙과 어음의 변화가 더욱 완벽해졌다는 것이다. 김기석은《조선 운서와 명·청음계朝鮮韻書與明淸音系》란 책에서 양국의 음계에 대해서 비교하고 근대 한국어의 어음 변화에 대해서 상세하고 확실한 고증을 하였다. 현대 한국어에는 여전히 근대 어음의 특징이 남아 있는데, 예를 들면 한자의 음을 표기할 때 초성에는 청탁의 부분이 없고 모두 청성모淸聲母로 읽는다. 입성자는 완전하게 보존되었지만 원래 '質'·'曷' 등 운부에 속했던 글자의 종성[t]가 [l]로 변하였다. 예로 '筆'을 '필'[pʻil]로 읽는다. 치음의 구개음화의 결과로 초성 [ch]·[chʻ]·[s]가 중성 'ㅣ'[i]와 결합할 때 'ㅈ'[tɕ]·'ㅊ'[tɕʻ]·'ㅅ'[ɕ]로 읽는다. 예로 '實'을 '실'[shil]로 읽는다. 마찬가지로 '구개음화'의 결과로 초성 'ㄷ'[t]·'ㅌ'[tʻ]가 중성 'ㅣ'[i]와 결합할 때 'ㅈ'[tɕ]

62)《국어정자법》, 한국문학사, 1997년.

·'ㅊ'[tɕ']로 읽는데, 예로 '地'를 '지'[ji]로 읽는다. 초성 [t]는 두 번째 음절에 있을 경우 흔히 [r]로 읽는데, 예를 들면 '牡丹'은 '모란'[mo-ran]으로 읽는 것 등이 있다. 한국교육부가 1988년 1월에 공포하고 시행한 〈한글맞춤법〉에서는 표음자모를 맞춤법에 따라 쓸 때 독음에 대해 규정하였는데 한자음과 관련되는 것은, 예를 들면 [ㅖ]가 [ㄱ]·[ㄹ]·[ㅍ]·[ㅁ]·[ㅎ]와 결합할 경우 [ㅔ]로 읽어야하나 자모를 쓰는 법은 변하지 않는다. [ㅢ]는 음절에서 일반적으로 [ㅣ]로 읽어야 하나 쓰는 법은 변하지 않는다. '두음법칙'에 따라 초성 [ㄴ]은 자주 생략하여 영성모로 변하는데, 예를 들어 '女子'는 [여자]로 읽어야하고, '泥土'는 [니토]로 읽어야 하며, 초성[ㄹ]은 때로 생략해야 하는데, 예를 들어 '理髮'은 [이발]로 읽는다. 때로는 [ㄴ]으로 읽는데, 예를 들어 '老人'은 [노인]으로 읽어야 한다. 현대 한국어 한자음은 당연히 현대 한국어의 어음체계에 부합해야 하고 반드시 정부에서 공포하고 시행한 〈국어로마자표기법〉과 〈한글맞춤법〉의 규정에 따라야 한다. 일반 한자음은 모두 이런 원칙대로 표기하는데, 최근 일부 전문 용어를 표기할 때 새로운 문제가 생겼다. 이런 한자음에 대해 현대 중국어의 실제 독음을 채택하는가 아니면 전통 한국어 독음을 따르는가 하는 문제이다. 예를 들어 '北京'란 단어를 [북경]으로 읽을 것인가 아니면 [베이징]으로 읽을 것인가? '董建華'란 이름을 [동건화]로 읽을 것인가 아니면 [둥젠화]로 읽을 것인가? 지금 국내에는 위와 같은 두 가지의 서로 다른 의견이 있다. 김용옥金容沃과 최영애崔玲愛는 현재 음으로 읽어야 한다고 주장하여 〈중국어표기법Table of the C.K.System for Chinese〉을 제정하였으나 광범위하게 응용되지 못하였다. 이와 같은 독음에서의 혼란 형상은 아마도 한동안 지속될 것이다. 하지만 우리는 중국과 한국 양국의 끊임없는 문화교류에 따라 이 문제는 반드시 합리적으로 해결될 것이라고 믿는다.

제5장

한자어의 학습과 연구

1. 중국 서적의 유입과 중국어 학습
2. 전문 기구의 설립과 중국어 교육
3. 중국어 연구와 한자어의 규범

제5장

한자어의 학습과 연구

중국 문화가 한반도에 유입됨에 따라 한자어도 대량으로 한국어 어휘에 들어갔다. 한자어는 한국어의 표현력을 한껏 풍부하게 하였을 뿐만 아니라 한韓민족의 사유형태에도 결정적인 영향을 주었다. 한자어가 한반도 사람들의 언어생활에 깊이 융합되고 필수적인 교제 수단이 되었을 때 한반도 사람들은 더 이상 소극적으로 한자어를 흡수하지 않았을 뿐만 아니라 적극적으로 학습하고 연구하였다. 한자어에 대한 학습과 연구는 중국 문화를 받아들이는 중요한 부분이며 시종 한반도 역대 왕조가 주관하는 정부적 차원의 행위였는데, 확실하게 국가적 사업으로 삼고 규모가 형성된 것은 고려왕조 때부터였다. 만약 한자어에 대한 학습과 연구를 하나의 긴 과정으로 간주한다면, 삼국 시기와 통일신라 시기는 준비 단계였다. 이 시기의 특징은 한자어를 전면적으로 받아들이고 흡수하는 것이다. '이두'는 설총이 창제하였는데 정부가 주관하여 만들어진 것이 아니었을 뿐만 아니라 정부의 문체가 되지도 못하였다. 이두는 문인들이 한문 서적을 해독하는 편리한 도구에 불과했다. 이후 고려가 세워졌고, 한자·한문은 이미 상당히 보편화되었다. 고려 태조 13년(930)에 국학을 세우고 체계적으로 중국 유가 경전을 가르치기 시작하였다. 광종 9년(958)에는 과거제도를 시행하였고 유가 경전을 시험 내용으로 삼았다. 이 두 가지 문화교육 방면의 국가적 대사는 고려의 중국어 학습과 연구를 촉진하였고, 한자어에 대한 학자들의 관심도 높였다. 이후 조선 시기는 한자어의 전성기였다. '사대숭유'를 국가의 기본 정책으로 삼았기 때문에 중국어에 대한 학습과 연구는 이미 정부의 일상 업무 중의 하나가 되었고, 특히 세종대왕은 언어학에 몰두하고 중국어 학습과 '사대'를 긴밀히 연결시켰기 때문에 결과적으로 한 시대의 학풍을 이루고 학자들을 양성하였는데, 《훈민정음》의 창제는 그의 어문정책의 중대한 성과였다.

전면적으로 중국 문화를 받아들이기 위해 먼저 중국 문화의 핵심을 반드시 알아야 한다. 중국 문화의 주류는 유가 문화로 유가 문화를 흡수하려면 반드시 유가 경전의 학습에서부터 시작해야 한다. 이를 위해 중국 서적을 깊이 학습하고 연구하는 것 외에는 다른 방법이 없다. 한자의 보급에 있어서 이미 서면어 방면의 장애는 없어졌고 이두의 사용으로 중국어 문법에 대해 더욱 확실한 이해를 하게 되었으니 단어만이 한문 서적을 이해하는 관건이 되었다. 따라서 한자어의 학습과 연구는 그들에게 가장 중요한 일이 되었다. 실제로 한반도 역대 왕조의 어문정책과 언어 학술 활동은 모두 이 점을 중심으로 전개되었다. 일종의 정부적 차원의 행위로서 중국어의 학습과 연구는 고려 왕조부터 계속 흥성하고 쇠락하지 않았으며, 대량으로 중국 서적을 수입하고 전문기구를 설립하여 한자어의 규범화를 창도하는 것은 역대 조정의 세 가지 큰 사업이었다. 이를 실현시키기 위해 정부에서는 온 힘을 다 했고 학자들은 전심으로 연구·토론하였으며, 중국에서 전적으로 협조하였기 때문에 뚜렷한 성과가 있었다.

1. 중국 서적의 유입과 중국어 학습

한국어가 한자어를 흡수한 주요 경로 중 하나는 중국어 서적의 수입과 전파였는데, 한국 한자어는 문어이건 구어이건 거의 대부분 역대에 들어온 중국어 서적에서 나왔다. 한·중 양국의 문헌 교류의 역사는 유구하다. 어림잡아 추측해 봐도 중국 서진西晉 초기부터 《주역周易》·《논어論語》·《효경孝經》·《산해경山海經》 등 서적이 백제에 들어왔는데, 1,500년의 역사를 지니고 있다. 청대 학자 이어李漁의 《한정우기閑情偶寄》는 강희 10년(1777)에 완성되고 서문은 '여회무회씨余懷無懷氏'가 쓴 것으로 이 책의 가치를 이와 같이 묘사했다. "나는 이 책이 나오면 소문이 천리를 가서 백제 사신들은 배를 타고 오고 계림의 상인들은 차에 금을 실고 와서 살 것이라고 믿는다(吳知此書出將不脛而走, 百濟之使維舟而來, 雞林之賈輦金而購矣)"('계림鷄林'은 신라의 별칭이다) 여기서 우리는 이웃 나라들이 중국 서적을 몹시 좋아하고, 책을 구매하는 전통이 유구하다는 것을 알 수 있다. 중국 서적은 동쪽으로 전해지는 과정에서 종류와 수량이 점점 늘어나고 전해지는 속도도 빨라졌으며 규모도 점차 커졌다. 중국 필사본紙寫書의 역사는 동한에서 시작되었으며 당대는 필사본의 전성기였다. 당대에는 조판인쇄가 나왔지만 필사본을 대체하지 못하였다. 따라서 초기 한반도에 들어온 중국고서는 대부분 필사본이었다. 고려 시기는 중국 서적 수입의 전성기였다. 송대에 활자 인쇄가 발명되어 서적을 인쇄하는 능률이 크게 향상되었고 이러한 조건이 서적의 확산을 가능하게 하였다. 이런 배경 하에서 고려의 중국 장서 보유는 상당한 규모에 이르렀다. 남송 장단의張端義의 《귀이집貴耳集》은 이렇게 기록하였다. "선화宣和 연간에 사신으로 중국을 방문한 자가 있었는데 그의 말을 따르면 고려란 나라에는 진귀한 책들이 아주 풍부하며 선진先秦에서

진晉·당唐·수隋·양梁의 책들이 모두 있어 저자와 책의 수량이 얼마인지 셀 수가 없다(宣和間有奉使高麗者, 其國異書甚富, 自先秦以後, 晉唐隋梁之書皆有之, 不知幾千家幾千集.)"고 한다. 심지어 이후 중국에서 산실된 책들은 고려에 가서 탐문하여 구해야 할 정도였다. 《고려사》선종 8년 조항에 "이자의李資義 등이 송나라에서 돌아와 아뢰기를, '송나라 황제가 우리나라 서적에 좋은 판본이 많다는 것을 듣고 관반館伴에게 구하려고 하는 서적의 목록을 적어 주라고 명하면서 비록 권수가 부족한 것이 있더라도 베껴 써서 보내라고 하였습니다.'(李資義等還自宋, 奏云, '帝聞我國書籍多好本, 命館伴書所求書目錄授之, 乃曰雖有卷第不足者, 亦須傳寫付來.)"고 기록하였다. 이자의는 상세한 도서목록과 권수卷數를 열거하였는데 모두 128종 5,101권이다. 대만학자 유조우劉兆祐는 이 도서목록과 《송사宋史·예문지藝文志》를 비교하였는데 그 중 90여종은 기록된 것을 본 적이 없고 31종은 제목이 다르거나 권수가 다르고, 완전히 같은 것은 7개라 하였다.[63] 따라서 고려에서 소장한 중국 서적이 풍부하다는 것을 알 수 있다. 고려에서는 중국 서적에 대해 관심이 많았고 수집하는 범위도 넓었다. 유학·제자학·사학·문학·불교학·농학·의학·지리학·잡학 등 각 영역과 관련되어 있었으며 수입하는 규모도 그야말로 대성황을 이루었었다. 양소전楊昭全의 통계에 따르면 송나라와 고려의 도서 교류가 한중 양국의 사서에서 기록된 것은 22회인데, 그 중 북송 조정에서 증여한 것이 12회, 고려에서 책을 요구한 것이 1회, 고려 사절의 도서 구입을 허락한 것이 3회, 송나라 상인들이 고려에 가서 책을 판매한 것이 3회, 의전義田·황종각黃宗慤이 송나라에서 불경을 가지고 온 것이 1회였다.[64] 고려 시기에는 중국 도서 구입에 열중하여 관원 문인들이

63) 〈宋代徽高麗訪求佚書書目的分析討論〉, 《第三屆中國域外漢學國際學術會議論文集》.
64) 《中國—朝鮮·韓國文化交流史》 p.899.

중국 도서를 널리 찾아 모을 뿐만 아니라, 일반 상인들도 중국에 가는 기회를 이용해 책을 구입하였다. 《노걸대》의 주인공은 장사하는 시간 외에 "서적도 구입하였다. 회암晦庵이 모두 집주한 《사서四書》한 부와 《모시毛詩》·《상서尙書》·《주역周易》·《예기禮記》한 부, 오자서五子[65]書·한유 문장韓文·유종원 문장柳文·소동파시東坡詩, 《연원시학淵源詩學》·《압운군신고사押韻君臣故事》·《자치통감資治通鑒》·《한원신서翰院新書》·《표제소학標題小學》·《정관정요貞觀政要》·《삼국지평화三國志評話》이다."라고 하였다. 고려의 관리와 백성들은 도서구입을 일종의 책임·사명으로 간주하여 자발적이었을 뿐만 아니라 상당한 안목도 구비하였다는 것을 알 수 있다. 이와 동시에 최치원의 《필경집筆耕集》·김부식의 《삼국사기》 등 고려 본국의 한문 저서도 송나라에 들어왔다. 한·중 도서 교류는 중국어의 학습과 보급을 촉진하였을 것이며 중국 서적은 실제로 이미 중국어 학습의 교재가 되었다.

고려 시대와 비교한다면 조선 시대 중국 서적의 수입은 또 하나의 새로운 단계에 진입했다고 할 수 있다. 그 특징은 세 가지가 있다. 첫째, 수입의 규모가 더욱 커지고, 범위가 더욱 넓어졌다. 고려에서 수입한 중국 서적은 대부분 문언이었는데 조선에서 수입한 중국 서적은 전통의 경·사·자·집 이외에 대량의 명·청 시기 백화 문학작품도 있었다. 예를 들면 《삼국연의三國演義》·《박안경기拍案驚奇》·《형세언型世言》 등이 있다. 게다가 당시의 한문으로 번역된 서학 저서도 있었는데, 예를 들면 마테오 리치Matteo Ricci의 《천문서天文書》, 로드리게스Rodriguez.J.의 《치력연기治曆緣起》 등이 있다. 일본인들과 마찬가지로 조선인들도 중국 서적을 접하면서 처음으로 서양 문화를 알게 되었다. 둘째, 전문적 소장 기구를 설립하고 집중적으로 중국 서적을

65) 오자(五子) : 도학(道學)의 정통으로 일컬어지는 송(宋) 나라의 다섯 유학자(儒者) 주돈이(周敦頤)·정호(程顥)·정이(程頤)·장재(張載)·주희(朱熹)를 이름-(역자 주)

관리했다. 조선 정조 연간에 왕실도서관 — 규장각을 설립하였는데, 장서는 최대일 때 18만부에 달하였으며 소장된 중국 서적은 경·사·자·집으로 분류 보관하여 중국어 학습과 연구의 효율을 크게 향상시켰다. 게다가 규장각에 검서관檢書官을 두어 도서 교정과 구매를 책임지게 하였다. 조선의 검서관들은 자주 북경에 가서 도서를 구입하였는데 유리창琉璃廠의 서점을 반드시 들르곤 했다. 셋째, 자체적으로 중국 서적을 인쇄하여 사회적 수요를 만족시켰다. 조선의 인쇄술은 매우 발달하여 초기의 나무활자 인쇄술이 있을 뿐만 아니라 금속활자 인쇄술도 사용하기 시작하였다. 예를 들면 세종 때《자치통감》과《초사楚辭》를 인쇄했을 뿐만 아니라, 이후《한유문주석韓柳文注釋》도 저작하고 인쇄하였다. 자체적으로 중국 서적을 인쇄하는 것은 도서의 원가도 낮출 수 있을 뿐만 아니라 중국 서적의 전파에도 유리하였다.

고려·조선 두 왕조는 중국 서적 수입의 전성기였다. 특히 조선 시기에는 중국 서적을 완벽히 갖춰 전대를 초월하였으나, 한 동안 중단되기도 하였다. 조선 중종 시기(1506~1544), 중국 명왕조 정부에서 서적 유출에 대해 민감해짐에 따라 조선 관원들이 도서 구매하는 것을 제한시키고, 천문·역법·병법 방면의 도서를 수출 금지하였다. 이후 왜구들이 한반도를 침범하고 명나라와 조선에서 장기적으로 왜나라와 전쟁對倭戰爭을 치르게 되어 양국의 도서 교류는 오랫동안 중단되었다. 청나라에 이르러 비록 조선 관원들의 도서 구입이 여전히 제한을 받았지만 도서 구입 활동은 점차 회복되었다. 예를 들면 청 건륭 42년(1777), 조선 사신들은 한번에《고금도서집성古今圖書集成》5,020권을 구입하였는데 모두 502상자로 은 2,150냥을 썼다. 청나라에서 잇따라 6번이나 조선에 중국 서적 13부 379권을 하사하였는데 대부분 경사經史·시문詩文·성리학性理學·음운학音韻學 방면의 서적으로 한반도의 송명 이학과 중국 운서에 대한 연구를 크게 촉진시켰다. 조선 사신들의 북경에서의 도서 구입은 24회로 모두 41부 53,234권이다. 가장 주목할 만한 것은 정부의 제한으로 인해 양국 민간의 도서 무역이 상당히 활발해져 당시의 고상한 자리에는 내놓을 수 없는 일부 소설들, 심지어 일부 금서들도 민간의 경로로 모두 조선에 들어왔다는 것이다. 민관동閔寬東의 통계에 따르면 청대에서 조선에 들어온 소설들은《홍루몽紅樓夢》·《서유기西遊記》·《수호전水滸傳》·《요재지이聊齋志異》·《경화연鏡花緣》 등 77부가 있는데, 이는 아직 완전한 통계는 아니다. 청나라 사람 강소서姜紹書의《운서재필담韻書齋筆談》에는 조선에서 중국 서적을 구입하는데 열중하는 현상에 감동함이 자못 깊어 "조선인들은 책을 가장 좋아한다. 무릇 사신들이 오면 오육십 명에 달하는데, 옛 전기든, 신서든, 패관소설이든, 조선에서 없는 것이 있으며 낮에 저자에 나와 각각 책 목록을 써서 사람만 만나면 묻고, 거금으로 사가기 때문에 조선에서는 오히려 진귀한 장서가 있다(朝鮮國人最好書. 凡使臣之來限五六十人, 或舊傳, 或新書, 或稗官小說, 在彼所缺者, 日出市中, 各寫書目, 逢人便問, 不惜重值購回, 故彼國反有異書藏本也.)"라고 하였다. 고려·조선 두 왕조의 중국 서적에 대한 애정과 중국 서적을 귀중하게 여기는 현상은 중국 문화에 대한 추앙에서 나왔다. 바로 이와 같이 책을 간절하게 찾는 문화 심리로 인해 중국 서적을 수입할 때는 서적을 다 갖추지 못할까 걱정하고, 수입하는 속도가 빠르지 못할까를 걱정하였다. 이로 말미암아 중국 서적이 끊임없이 들어와 귀중한 한학 자원을 축적하였고 한자·한문의 보급을 위한 통로도 열었다. 한국《규장각 중국본 총목록》의 통계에 의하면 규장각에는 중국 서적 5,601부 62,082권이 소장되어 있다. 이는 단지 규장각 한 곳의 장서 상황으로 남북한 각지의 소장 상황을 알 수는 없지만 상당한 숫자에 이를 것으로 예측된다.

중국 서적의 대량 유입과 광범위한 전파는 중국 문화를 전반적으로 흡수하기 위한 기초를 다졌을 뿐만 아니라 한민족의 문화 형성을 위해서도 귀중한 문화자원을 제공하였다. 《훈민정음》은 바로 중국 고대 운서를 깊이 연구하면서 창제된 것이다. 성리학의 '음양오행'사상은 조선 학자들이 음절구조를 연구하는 데 영감을 주었고, 음운학의 성과 운의 배치에 대한 분석은 직접적으로 음소 개념을 형성하게 하였다. 서병국徐炳國은 한글의 창작은 성리학과 음운학의 절묘한 조합에서 나왔으며 세종대왕을 비롯한 조선 학자들이 《훈민정음》을 창제할 수 있게 된 이유는 실로 장기간 중국 서적에 심취해 있었기 때문이라고 하였다. 앞에서 언급했듯이, 중국 서적은 한자어가 대량으로 한국어에 들어오는 중요한 경로의 하나이고 이 한자어들은 지금까지 한국어에서 중요한 위치를 차지하고 있다. 만약 한국어가 역사에서 대량으로 한자어를 흡수하지 않았다면 한민족 고유의 문자가 없는 상황에서 한국어의 발전이 막혔을 뿐만 아니라 문화의 발전도 정체되었을 것이다. 이 점을 이해하였기에 우리는 이웃 나라에서 온 힘을 기울여 중국 서적을 수입하는 것에 대해 찬성할 것이다.

2. 전문 기구의 건립과 중국어 교육

한반도의 중국어 교육은 주로 학교에서 진행되었다. 고려 태조 13년(930), 서경(지금의 평양)에서 관학을 설립하기 시작하였는데, "왕이 수재秀才 정악廷鶚에게 명하여 그곳에 머물러 서학박사書學博士가 되게 하고, 따로 학원學院을 창건하여 6부部의 생도를 모아 가르치게 하였다(命秀才廷鶚維書學博士, 別創學院, 聚六部生徒教授)"(《고려사》권 74). 고려 관학은 중국 유가 경전을 중심으로 교육하였는데, 이 제도는 고려의 일부 상류귀족들의 비난을 받은 적이 있다. 그들은 "우리나라에서는 중국의 법대로 시행하기는 어렵다"고 생각하여 관학을 없앨 것을 주청하였다. 그러나 조정에서는 받아들지 않았을 뿐더러 오히려 유학 교육을 더욱 강화하였다. 고려 예종 4년(1109), 송나라 국학의 일경일재一經一齋제도를 본보기로 삼아 관학에서 칠재七齋를 설립하고 과목을 나누어 교육함으로 교육을 증진하도록 하였다. 그 중 "《주역周易》은 이택재麗擇齋, 《상서尙書》는 대빙재待聘齋, 《모시毛詩》는 경덕재經德齋, 《주례周禮》는 구인재求仁齋, 《대례戴禮》는 복응재服膺齋, 《춘추春秋》는 양정재養正齋, 그리고 무학武學은 강예재講藝齋로 일컫는다." 고려 인종연간(1123~1146)에 공식적으로 관학 각 항의 제도를 규범화하였고 교육 내용과 학습 기간에 대해서도 명백하게 규정하여 "학생들의 과업에 있어서 《효경孝經》·《논어》는 모두 1년으로 한하고, 《상서》·《공양전公羊傳》·《곡량전谷梁傳》은 각 2년으로 한하고, 《주역》·《모시》·《주례》·《의례儀禮》 각 2년, 《예례禮記》·《좌전左傳》 각 3년이다. 모두 《효경》·《논어》를 먼저 학습하고 그 다음 여러 경전들을 학습하며, 게다가 시무책도 학습해야 한다. 여유가 있으면 하루 한 장 서예도 연습해야 한다. 또 《국어國語》·《설문해자說文解字》·《자림字林》·《삼창三倉》·《이아爾雅》를 읽어야 한다(諸學生課業, 《孝經》·《論語》共限一年. 《尚書》·《公羊傳》·《穀梁傳》各限二年半. 《周易》·《毛詩》·《周禮》·《儀禮》各二年. 《禮記》·《左傳》各三年. 皆先讀《孝經》·《論語》, 次讀諸經, 並算習時務策. 有暇兼須習書, 日一紙. 並讀《國語》·《說文》·《字林》·《三倉》·《爾雅》)." 고려 관학은 유학 교육을 진행하는 동시에 소학(주로 문자학)교육도 중시하였는데, 경전을 읽을 때 문자와 어휘의 장애를 없애기 위해서였다. 13세기 말엽, 주자학이 고려에 들어와 빠른 속도로 전파되었기 때문에 관학에서도 주자학을 가르치기 시작하였다. 고려 광종 9년(958) 고려에서도 중국의 과거제도를 본떠 과거제도를 시행하였는데 시험 내용도 유교 경전을 위주로 하였다. 과거제도의 시행은 한국 교육사에서 큰 사건으로 유학 교육의 발전을 크게 촉진하였으며 이로부터 문풍이 뜨겁게 일기 시작했다. 고려 성종 11년(992) 국자감을 설치하였는데, 국자감은 고려 최고의 학습기관이며 조정 직속 교육 행정 관리기구이다. 국자감의 설립은 고려에서 중국을 본떠 건립한 교육제도가 거의 완벽해졌다는 것을 상징한다. 고려 시대는 관학이 흥성했을 뿐만 아니라 사학도 보편화되었다. 사학에서 가장 유명한 것은 최충崔衝 등 12명이 창립한 것으로 역사에서 "십이공도十二公徒"라 불리었으며, 후대 서원의 초기 형식이 되었다. 사학의 학생들은 대부분 귀족자제이고 교육 목적은 과거시험에 참가하기 위한 것으로 사학의 교육도 유가 경전을 중심으로 하였다. 이외에 중국인이 창건한 민간 학당도 있어 이민자들의 자제와 현지 주민들을 모두 받아들였다. 《노걸대》의 주인공이 바로 이런 학당에서 중국어를 배웠다. 다음은 《원본노걸대原本老乞大》의 한 단락이다.

> 恁是高麗人, 卻怎麼漢兒言語說的好有?
> (고려인인데 어째서 중국어를 이렇게 잘하세요?)
> 俺漢兒人[上]學文書來的上頭, 些小漢兒言語省的有.
> (나는 중국인에게 중국어를 배웠기에 조금 안답니다.)
> 你誰根底文書來? (누구한테 중국어를 배웠다고요?)
> 我在漢兒學堂裏學文書來.(나는 중국어 학당에서 글을 배웠습니다.)
> 你學甚麼文書來? (어떤 책을 읽었나요?)
> 讀《論語》·《孟子》·《小學》(《論語》·《孟子》·《小學》를 읽었어요.)
> 你的師傅是甚麼人? (스승은 어떤 분인가요?)
> 是漢兒人有.(중국인이예요.)
> 多少年紀? (나이는 얼마입니까?)
> 三十五歲也.(35세입니다.)

耐繁教那不耐繁教？(열심히 가르치나요?)
俺師傅性兒溫克，好生耐繁教.
(선생님이 온화하고 공손하여 열심히 가르칩니다.)
恁那衆學生內中，多少漢兒人？多少高麗人？
(그 학생들 중에서 중국인은 얼마나 있고 고려인은 얼마나 있지요?)
漢兒·高麗中半.(중국인과 고려인이 각 반반입니다.)

위의 내용은 비록 교재에서 나왔지만 일상생활에서 근거한 것이다. 이런 민간 학당에서는 중국인이 교육을 담당하고 비교적 규범적인 교재·교수법이 있었다. 특히 중국인과 고려인을 모두 받아들였다는 것은 한반도의 현지 거주민들의 중국어 학습이 이미 고려에서 사회적 기풍으로 되었다는 것을 표명하였다. 이를 초기의 대외 중국어 교육이라 하여도 무방하다.

조선의 교육제도는 대체로 고려의 것을 따르는 동시에 중국 명왕조의 교육제도를 참고하였다. 조선의 학교도 관학과 사학으로 나누었는데 교육방침은 다소 창의성이 있었다. 이는 태조가 즉위 조서에서 이른 바와 같다. "안으로는 국학과 밖으로는 향교에까지 생도를 많이 모으고 힘써 더 가르치고 인재를 양성하도록 하라(內而國學, 外而鄕校, 增置生徒, 敦加講勸, 養育人才.)." 그러나 '인재를 양성한다'는 근본 역시 생도들의 유학 소양을 향상시키는 것이고 "우선 그 뿌리를 길러서 열매 맺기를 기다리고, 기름을 부어서 광채가 나기를 기대해야 함(養其根而俟其實, 加其膏而希其光)."에 힘쓰는 것이다. 고려 충렬왕 34년(1308), 국자학은 '성균관'으로 개칭하였는데, 여전히 전국 최고 교육기구였다. 조선 성균관은 고려를 본받아 지위가 높고 권위가 높으며 교육도 유가 경전이 중심이었다. 그 밖에 중앙과 지방에서 무학武學·이학吏學·역학譯學·음양풍수학陰陽風水學·의학醫學·자학字學·율학律學·산학算學·악학樂學을 설립하여 전문적으로 각종 전문

지식을 전수하였다. 게다가 중국어·몽골어·여진어女眞語·일본어 등 외국어도 개설하고 전문적인 기술 인재를 양성하였다. 조선시기 사학에도 장족의 발전이 있었다. 사학에서 개설한 과정은 관학과 같이 주로 유학이었다. 조선 태종 7년(1407) 유명한 유학자 권근權近의 창도로 서당이 점차 흥성해졌다. 서당 교육은 조선의 교육체계에서 중요한 지위를 차지하고 있었으며 유학의 보급, 중국어의 일반화 및 문화의 발전에 모두 적극적인 역할을 하였다. 16세기 후기 서당이 점차 서원 형식으로 변하였다. '서원'이란 명칭과 교육 형태는 모두 송나라를 본받았고 최초의 서원-백운동서원은 중종38년(1543)에 창립되었다. 창립자 주세붕周世鵬은 경상도 풍기군 군수였다. 16세기 말에 이르러 전국의 서원은 100여 곳에 달했고 관학을 대체하는 추세가 많이 있었다. 역사의 기록을 따르면 고종 28년(1891)에 이르러 서원이 650곳에 달하였다. 한국 서원 연구의 권위자 영남대학교 국사학과 이수환李樹奐의 조사에 따르면 19세기 말에 경상도에서만 1,000여 곳의 서원이 있었다. 그러므로 서원은 이미 조선 교육의 중추가 되었다. 고려에서 조선까지 교육기구가 설립되고 날로 완벽해짐에 따라 유학이 전에 없이 널리 보급되어 전체 사회의 정통 사상이 되었을 뿐만 아니라, 중국어 교육체계도 규범화되었고 한국어에 대한 중국어의 영향력도 강화되었다.

유학의 성행에 따라 중국어를 학습하는 것 또한 사회적 기풍이 되었다. 사회에서 중국어와 한문에 대한 수요를 만족시키고 중국어 학습과 연구 사업을 추진하기 위해 고려 시기부터 전문 기구를 설립하기 시작하여 중국어 인재를 양성하고 중국어의 활용을 널리 보급하였다. 고려 충렬왕 2년(1276), 처음으로 '통문관通文館'을 설치하였는데, 이는 전문적으로 중국어 인재를 양성하는 교육기구로 오늘날의 외국어대학교와 같다. 당시의 규정에 의하면 40세 미만의 조정 학관들은 모두 통문관에서 중국어를 학습해야 했다. 이는 주로 중국어 교사 인력을 양성하고 대규모로 중국어를 보급하기 위해서이다. 얼마 되지 않아 '사역원司譯院'도 설치되었는데 중국어 서적의 번역 및 중국어 연구 사업을 담당한다. 이때부터 중국어의 교육 및 연구가 정규화되었다. 조선이 건립된 초기에 고려를 본받아 사역원을 설치하고 그 역할을 강화하였으므로 단순한 교육기구에서 외교 기구로 진급되었다. 《조선태조실록》의 〈통문관지通文館志〉에서는 "우리 왕조에는 사역원이 있어 전문적으로 사대교린事大交隣하는 일을 담당한다(本朝有司譯院, 專掌事大交鄰之事.)"라고 기록되어 있다. 위정자가 보기에는 '사대교린'은 반드시 역학에서 시작해야 하고 역학은 반드시 한학에서 시작해야 하니 이 삼자는 불가분한 관계를 가지고 있다. 태조 때 중국 위구르족 학자 설장수偰長壽를 제조관提調官으로 삼았는데, 그는 중국어와 한국어에 모두 정통하고 학식이 깊어 학문에 관해서는 아주 식견이 있었다. 그는 태조에 올린 상소문에서 "조선은 대대로 중국을 섬겨 언어와 문자를 익히지 않을 수 없습니다. 그 까닭에 전하께서 국가를 창건할 당초부터 특별히 통문관을 설치하시고 녹관祿官과 교관을 두어 생도를 가르치시고, 중국 언어의 음훈과 글 짓는 법식까지 익히게 하여, 위로는 대국을 섬기는 성의를 다하고 아래로는 풍속을 바꾸는 실효를 얻게 하셨습니다(我國家世事中國, 言語文字, 不可不習. 是以殿下肇國之初, 特設本院, 置祿官及教官, 教授生徒, 俾習中國言語音訓, 文字體式, 上以盡事大之誠, 下以期異俗之效.)"라고 지적했다.[66] 조선의 사역원이 설치된 초기에는 단지 중국어와 몽골어 두 가지만 있었는데 이후 여진어와 일본어도 개설하여 사학四學으로 칭한다. 조선에서는 중앙에만 사역원을 설치하지 않고 지방에도 역학원譯學院을 설치하여 다방면으로 중국어 인재를 배출하였다. 사역원에서 배

66) 《조선태조실록》3년.

출한 번역자는 '역관譯官'으로 불리고, 역학원에서 배출한 번역자는 '통사通事'라 한다. 조선 사역원은 기구가 방대하고 정원은 453명인데 유명한 역관으로는 장현張炫·홍순언洪純彦·김지남金指南·이변李邊 등이 있다. 조선 후기 밀양 변씨 가문에서만 180여명의 역관이 나왔고, 해주 오씨도 역관이 많이 나온 명문가이다. 문어와 구어를 모두 정통하는 번역 인재를 양성하기 위해 사역원에서는 자체로 중국어 구어 교과서를 편찬하였는데 고려 시기에서 나온《노걸대》·《박통사》가 그 중에서 으뜸이었다.《노걸대》·《박통사》두 책의 내용은 생활과 밀접하고 언어는 생동감이 있으며, 당시 중국 연경燕京지방의 구어를 반영하여 후세 중국어 회화 교육에 매우 깊은 영향을 주었다. 조선 태조시기, 설장수는 직접《직해소학直解小學》을 편찬하여 중국 전통 언어학의 입문 교재로 삼았다. 사역원의 중국어 교육은 음훈에 중점을 두었는데 이는 한자어와 직접적인 관계가 있다. 언해는 원문에 충실하고 글자마다 확실하게 번역해야 했으며, 구어는 발음이 순수하고 정확해야했기 때문에 '음훈'을 중시한 것은 이치에 맞는 일이었다.《조선세종실록》16년 갑인 2월, "본원은 오로지 한음漢音을 숭상하고 있사온데, 근자에 시험에 선발되어 벼슬에 제수된 사람들의 경우 녹봉만 받게 되면, 반년도 차지 않아서 흔히 외관으로 교체 임명되어 항상 우리 말만 쓰고, 혹시 한어로 말하는 자가 있으면 도리어 이를 희롱하고 있사옵니다.《직해소학》·《노걸대》·《박통사》등의 잡어雜語는 모두 한어가 근본으로 되어 있사오나, 다만 경서를 읽어 이치를 연구하는 것 등에는 전혀 익히지 않고 있사오니, 이제부터는 경서와 통감通鑑 등의 여러 서적들을 그 이치는 추구해 물을 필요가 없고, 다만 음훈音訓의 정위正僞와 대의의 해설만을 시험하여야 합니다(本院專尚漢音. 近者取才, 除授之人才受俸祿, 未滿半年, 多以外官交差, 常說鄕談. 如說漢語者, 反以欺之.《直解小學》·《老乞大》·《朴通事》等雜語,

悉皆漢語根本. 但讀經書, 窮其義理, 全不誦習. 自今以後, 經書《通鑒》諸書, 不必義理窮問, 但視音訓正僞.)"라고 기록되어있다. 사역원 교육의 중심을 이를 통해 짐작할 수 있다. 사역원의 교육 및 연구 성과는《훈민정음》의 창제를 위해 견실한 기초를 다졌고 거시적인 이론과 뚜렷한 방향을 제공하였다.

조선의 중국어 교학 및 연구기구는 사역원 이외에 우어청偶語廳·승문원承文院 등도 있었다. 이 기구들은 높은 수준의 중국어 인재들을 많이 배출하였는데 세종대왕을 도와《훈민정음》의 창제에 참여한 정인지郑麟趾(1396~1478)·신숙주申叔舟(1417~1475)·성삼문成三问(1418~1456)·최항崔恒(1409~1474)·박팽년朴彭年(1417~1456)·강희안姜希彦(1419~1463) 등 집현전의 저명 학자들은 모두 사역원과 밀접한 관계가 있다. 조선의 저명한 한학자《훈세평화》의 작가 이변李邊(1391~1473)도 승문원에서 중국어를 배운 적이 있었는데 그는 중국어의 문어와 백화 모두 정통하였고 독특한 학습법을 가지고 있었다. 역사 기록에 따르면 "한어를 잘한다는 자가 있다는 말만 들으면 반드시 그를 찾아 질문하여 바로잡았으며, 집안 사람들과 서로 말할 때도 언제나 한어를 썼고, 친구를 만나도 반드시 먼저 한어로 말을 건넨 연후에야 비로소 본국의 말을 하곤 하였는데, 이로 말미암아 한어에 능통하게 되었다(聞有能漢語者, 則必尋訪質正. 家人相語常用漢語, 遇朋友必先以漢語接語, 然後言本國之語. 由是能通漢語.)"(《조선세종실록》 16조) 《훈세평화》는 명대 중국 북방 백화를 사실적으로 반영하여 근대 중국어를 연구하는 중요한 언어자료가 되었다. 이변이 살던 시절에는 《노걸대》·《박통사》가 이미 오랫동안 유행하였는데 그는 왜 다시 이와 같은 중국어 교재를 편찬하였을까? 그는《훈세평화》의 발문에서 설명하였다. "《직해소학》은 구절 따라 해설하는 것으로 일상 중국어가 아니며 《노걸대》·《박통사》는 몽골어가 섞여 있어 순수한 한어가 아니고 또 상인들의 저속한 이야기가 있어 학자들은 이를 싫어한다(《直解小學》逐節解說, 非常用漢語也.《老乞大》·《朴通事》多帶蒙古之言, 非純漢語, 又有商賈庸談, 學者病之.)" 여기서 이변이 《훈세평화》를 편찬한 두 가지 동기가 있다는 것을 알 수 있다. 첫째, 《직해소학》·《노걸대》·《박통사》 등은 순수하고 바른 일상용어가 아니다. 둘째, 《노걸대》·《박통사》에는 사상적인 내용이 미흡하다는 것이다. 이와 같이 정규적 훈련을 받고 이론적 소양과 언어적 실천이 뒷받침되는 학자들이 우수한 중국어 교수진을 구성하였고 중국어의 보급과 연구에 커다란 공헌을 하였다.

3. 중국어 연구와 한자어의 규범화

조선 학자들의 중국어 연구는 역사가 유구하며 그들의 연구는 시종일관 중국어 규범화를 중심으로 전개한 것인데, 중국어 규범화의 중점은 또한 한자어의 규범화에 있다. 장기적으로 한자·한문을 차용하는 과정에서 한자어는 이미 부지불식간에 한국어에 융합되어 한국어 어휘계통의 중요한 부분이 되었다. 한자어의 개입은 한국어의 표현력을 최대한 풍부하게 하였을 뿐만 아니라 한국어의 어음과 문법에도 커다란 영향을 끼쳤다. 한자어는 한자라는 외부 형식을 빌려 전해진 것으로 한자의 음·형·의는 한자어와 불가분의 관계에 있다. 이런 의미에서 보면 한자어의 규범화는 실제로 한자 음·형·의의 규범화이다. 오랫동안 한자어를 사용하는 과정에서 자형字形적 오류, 자음字音적 혼란, 자의字意적 오해 문제가 날로 심각해졌기에 통치자와 학자들은 우려하기 시작하였다. 이미 '사대숭유'에 지장이 생겼고 반드시 이를 해결해야 한다고 생각하였다. 신숙주는 《동국정운》서문에서 다음과 같이 지적하였다. "글자의 획이 잘못되어 '어魚'와 '노魯'에 참된 것이 혼란되고, 성음聲音이 문란하여 경涇과 위渭가 함께 흐르는지라, 가로[橫]로는 사성四聲의 세로줄[經]을 잃고 세로[縱]로는 칠음七音의 가로줄[緯]에 뒤얽혀서, 날[經]과 씨[緯]가 짜이지 못하고 경중輕重의 차례가 뒤바뀌어, 성운聲韻이 극도로 변함에 이르렀는데, 세속의 선비로 스승된 사람이 이따금 혹 그 잘못된 것을 알고 사사로이 자작으로 고쳐 자제子弟들을 가르치기도 하나, 마음대로 고치는 것을 곤란하게 여겨 그대로 구습舊習을 따르는 이가 많으니, 만일 크게 바로잡지 아니하면 오래 될수록 더욱 심하여져 장차 구해낼 수 없는 폐단이 있을 것이다(字畫訛而魚魯混真, 聲音亂而涇渭同流. 橫失四聲之經, 縱亂七音之緯, 經緯不交, 輕重易序, 而聲韻之變極矣. 世之爲儒師者, 往往或知或失, 私自改之以教弟子, 然重於擅改, 因循舊習者多矣. 若不一大正之, 則愈久愈甚, 將有不可救之弊矣.)" 이러한 인식을 토대로 고려·조선 두 왕조는 많은 한자어 규범 정책을 취하여 힘써 폐단을 없애고 오류를 바로 잡았다.

일찍이 고려 시기부터 한자 자형의 규범화를 이미 중시하여 관학의 생도들이 반드시 《설문해자說文解字》·《자림字林》·《삼창三倉》 등의 자서를 학습하도록 규정되어 있었다. 이 자서들은 모두 중국 문자학의 권위 있는 독본이다. 그 중 《설문해자》는 동한東漢 허신許愼이 편찬한 것으로 한화제漢和帝 영원永元 12년(100)에 완성되었다. 이 책은 모두 15편으로 소전小篆의 자형과 의미를 해석하는 것이 주된 내용으로 9,353개의 글자와 이체자 1,163개를 수록하였다. 《설문해자》는 처음으로 부수 분류법을 시작하여 "자형으로 연계하고 서로 뒤섞이지 않는다."고 하였다. 그의 이론은 '육서六書'의 취지를 밝히고 이로 자형을 분석하고 자의를 해석하여 문자학의 기초를 닦았다는 것으로 공헌한 바가 크다. 《삼창》은 진秦·한漢 때의 자서 세 부의 병칭이다. 《창힐편蒼頡篇》(이사李斯) · 《원편爰篇》(조고趙高) · 《박학편博學篇》(호무경胡毋敬)의 병칭이라는 설과 《창힐편倉頡篇》·《훈찬편訓纂篇》(양웅揚雄) · 《방희편滂喜篇》(가방賈魴)의 병칭이라는 설이 있다. 《삼창》은 이후 모두 산실되었으나, 20세기에 돈황敦煌 · 거연居延 · 부양阜陽 등 지방에서 잇달아 《창힐편蒼頡篇》의 일부가 출토되어 그 기본 면모를 드러냈다. 이 자서들은 모두 역사에서 '글자의 모범(典範)'으로 사용되었다. 고려에서 한자의 표준 독본으로 삼은 것은 아주 식견 있는 선택이었다. 《자림》은 예서隸書 자전으로 진晉대 여침呂忱이 편찬한 것인데 글자 12,824개를 수록하였다. 《설문해자》에 착안하여 없는 글자를 보충하였고, 예서를 주체로 하고 소전의 취지도 겸하고 있어 《설문해자》이후 《옥편》 이전의 중간 다리 역할을 하는 자서이다. 아쉬운 것은 원서는 송대 황실이 남하할 때 이미 일부 산실되어 완전하지 못하였다가 명대에 이르러 완전히 없어졌다. 역사 기록에 의하면 이 책은 일찍이 널리 알려져 당시에는 《설문해자》와 똑같이 중시하였다. 고려 관학에서 교재로 삼은 것으로 보아 이 책이 이웃나라에서도 중요한 영향을 끼쳤다는 것을 알 수 있다. 위에서 말한 자서 외에 남조 양梁나라 고야왕顧野王의 《옥편》도 한국에서 큰 영향력을 가지고 있어 한국에서 편찬한 일부 한자 자전도 지금까지 여전히 《옥편》으로 명명한다. 《옥편》은 최초의 해서楷書 자전으로 양무제梁武帝 대동大同 9년(548)에 완성되었다. 모두 30권으로 16,917개의 글자를 수록하였고 글자체는 당시 통용되던 해서로 하였다. 편성 체계는 거의 《설문해자》를 따랐다. 《옥편》은 일찍이 산실되었는데 청말 때 일본에서 원본의 일부를 발견하였는데, 2,134자만 남아 있었다. 고려에서 사용한 자서들을 보면 모두 한자의 문체 발전사에서 대표적인 것이다. 《설문해자》의 소전에서 《자림》의 예서, 또 《옥편》의 해서에까지 이르러, 한자의 형체가 고문자에서 금문자로 넘어가는 과도기를 일목요연하게 볼 수 있다. 고려·조선에서 근원을 찾아 거슬러 올라가면서 한자 문체의 발전 맥락을 정리하는 것은 분명 한자 문체의 규범화에 도움이 될 것이다. 한자 문체 구조에 대한 이해와 파악을 기초로 하여 한국 고유문화의 특징을 반영하기 위해 조선은 500개가 넘는 '고유한자'를 만들었다. '고유한자'란 것은 '육서'이론에 착안하여 만들어낸 한국식 한자이다. 이 한자들은 비록 중국에는 없지만 그들의 조자법造字法은 '육서'의 골격에서 벗어나지 않았다. 하영삼河永三 교수의 표본 추출 조사 통계에 의하면, 그 중 형성자가 45.5%, 합음자는 39.9%로 이 둘을 합계하면 85%가 넘는다. 이는 고유한자의 출현은 중국어와 한자어의 음절 구조에서 오는 모순을 해결하여, 한국어 음절 구조가 중국어보다 복잡하다는 특징에 부합하기 위해서라는 것임을 알 수 있다.[67)]

한자 자음의 규범화는 비교적 힘든 과정으로 최종 성과는《훈민정음》의 창제에서 드러났다. 앞에서 언급했듯이《훈민정음》을 창제한 주된 원인 중 하나는 '음을 바로잡는 것正音'인데, 조선 시기 한자음의 혼란 상황은 이미 통치자들이 용납할 수 없을 정도였기 때문이다. 대량의 한자어, 특히 중국 고대 문헌에서 나온 한자어들은 다른 언어 환경에 진입한 후 발음이 원래 중국어 음계에서 벗어나 점차 한국어 음계에 동화되었다. 이런 변화는 일정한 어음 원리에 착안하여 규칙적으로 발생한 것이 아니라 일종의 자연적 진화인데, 아무런 인과관계나 이론근거가 없는 진화는 최종적으로 한자음의 무질서 상태를 야기했다. 결국 한자어의 발음은 최초 유입 당시의 발음도 아니고 그 후 질서정연하게 변화한 '시음時音'도 아니었다. 이 때문에 세종대왕은 큰 결심을 하고 표음문자를 창제해 본국 어음체계의 개선, 몽골어·범어 등 외래어의 표기 및 한자음의 규범 문제를 한꺼번에 해결하

67)《한국 고유한자의 비교 연구》를 참조함.

려고 시도하였다. 《훈민정음》은 근거 없이 날조한 것이 아니라 중국 고대 음운학 이론을 깊이 연구하고 '음절音切' 원리를 본받아 만들어 낸 것이다. 세종대왕은 "운학에 관심을 갖고 궁구하여 연구하였으므로(留意韻學, 窮硏底蘊)" 견실한 음운학 소양을 지니고 있었다. 게다가 한학에 정통하고 학식이 풍부한 인사들이 집현전에 있었는데 그들의 음운학에 대한 지식은 그들의 군주 못지않았다. 이렇게 군신이 협력하여 공동으로 《훈민정음》 창제를 이루었다.

조선이 창건되면서부터 중국 음운학 방면 서적의 수입을 중시하였다. 예를 들면 송대의 《광운廣韻》·《예부운략禮部韻略》·《집운集韻》, 원대의 《중원음운中原音韻》·《고금운회거요古今韻匯擧要》, 명대의 《홍무정운洪武正韻》 등은 모두 출품된 지 얼마 되지 않아 바로 한반도에 들어온 것들이다. 음운학의 영향을 더 확대하기 위해 조선의 학자들은 《동국정운》·《사성통고》·《사성통해》·《홍무정운역훈》 등 운서도 편찬하였으며 중국 운서의 본토화가 한자음의 규범화를 가속화시켰다. 《훈민정음》의 창제로 한국어 어음체계가 건립되면서 한자음도 완전히 이 체계에 융합되어 한자음의 규범화는 거의 완성되었다. 《훈민정음》의 학술 가치는 아래 몇 방면에서 나타난다. 첫째, 한국어를 기록하는데 적합한 표음문자를 창제하였다. 둘째, 한국어의 어음체계를 건립했다. 셋째, 한자 독음에 근거를 제공하였다. 한자음의 혼란은 오래전부터 시작된 것으로 세종대왕은 "중증에는 맹렬한 약을 쓸 수 없다(重症不可用虎狼之藥)"는 것을 잘 알기 때문에 《동국정운》을 반포하는 '하교문下教文'에서 서둘러 목적을 달성하려고 하는 것을 금하여 "본국의 백성들이 속운俗韻을 익혀서 익숙하게 된 지가 오래 되었으므로, 갑자기 고칠 수 없으니, 억지로 가르치지 말고 배우는 자로 하여금 의사에 따라 하게 하라(本國人民習熟俗韻已久, 不可促變. 勿強教, 使學者隨意爲之.)"하였다. 동시에 일부 《훈민정음》의 시행을 반대하는 것에 대해 호되게 비평하였다. 당시에 앞장서서 언문을 반대한 사람은 부제학 최만리였는데 세종대왕이 답변에서 "경이 운서韻書를 아시오. 사성칠음四聲七音에 자모字母가 몇이나 있소. 만일 내가 그 운서를 바로잡지 아니하면 누가 이를 바로잡을 것이오?(且汝等知韻書乎？ 四聲七音字母有幾乎？ 若非予正其韻書, 伊誰正之？)"라고 지적하였다. 세종대왕의 이 말은 중국 운서가 《훈민정음》을 창제하는 근거이고 언문은 음운학 중의 '자모'에서 나왔다는 것을 표명하였다. 그의 공헌은 옛 것에 얽매있지 않고 옛것을 따르지 않는 데 있으며 '정正'이란 것은 바로 창조란 뜻이고 자음을 규범화하기 위한 것이다.

전통언어학의 관점에 따르면 '자字'와 '사詞'는 원래 하나인데 '자의字義'가 바로 '사의詞義(단어의 뜻)'이다. 한자 자의의 규범화는 자형·자음보다 더 어려운데 이는 사의詞義의 변화가 더욱 복잡하기 때문이다. 역사에서 앞선 문화였던 중국 문화는 한국인에게 한자·한문에 대한 숭배 심리를 조성하였다. 이런 심리에서 그들은 본국의 언어는 단지 일종의 '향언'이고, 중국어는 '도시 언어'라고 생각했다. 이후 그들은 본국 언어를 '방언'·'속어'라고 불렀으며 중국어에 종속된 하위 언어로 간주하였고 중국어는 '아언'으로 간주하였다. 한자어가 한국어에 들어온 이후 신속하게 발전하여, 얼마 되지 않아 바로 한국어 어휘의 반을 차지하였다. 앞에서 논한 바와 같이 한국어 전문용어의 쇠퇴는 고유명사에서 시작된 것으로 고유명사 가운데 국호·왕호·관직명·인명·지명 등은 모두 한당식漢唐式의 한자 전문 용어로 대체되었다. 고유명사는 민족적 특징을 가장 많이 지니고 있어 흔히 '언어화석'으로 불리는데 언어화석의 명칭을 바꾼다는 것은 한자어의 영향이 그만큼 깊다는 것이다. 한자어가 우세를 차지하고 나서 객관적인 상황에 따라 바로 '음훈차 표기법'이 나타났다. '음훈차 표기법'은 한자어를 중심으로 형성된 일종의 문장 표기법인데 '음차'·'훈차'는 한자어의 음·의와 직접적인 관계가 있다. 신숙주는《동국정운》서문에서 "성인의 도를 연구하려면 마땅히 글의 뜻을 먼저 알아야 하고, 글의 뜻을 알기 위해서는 마땅히 성운聲韻부터 알아야 한다(欲究聖人之道, 當先文義. 欲知文義之要, 當自聲韻.)"라고 하였다. '음'·'의'는 '성인의 도聖人之道'와 밀접한 관련이 있으니 당연히 소홀할 수 없다. 게다가 문의文義가 먼저이고 성운聲韻은 그 다음이다. 성운은 문의를 위한 것이고 문의는 "성인에게 배우기師聖" 위한 것이다. 이런 인식이 있었기 때문에 고려·조선 두 왕조에서 모두 한자어 어의語義의 규범화를 중시하였다. 고려의 관학에서 이미《이아爾雅》를 개설하여 명물훈고名物訓詁를 중시하였다. 중국의 자서·운서도 단어의 뜻과 관련되어 있으며 이런 의미에서 보면 학자들의 자서·운서에 대한 연구에 사의에 대한 탐구도 포함되어 있었던 것이다. 특히 조선에서는 '언해'사업이 흥성하였는데, '언해'란 바로 '언문'으로 중국 고서를 번역하는 것이다. 언해는 문자 간의 전환과 관련되어있을 뿐만 아니라 어의語義의 대응과도 직접적으로 관련되어있다. 조선에서는 언해하는 서적의 범위가 아주 넓어《금강경金剛經》·《능엄경楞嚴經》·《법화경法華經》·《화엄경華嚴經》 등의 불경을 언해하였고, 《논어》·《맹자》·《대학》·《중용》·《주역》·《시경》·《서전》 등의 유가 경전도 언해하였으며, 두보杜甫·이백李白·백거이白居易· 도연명陶淵明·구양수歐陽修·굴원屈原 등의 문학 작품도 언해하였다. 또《삼국연의》·《수호전》·《서유기》 등 장편소설도 언해하였다. 한자어 어의를 규범화시키기 위해 조선 학자들은 한중 대역 참고 도서도 많이 편찬했는데, 그 중 저명한 것은 신이행愼以行의《역어류해譯語類解》(1690), 현문항玄文恒의《동문류해同文類解》(1748), 이담李湛 등의《한청문감漢淸文監》(1771), 홍명복洪名福의《방언집석方言集釋》(1778), 이의풍李義鳳

의 《고금석림古今釋林》(1789) 등이 있다. 이 참고 도서들은 대체로 이중언어 혹은 다중언어 사전이고 한자어 어의를 규범화하는 근거가 되었다. 조선 시기 완성된 《노걸대집람老乞大集覽》에서는 《노걸대》의 200여개의 단어에 대해 설명하였다. 내용이 광범위하고 다방면으로 자료나 증거를 수집·인용하였으므로, 말에는 반드시 근거가 있어 언어 자료로서 충분한 가치가 있다. 예문 몇 개를 들어보자.

漢兒人有 : 元時語必於言終用"有"字, 如語助而非語助. 今俗不用.(원대에는 반드시 밀이 끝나는 곳에 '유有'자를 사용하는데 어기조사인 듯하나 실은 어기조사가 아니다. 지금 세간에서 사용하지 않고 있다.)

溫克 : 《詩》傳云 : "克, 勝也." 猶溫恭自持以勝也. (《시경》에서 이르기를 "극克이란 승勝이다."라고 말하였는데 온화하고 공손하고 자제하면 모든 것을 능가할 수 있다는 뜻이다.)

轆轤 : 井上機轉汲水器. 其制, 於井上置兩長柱, 並穿其頭爲孔, 用短木橫納於兩長柱之空, 以長繩懸一箍桶於橫木腹上之釘, 施橛三四枝於橫木兩頭, 如船上碇錨之車, 汲水則下其桶於井中, 汲畢, 轉其橫木, 則繩自纏繞於橫木之腹, 桶亦隨之而上, 人取其桶, 傾水於石槽及大桶之中, 以飲驢馬, 以受其值. 箍音孤, 以篾束物皆曰箍, 如本國以竹爲帶而束桶也.(녹로轆轤(도르래)란 우물위에 설치한 물 긷는 기계 도구이다. 만들 때는 먼저 우물 위에 두 개의 긴 기둥을 세우고 끝에 구멍을 뚫고 짧은 목재를 가로로 두 기둥 구멍에 끼운다. 긴 밧줄로 통 하나를 횡목橫木 가운데 있는 못에 달아매고, 짧은 말뚝 셋이나 네 개를 횡목의 양쪽 끝에 설치하면, 위의 닻을 감아올리는 기계와 같다. 물을 길 때는 그 통을 내리면 된다. 물을 긷고 나서 횡목을 돌리면 밧줄이 횡목에 감기어 통이 따라서 올라온다. 그 통을 끌어올리고 물을 석조石槽(돌 물통)나 큰 통에 부어 당나귀나 말을 먹이거나 다른 데에도 쓰인다. 고箍는 음이 고孤와 같고 대껍질로 물건을 묶는 것을 모두 고箍라고 말하는데 예컨대 우리나라에서 대나무로 띠를 만들어 통을 묶는다.)

幫閑的 : 人有依附於人而無正身差役之苦者也. 一說裝扮雜劇之人.

("幫閑的"란 남한테 종속되어 자기의 일이 없는 사람을 가리킨다. 하나의 설說은 연극에서 중요하지 않은 역할을 맡은 사람을 뜻한다.)

喫：啖也, 喫飯·喫酒；又被也, 喫打. 字雖入聲, 而俗讀去聲, 或呼如上聲.('喫'란 담啖(먹다)이다. 밥 먹다[喫飯]·술 먹다[喫酒]처럼 쓰이고 또 피被(당하다)란 뜻이 있어 喫打처럼 쓰인다. 입성入聲이지만 세간에서는 거성去聲으로 읽거나 상성上聲으로 읽는다.)

這：此也, 這個·這裏. 俗呼二音：之夜切, 之石切.(저這란 차此이다. 이것這個·여기[這裏]처럼 쓰이고 세간에서 두 가지 발음이 있는데 之夜의 반절反切이나 之石의 반절反切이다.)

阿：阿的, 猶言此也；又語助, 有阿沒, 皆元朝之語.('阿的'는 '此(이것)'와 같은 말이다. 또 어기조사로 사용되기도 한다. '有阿沒'는 '있느냐 없느냐'이다. 모두 원나라 시기 말이다.)

的：指物之辭, 你的·好的；又語助, 坐的, 通作地；又明也·實也·端也, 吏語的確·的當·虛的·的實.(사물을 가리키는 말인데 너의[你的]나 좋다[好的]로 쓰인다. 또 어기조사로 쓰여 앉다[坐的]의 의미로 쓰일 때는 '地'의 통가자로 쓰인다. 또 밝다[明], 확실하다[實], 바르다[端]로 쓰이며 구어로는 확실하다[的確], 적절하다[的當], 허실[虛的], 확실하다[的實]로 쓰인다.)

한자어의 규범화에 있어 공헌이 가장 큰 사람은 조선 말기의 정약용(1762~1836)이다. 정약용은 당시 한학의 대가였고 실학파의 권위자였다. 그는 당시 한자어 활용의 빈번한 오류 현상에 느끼는 바가 있어 《아언각비雅言覺非》란 책을 편찬하여 잘못된 것을 바로잡아 정상으로 되돌릴 방법을 힘써 강구하였다. 그는 이 책을 쓴 동기에 대해서 "유속流俗에서 서로 전하면서 언어는 사실에서 벗어나고, 잘못된 것이 답습되나 사람들은 익숙해져 살피지도 않는다. 우연히 하나가 잘못됐다고 느끼게 되니 많은 의문이 생기게 되어 잘못된 것을 바로 잡고 원래대로 되돌리기 위해 여기서 자료로 삼는다(流俗相傳, 語言失實, 承訛襲謬, 習焉弗察. 偶覺一非, 遂起群疑, 正誤反真, 於斯爲資.)"

라고 하였다. 그는 이 책에서 450여 개의 한자어에 대해 고증하였으며 잘못된 독음·해석·활용을 바로잡는 데 뜻이 있었다. 앞에서 언급하였지만 여기서 예문 몇 개를 더 들어보자.

> 提學者, 學校之提擧也. 宋制, 州縣各有教官, 本省有提擧一員, 總領諸教官. 教官如守令, 提擧如監司, 以其提擧學校之政, 故謂之提學. 高麗傳聞此事, 謂有文學者爲提學, 於是置寶文閣提學·進賢館提學. 我朝因之, 爲弘文館提學·藝文館提學. 其實非學政提要, 不可曰提學.(제학提學이란 학교의 제거提擧를 말한다. 송나라 제도에는 주현州縣에 각각 교관教官이 있고, 본성本省에는 제거提擧 한 사람이 있어 모든 교관을 거느렸다. 교관은 수령守令과 같고, 제거는 감사監司와 같았고, 그가 학교의 정사를 제조提調하였으므로 이를 제학提學이라고 말하였다. 고려에서는 이 일을 전하여 듣고 문학文學(학문)이 있는 사람을 일러 제학이라고 하였다. 이에 보문각제학寶文閣提學·진현각제학進賢館提學을 두었다. 조선도 이를 따라서 홍문관제학弘文館提學·예문관제학藝文館提學이라고 하였는데, 실은 학교정사를 제거提擧하는 것이 아니니, 제학이라고 말하는 것은 불가하다.)
>
> 狀元者, 奏狀之首也. 進士出榜, 必有奏狀以達天子. 故其第一人謂之狀元, 鄉試居首者謂之解元, 而不名狀元. 東人錯認, 凡科榜之居首者, 通稱狀元. 已屬謬誤, 況又狀訛爲壯, 謂之壯元, 詩元曰詩壯, 賦元爲賦壯, 多算者曰畫壯. 奏劄碑碣, 鹹已刊行, 豈不謬哉?(장원狀元이란 주장奏章(상소하는 글)의 첫머리에 쓰인 사람을 말한다. 과거에 급제한 진사進士의 방榜을 써 내 붙일 때는 반드시 주장奏章을 만들어 천자에게 올렸던 까닭으로 그 첫 번째 사람을 장원이라고 말하였다. 그리고 향시鄕試의 첫머리에 적히는 사람은 해원解元이라고 말하고 장원이라고는 이름하지 않는다. 우리나라에서는 이를 잘못 인식하고 무릇 과거시험의 방문에 첫머리를 차지하면 보통 장원이라 칭하고, 승보상제陞補庠制(승진시키기 위한 학교 시험제도)나 향시초시鄕試初試로부터 아래로 순제월과旬製月課에 이르기까지도 무릇 첫머리를 차지한 사람이면 이를 장원이라고 말하는데, 이는 잘못된 것에 속한다. 하물며 또 문서 장狀자를 그릇되게 장할 장壯자로 만들어 이를 장원壯元이라고 이르고, 시원詩元을 시장詩壯, 부원賦元을 부장賦壯이라고 이르며, 계산에 뛰어난 사람을 획장劃壯이라 이르고, 주차문奏劄文이나 비

갈문碑碣文에도 다 이미 이렇게 간행되었으니 어찌 잘못된 것이 아니겠는가?)

戚者, 親也. 同姓曰內戚, 異姓曰外戚. 東俗相傳, 同姓曰族, 異姓曰戚, 無攸據也.《呂氏春秋》:“父母兄弟妻子, 謂之六戚.”《汲塚周書》:“內姓外昏, 友朋同裏, 謂之四戚.”義可知也.《左傳》云:“周公弔二叔之不咸封建親戚.”《魯世家》云:“遍封同姓戚者, 封周公於少昊之墟.”《孟子》云:“有貴戚之卿.”商鞅云:“法之不行, 始於貴戚.”皆以同姓爲戚, 無異姓也. (척戚이라는 뜻은 곧 친親(겨레)를 말한다. 같은 성의 겨레를 내척內戚이라 말하고, 다른 성의 겨레를 외척이라고 말한다. 우리나라의 풍속은 서로 전하여지기를 같은 성을 친족이라고 말하고, 딴 성을 친척이라고 말하는데, 이는 근거할 것이 없는 말이다.《여씨춘추》에 이르기를「부父·모母·형兄·제弟·처妻·자子를 육친六親(모든 혈족)이라고 한다」고 하였고《급종주서》에는 이르기를「내성內姓·외혼外昏·우봉友朋·동리同裏를 사친四親이라고 말한다.」고 하였으니, 그 뜻을 가히 알 만하다.《좌전》에 이르기를「주공은 이숙二叔(주공과 旦의 형제인 管叔·蔡叔)이 다 친척을 봉건封建(封土를 나누어 諸侯를 세운다는 뜻)하지 않는 것을 불쌍하게 여겼다.」고 하였다.《노나라 세가魯世家》에 이르기를「불공평하게 동성의 친척을 봉한 것은 주공을 소호少昊(옛날 제왕의 이름)의 무덤에 봉한 것이다.」라고 하였다.《맹자》에는 이르기를「귀척貴戚(父兄으로 大臣 벼슬을 한 사람)의 경卿이 있었다.」라고 하였다. 상앙商鞅이 이르기를「법령이 행하여지지 않는 것은 귀척으로부터 시작된다.」라고 하였는데, 여기는 다 동성을 친척이라고 하였지 이성異姓은 없다.)

洞者, 空也. 洞穴者, 空穴也. 今俗以裏爲洞, 裏中曰洞內, 裏甲曰洞長, 裏會曰洞會, 無攸據也.……而京城五部, 其裏巷胡同, 都以洞稱, 桂山洞·安國洞·會賢洞·長興洞, 不可勝數.(동洞이란 비어 있는 것이다. 동혈洞穴이란 공혈空穴(빈 굴)을 뜻하는 말이다. 그런데 지금 풍속으로는 마을을 동洞으로 만들어서, 마을 안을 동내洞內라고 말하고, 이장을 동장洞長이라고 말하고, 이회里會를 동회洞會라고 말하는데, 이는 근거할 것이 없는 말이다. ……그런데 경성京城 오부五部의 그 이항裏巷(마을)과 호동胡同(서울 거리)을 다 동洞으로 만들어 계산동桂山洞·안국동安國洞·회현동會賢洞·장흥동長興洞이라 칭하는 등 그 수를 헤아릴 수 없다.)

反切者, 翻切也.《訓民正音》, 字母一行, 中聲十四行, 録於一紙, 名之曰"反切", 直明於一字之音也. 今人訛傳謂"半截", 謂紙半截可録此文, 非矣. (반절反切이란 번절飜切을 말한다.《훈민정음》의 자모 일행一行(한 줄), 중성 십사행十四行을 한 종이에 기록하고 이름하여 반절反切이라 말하고, 하나의 글자의 음을 표기하는 것이다. 그런데 지금 사람들은 잘못 전하여 이를 반절半截로 생각하여 종이의 반으로 자른 것으로 이 글을 기록할 수 있다고 말하니 잘못이다.)

阿堵者, 猶言這箇. 王衍口不言錢, 見錢在牀前, 曰"阿堵物", 後人遂以錢爲阿堵. 又《顧長康傳》, 神曰精神, 妙處正在阿堵中. 謂精神在眸子中, 後人遂以眼爲阿堵. 本皆無義, 東人不覈, 以"讀"爲"睹". 論人奸惡, 輒云 "阿堵不良"; 說己眼病, 每云 "阿堵苦痛". 此又大誤.(아도阿堵란 저개這箇(이것)를 말하는 것이다. 왕연王衍은 입으로 돈을 말하지 않았다. 그는 돈이 평상 앞에 있는 것을 보면 아도물阿堵物(돈을 가리켜 이것이라고 말한 고사)이라고 하였는데, 뒷 사람이 따라서 돈을 아도阿堵라고 하였다. 또《고장강전》에 이르기를「신神은 정신을 말하는데, 묘한 곳은 바로 아도阿堵(이것)에 있다.」고 하였다. 이는 본래 뜻이 없는 말이다. 그런데 우리나라 사람들은 도堵자를 살펴보지 않고 도睹자로 만들어 남의 간악함을 논할 때 항상 아도불량阿堵不良이라고 말하고, 자기의 눈병을 말할 때도 아도고통阿堵苦痛이라고 말한다. 이는 또한 큰 잘못이다.)

정약용은《아언지하雅言指瑕》란 책도 지었다. 모두 47개 항목과 100여 개의 한자어를 고찰하였는데, 절반 이상이《아언각비》와 중복된다. 중복되는 것 외 한자어의 고찰 내용도 뛰어나기 때문에 여기서 예문 몇 개를 더 들어본다.

弟妻謂之弟嫂, 亦太無據. 古稱嫂叔, 云嫂明爲兄妻, 云叔明爲夫弟.叔者, 弟也, 義與季同, 而因與叔侄之數相混. 方言呼諸父曰 "阿咨般伊", 呼夫弟亦曰 "阿咨般伊", 則嫂叔二字之義晦, 而長幼失序, 昭穆無別矣, 豈小事哉? 姊夫之混稱妹夫, 尤無謂矣.(아우의 처를 제수弟嫂라고 부르는 것은 근거가 없다. 옛날에 수숙嫂叔이란 말이 있는데, 수嫂는 형의

처이고 숙叔은 남편의 아우이다. 제弟는 계季와 같으나 숙질叔侄관계와 헷갈릴 수 있으므로 방언에서는 남편의 형을 '아주버니'라고 부르고 남편의 아우도 '아주버니'라고 부른다. 이로 인해 수숙嫂叔 두 글자의 뜻이 분명하지 않아지고, 장유長幼의 차례가 없어지고, 소목昭穆[사당祠堂에 조상의 신주神主를 모시는 차례. 왼쪽 줄이 소昭, 오른쪽 줄이 목穆이 됨.]의 차별도 없어지는데 어찌 사소한 일이라고 할 수 있을까? 윗누이의 남편을 매부妹夫라 말하는 것은 더욱 부당하다.)

山南水北曰陽, 水南山北曰陰, 此見《爾雅》. 昔人猶知此義, 京都在漢水之北, 而曰漢陽是也. 漢陰, 李相國舊居漢水之北, 而號曰漢陰, 未可曉也. (산의 남쪽과 강의 북쪽을 양陽이라고 하고, 강의 남쪽과 산의 북쪽을 음陰이라고 하는데 이는 《이아爾雅》에서 기록되어 있다. 옛날 사람들도 이 뜻을 알고 경도京都가 한수漢水의 북쪽에 있으므로 한양漢陽이라고 칭하였는데 이는 맞는 것이다. 한음漢陰이란, 이상국李相國이 일찍이 한수의 북쪽에 거주하였으나 호號를 한음으로 삼은 것은 알 수 없는 바이다.)

進船之具, 其名最多, 曰櫂, 曰檝(劉熙曰 : 在旁撥水曰櫂. 又短曰檝, 長曰櫂) ; 曰棹(與櫂通) ; 曰櫓, 曰槳(縱曰櫓, 橫曰槳) ; 曰橈, 曰枻(皆檝也), 皆所以撥水進船也. 曰柁(正船木), 曰梢(船尾曰梢), 所以正船也. 其所以刺船使進者, 惟篙而已, 進船竿也(俗名曰沙牙臺) 揚子《方言》曰 "所以刺船謂之篙"者是也. 今俗以棹與橈, 梢爲刺船之具, 以篙爲覆船之物, 誤! (배를 나아가게 하는 기구에 이름이 가장 많다. 도櫂·즙檝은 같은 뜻의 말이다. [劉熙는 「곁에 발수撥水(물을 저어내는 것)가 있는 것을 도櫂라고 말한다. 또한 짧은 것을 즙檝이라고 말하고, 긴 것을 도櫂라고 말한다.」라고 하였다.] 도棹(구櫂와 통용됨)라고 칭하는 것도 있고, 노櫓·장槳(상앗대, 세로로 있는 것을 櫓라고 말하고 가로로 있는 것을 槳라고 말한다.)라고 불리는 것이 있고, 요橈 (노)·세楪(상앗대)(모두 檝와 같다)라고 말하는 것도 있는데, 이것들은 모두 발수撥水(물을 저어냄)로 새서 배를 나아가게 하는 것이다. 타柁(키)·소梢(배의 꼬리)라고 하는 것은 배의 진로를 바로 잡는데 쓰이는 것이고, 배를 저어 나아가게 하는 것은 오직 고篙(삿대)뿐일 따름이다. 고篙는 배를 나아가게 하는 장대(속명은 상앗대)이다. 양웅揚雄의 《방언方言》에서는 「배를 저어 나아가게 하는 것을 고篙(삿대)라고 말한다」라고 하였는데, 지금 세상에서는 도棹와 요橈·소梢를 배를 나아가게 하는 기구로 인식하고, 고篙를 복선覆船(배를 뒤집다)의 물건으로 삼는 것은 잘못이다.)

위 예문에서 보았을 때, 조선 말기의 많은 한자어들은 이미 어의에서 비교적 큰 변화가 일어났다. 정약용은 어의를 규범화시키기 위해 "잘못을 바로잡는(正誤)" 일을 많이 하였고, 이에 대해 매우 고심하였다고 할 수 있다. 그는 일찍이 몹시 화를 내며 "물명物名은 대체로 복례僕隸들로부터 유전된 것이나 문자로 옮기게 된 것은 모두 학사들에 의해서 이루어진 것이다. 이로부터 보면 문물이 몽매하게 된 것은 모두 사대부들의 경솔한 탓이다(夫物名流傳, 多出僕隸. 文字譯成, 皆由學士, 由是言之, 文物之至蒙昧, 皆士大夫粗率之咎也.)"라고 지적하였다.68) 문인들이 문화자원을 차지하고 언어규범화의 책임을 지고 있었기 때문에 한자어 활용의 혼란에 대해서 그들은 책임이 있다. 그러나 사실 한자어 어의의 변화를 모두 학사와 사대부들의 책임으로 돌린다면 그 또한 잘못된 것이다. 어의의 변화는 언어 발전에서 필연적인 것으로 언어 내부 구조의 원인도 있고 외부 언어 환경의 원인도 있다. 더욱 중요한 것은 "일반 대중에 의해 인정된다"는 것이다. 정약용이 애써 고치려고 하여 일부는 확실히 효과가 있었지만 일부는 그대로 사용되어 현대 한국어에까지 이어졌기 때문에 중국어와 '동형이의同形異義' 혹은 '부분이의部分異義' 현상이 나타난다. 이 점에 대해서는 앞에서 이미 상세하게 분석했기 때문에 여기서 더 이상 논의하지 않는다.

총괄해서 말하자면 한자어에 대한 학습과 연구는 줄곧 한반도 역대 통치자들이 매우 중시하는 문화 사업이었다. 대량의 한자어가 한국어의 중요한 부분이 되었다는 것은 먼저 그들의 창도와 불가분의

68) 《아언각비雅言覺非》권2.

관계가 있으며, 그 다음은 장기간 한자와 한문을 사용한 역사 속에서 한자어는 이미 한민족 문화의 혈맥에 융합되어 그들의 사유형태와 언어형태에 많은 영향을 끼쳤기 때문이다. 이천 년 이래로 한자어는 바람을 따라 살그머니 들어와 만물을 소리 없이 적셨으며, 중국 대륙에서 문화의 비와 이슬을 가져가 한반도의 문명에 영양을 공급하였다.

제6장

한자어의 회고와 전망

제6장

한자어의 회고와 전망

'신토불이'는 한국의 모든 사람이 알고 있는 속담인데 한민족은 반드시 자기가 태어나고 성장한 나라와 하나가 되어야 한다는 뜻으로 음식은 본토에서 생산한 것이 최고이고 다른 방면에서도 본국에서 생산한 것이 우선이다. 덧붙여 설명하면 이 속담은 한민족이 나라·향토·민족을 사랑한다는 문화 신조가 되었다. 한민족은 자신의 찬란한 민족 문화를 창조하였고 이러한 민족문화만이 민족의 생존과 발전을 지킬 수 있었다. 이 신조는 한민족의 애국주의 정신과 민족주의 정신을 고양시켰는데 민족의 생사존망이 걸릴 때마다 이런 민족정신은 더 없이 확대되었고 심지어 무작정 외세를 배척하는 정서로 발전하기도 하였다. 민족정신은 영원히 변함없는 것인데 한민족의 격렬한 민족 정서가 민족의 생존과 발전에 불리하다는 것을 느낄 때 그들은 바로 이성적으로 돌아온다. 한자 및 한자어가 한국 근대 이래로 경험한 바가 바로 이 점을 생동감 있게 설명하였다.

이천 여 년의 역사 발전 과정을 겪으며 한자어는 한국어에서 깊이 뿌리를 내려 한국어 어휘의 중요한 부분이 되었다. 한국어의 한자어는 세 종류로 나눌 수 있는데, 중국에서 온 한자어, 일본에서 온 한자어와 스스로 창제한 한자어이다. 수량으로 보면 중국어에서 온 한자어가 절반을 차지한다. 한자어는 한국어에서 우세한 위치를 차지하고 있어 한민족 사유형태에 무의식 중에 영향을 미쳤을 뿐만 아니라 한국어 어음계통과 문법 특징의 형성에도 커다란 영향을 미쳤다. 에드워드 사피어는 "어휘도 문화적 요소에 뒤지지 않게 널리 전파되기 쉬운데 어음은 빌려올 수도 있고 심지어 형태적 성분도 옮겨올 수 있다. 더 나아가 어떤 언어는 이웃 언어의 암시적 영향 하에서 구조적 특징의 일부를 취했다고 인정할 수도 있다." 라고 하였다.[69] 한국어와 일본어가 교착어의 언어 특징을 취한 것은 대량의 한자어를 흡수하고 사용하는 것과 무관하지 않다. 한국어와 일본어가 같은 조어祖語에서 유래되었는지는 지금까지 아직 공통된 결론을 갖지 못하였다. 어떤 학자는 두 언어 모두 알타이어계에 속한다고 보고 어떤 학자는 남도어계에 속한다고 보고, 또 어떤 학자는 한국 북부(청도·칠곡 일대를 경계선으로)는 알타이어계의 영향을 받았고 남부는 남도어계의 영향을 받았다고 한다. 계통이 불명한 두 언어가 모두 교착어의 특징을 가지고 있는데 이는 상당히 흥미로운 현상이다. 이는 대량의 한자어를 차용하는 것과 직접적인 관련이 있다고 생각한다. 물론 이것은 일종의 추측일 뿐 최종적으로 결론을 내리려면 더 심도 있는 연구가 진행되어야 한다. 한자어는 중국어에서 유래되었다. 중국어는 엄격한 형태적 표기와 형태적 변화가 없는 언어로서 한자어는 형식적으로 품사를 표시할 수 없고 또 형태적 변화를 통해 그의 문법적 기능을 표시할 수 없다. 그러므로 이 한자어들이 한국어에 들어와 점차 우세를 차지하였을 때 그들은 필연적으로 한국어의 유형적 특징을 갖게 된다. 즉 한자어로 문장을 만들 때 반드시 뒤에 조사나 동사

69) 《語言論》 p.184, 상무인서관, 2003년.

어미를 덧붙여 문장에서의 문법적 기능을 표시하였다. 문헌이 부족하여 우리는 지금 상고시기 한국어의 모습을 완전히 알 수 없으나 같은 교착어에 속하는 언어와 비교해보면 한자어를 대량으로 흡수한 언어들이 고도로 일치된 문법적 공통성을 가지고 있음을 알 수 있다. 다른 '친족 언어', 예를 들어 터키어와 비교했을 때 비교적 큰 차이가 있다는 것을 쉽게 알 수 있다. 또 어음에서 보면 한자어의 독음은 당연히 한국어의 어음체계에 부합해야 한다. 그러나 한국어 음계의 건립도 중국어 어음의 깊은 영향을 받았다. 어음의 분석 방법이든 어음의 분석 결과이든 모두 중국어 음운학의 이론과 성과를 참고한 것이다. 현재《훈민정음》창제 전의 한국어의 어음을 정확하게 알 수 없으나《훈민정음》의 음계를 말하자면 자음(초성·종성)과 모음(중성)은 모두 중국어 어음이 발전하는 원류에서 근거를 찾을 수 있다. 대륙과 한반도 교류의 역사가 유구하기 때문에 중국어 어음이 부단히 영향을 끼쳐 한국어 한자어의 독음을 아주 복잡하게 하였다. 한국어의 외래 요소에 대한 수용 능력과 소화 능력은 놀랍다고 할 수 있는데, 남의 장점을 취하여 자기의 단점을 보완하고 소화 흡수하여 자신의 것으로 만든다는 것은 언어에 생명력이 있다는 표시이다.

《훈민정음》의 창제는 한자 및 한자어의 정통지위를 결코 흔들지 못하였으나 20세기 후반기에 이르러 한자 및 한자어의 사용은 다소 타격을 입었다. 한국 언어학자들은 흔히 20세기 이후의 한국어를 '현대 한국어'라고 일컫는다. 갑오경장 이후 한민족의 민족의식이 날로 고조되면서 현대 한국어의 구조도 기본적으로 형성되었으나 1945년 한반도 광복 이후 남과 북이 갈라지고 단절되면서 한국어 내부에서도 민족의식이 느슨해졌고, 특히 사회생활을 가장 민감하게 반영하는 어휘에서 남북의 차이가 비교적 커졌다. 80년부터 시장경제가 빠른 속도로 발전하고 정보화 시대가 도래하면서 한국인의 관념에도 커다란 변화가 일어났으며, 새로운 사물이 끊임없이 나타나고 사회 발전의 속도가 빨라지면서 어휘도 새롭게 바뀌었다. 임지룡林之龍은 근 100년 이래 한국어 어휘의 변화가 아래 세 시대별로 나타났다고 하였다. 첫째, 갑오경장 이후 일제 강점기가 현대 한국어의 전반기이다. 일본어의 강제 개입으로 한국어는 압박을 받았고, 일본어에서 유래된 어휘와 일본식 한자어가 고유한자어에 타격을 주었을 뿐만 아니라 일부 고유어를 점차적으로 대체하기도 하였다. 동시에 서양에서 온 외래어도 일본어를 통해 한국어에 들어왔다. 둘째, 1945년 광복이후부터 70년대 경제성장기까지가 현대 한국어의 중반기이다. 이 시기는 남북 분단과 인구 이동 및 70년대 이래의 산업화 과정으로 의해 한국어에 현저한 변화가 발생하였다. 특히 서울을 중심으로 하는 표준어에 큰 변화가 일어나 새로운 표준어가 점차 형성되었다. 셋째, 80년대부터 현재까지가 현대 한국어의 후반기이다. 국제화와 정보화 시대가 다가오면서 한자어는 일선에서 물러나게 되고 외래어가 대거 유입되었는데, 특히 젊은이들은 외래어를 시대적 유행으로 간주하면서 외래어의 사용도 더욱 보편화되어 현대 한국어 어휘를 더욱 복잡하게 하였다.[70)]

한국어 어휘에 대한 최초의 순화는 "일본어 사용 금지痛禁倭語"에서 시작되었다. 1592년에 발생한 임진왜란은 조선과 일본의 갈등을 격화시켰고 통치자들은 일본어의 침입에 대해 극도로 경계하였다. 이듬해 10월 선조는 "일본어 사용을 엄금하라"는 명을 내렸는데, "도성의 백성들이 오래 왜적에게 지배당하고 있었으므로 왜어倭語에 물듬이 있다. 각별히 방榜을 내걸어 엄하게 금지하되 혹시라도 왜어를 하는 자가 있으면 각기 동리 안에서 엄하게 규제하여 원수인 오랑

70) 〈20世紀以後國語詞彙的使用和造詞法特徵〉, 《朝鮮語(韓國語)詞彙構成與詞彙使用的研究》.

캐들의 말이 항간에 섞이지 않게 하라(都中小民, 久陷賊中, 不無染習倭語之理, 各別掛榜痛禁. 如或有倭語者, 各里中嚴加科正, 毋使蠻夷鴂賊之音, 或雜於閭里之間.)"고 하였다.(《조선선조실록》권43) 이때부터 일부 일본어에서 온 어휘는 점차 새로운 단어로 대체되었다. 예를 들어 "타바코"는 "담배"로 대체되었고 "唐椒"는 "고추"로 대체되었다. 1948년 한반도 해방 이후 조선의 민족정신은 더욱 고조되었고 일본어에 대한 퇴치 및 개조도 더욱 강화되었는데 주로 채택한 조치는 첫째, 고유어로 대체하는 것, 둘째, 고어에 새로운 의미를 부여하는 것, 셋째, 새로운 단어를 만드는 것이다. 예를 들면 受付→接受, 御中→貴中, 書留→登記, 爲替→換, 黑板→漆板, 遠足→消風, 切手→郵票, 立場→處地, 場合→境遇, 忌中→喪中, 看板→普覽板, 菊板→五七版, 下宿→私館, 白墨→粉筆 등이다. '일본어 사용 금지' 외에 조선 후기 한자어에 대해서도 여러 제한을 두었다. 직접적인 원인은 일본식 한자어가 중국식 한자어와 구별하기 어렵기 때문이다. 처음에는 일본식 '훈독어'를 없애고 중국식 '음독어'를 남겨 두려고 했지만, '훈독어'라 해서 모두 일본식 한자어는 아니다. 이리하여 '일본어 사용 금지' 동시에 무고한 한자어에까지 화가 미쳤다. 1894년 갑오경장에서 1945년 8월 15일 광복까지 50년 사이 한국 통치자의 치국이념과 사회 관념에 커다란 변화가 일어났다. '모화사대사상慕華事大思想'을 배척하고 서양문명을 받아들여 정치·문화·사상적 자주 독립을 추구하였다. 바로 이런 배경 하에서 위세가 드높은 개화운동이 한반도를 휩쓸었는데 '국어운동'이 개화운동의 발단이 되었다. '국어운동'이란 국어 사랑과 국어사용을 고취하는 문화운동이며 한국어에 있는 많은 외래 요소에 대한 반발이다. '애국愛國·애족愛族·애어愛語' 사조에 감화되어 한반도의 언어학자들은 한국어에 대해 깊이 반성하여 역사에서 국어를 '속어'·'방언'·'상말'로 칭하고 '국문'을 '언문'으로 불렀던 것은 국어에 대해 스스로 폄하하는 것이라 여기게 되었다. 그리고 이렇게 낮추어 불리는 이름들을 없애고 국어의 지위를 높이고자 하였다. 국어의 지위를 높이기 위해서 주로 두 가지 조치를 취하였는데, 첫째는 한자어 사용을 제한하고 바꾸는 것이었고, 둘째는 문체를 바꾸고 정비하여 관청과 민간을 막론하고 한문전용을 폐지하고 국한문혼용체나 국문전용으로 바꾸는 것이었다. 한국 학계에서는 이런 변혁을 '국어 순화'라고 하였다.

'국어 순화'운동은 한국이 식민 통치에서 벗어난 이후, 민족 문화를 수호하는 정신으로 나타냈다. 사회적 변혁은 흔히 문화적 운동에서 발단되고 문화적 변혁은 또 종종 언어에서부터 시작된다. 1946년 정태진丁泰鎮·이탁李鐸·최현배崔鉉培·장지영張志暎 등이 제창하여 국어 순화가 본격적으로 시작되었다. 1948년 이희승李熙昇의 《국어정화문제》란 글이 국어 순화운동을 추진하였다. 그해 한국 문교부 편찬국 산하의 국어정화위원회에서 심의한 〈민족 언어를 탐색하는 길〉이란 글은 국어 순화에 대해 새로운 방향을 제시하고 일부 한자어를 없애고 바꾸었다. 그 중 대다수가 일본식 한자어이므로 국어 순화는 이미 정부 차원의 사회문화운동이 되었다. 이후 50년대에서 70년대 후반까지 이어서 《국어정화교본》(국어연국회, 1958)·《국어 순화의 방안과 실천자료》(국어교육연구회, 1976) 등 일련의 연구 성과를 내놓았고, 더 나아가 일본말의 잔재를 말소하고 점차 바르고 고운 민족 언어를 사용하는 것을 자랑스럽게 여기는 사회적 풍조를 조성하였다. 사실상 국어 순화운동의 전개는 한편으로는 일본말의 영향을 제거할 수 있고, 또 한편으로는 중국어와도 일정한 거리를 둘 수 있다. 따라서 같은 개념 일지라도 중국·일본·한국에서는 각기 다른 한자어가 나타났다, 예를 들면 중국어의 '比賽'는 한국어에서는 '競技'이고 일본어에서는 '試合'이다. 이런 역사적 배경에서 민족정신이 고조됨에 따라 국어 순화는 잘못된 것을 고치려다 오히려 정도를 지나쳐 이천 여 년을 사용해온 한자어를 순화의 타깃으로 삼기 시작하였다. 1948년 한국 정부 성립 초기에 바로 〈한글전용법〉을 제정하여 모든 공용문서를 한글로 쓸 것을 규정하였지만, 덧붙인 조문에서는 한자를 병용하는 것을 허용하였다. 한국에서 전반적으로 한글사용을 추진한 것은 1950년의 6.25전쟁부터 시작됐다. 전쟁 이후 세계정세의 변화와 관념형태의 차이로 인해 정부 당국은 한자에 대해 이미 편견을 가지게 되었고, 민족정신의 고양과 내셔널리즘의 성행은 '한글전용'을 주장하는 목소리에 영합하였다. 따라서 먼저 군대에서 전면적으로 한글전용이 추진되었고 이후 점차 사회 전 영역으로 확장되었다. 1968년 12월 박정희 대통령은 〈국민교육헌장〉을 반포하여 '애국·애족'정신을 강조하였고 2년 후 공용문서에서 한자혼용을 금지하고 강제적으로 한국 초·중등학교 교과서의 한자를 폐지하였다. 박정희의 이런 극단적인 조치에는 그의 독재와 니힐리즘적인 치국 이념이 드러나 있었다. 이후 한자 폐지로 인해 한국인들은 언어생활에 큰 불편을 느꼈고 사회여론이 분분하여 일부 식견이 탁월한 인사들은 이에 대해 비평하고 나섰다. 사회적 압력 때문에 한국 정부는 중·고등학교에서 한자 교육을 회복하여 학생들이 1,800개의 기본 한자(중학교 900개, 고등학교 900개)를 습득하도록 하였으며 국어와 국사 교과서에서 제한적으로 한자를 사용하는 것도 허용하였다. 이와 동시에 북한에서도 1949년부터 전면적으로 한자를 폐지하고 차차 한글로 대체하였는데, 북한 정부 역시 6.25전쟁 이후 민족정신이 고조되고 민족문화교육 수준이 낮다는 현실에 착안하였기 때문이다. 1968년 김일성의 지시에 따라 북한 정부는 다시 한자사용방안을 수정하여 한자 교육을 회복하였다. 현재 북한에서는 초등학교 5학년부터 한자를 가르치고 고등학교를 졸업하면 1,500개의 기본 한자를 습득할 수 있으며, 대학교에서 1,500개 한자를 더 학습할 수 있다. 남한에서는 한자 교육을 중단하였기 때문에 청소년들이 한자에 대한 흥미를 잃고 '한자문맹세대'가 되었다.

근대 이래에 동방문명의 쇠퇴와 서양문명의 궐기로 동아시아 국가들이 커다란 심리적 충격을 받아 자신을 반성하고 뒤쳐진 원인을 찾기 시작하였다. 일부 사람들은 한자와 한자문화에 대해 불신을 갖게 되었고 복잡한 한자가 과학·문화적 낙후를 초래했다고 단편적으로 생각하였다. 중국에서도 전현동錢玄同과 같은 학자들이 '한자폐지'를 주장하였고 호적胡適도 "한자를 폐지하지 않으면 중국이 멸망한다(漢字不廢, 中國必亡)"는 구호를 외쳐 한동안 한자는 '망국멸종亡國滅種'의 근본 원인이 된 듯 하였고, 모두 한자를 폐지하려고 하였다. 다행히도 한자는 운이 좋아 화를 면했다. 일본도 1869년 메이지 유신 이후 '아시아를 탈피하고 유럽에 들어가자脫亞入歐'는 급진적 구호를 내걸었고 일부 사람들은 한자 폐지를 제기하여 기세 드높은 '가나혁명'을 일으켰는데 급진주의자들은 '가나'까지 폐지하고 로마자를 사용하자고 주장하기도 하였다. 그러나 지금까지도 한자는 일본어에서 사라지지 않았고 여전히 없어서는 안 되는 존재로, 언어 교제에서 그 역할을 대체할 수 없다는 것을 증명하였다. 마찬가지로 한자와 한자어는 한반도에서도 타격을 받아 없어질 뻔했다. 한자문화의 한반도에서의 흥망성쇠에는 깊은 역사적 원인과 문화적 배경이 있다. 한국은 반도 국가로 중국·러시아·일본 등 국가의 중간에 끼여 역사적으로 수차례 이민족의 침입을 받았다. 국토가 협소하여 활동지역이 좁았기 때문에 열흘이면 공격과 수비 상황이 완전히 뒤집힐 수 있었다. 이런 특수한 정치·지리적 환경에서 자신의 운명을 좌우할 수 없기에 깊고 강한 슬픈 감정이 한민족의 위기의식을 불러일으켰다. 한민족은 나라와 민족을 위해 모든 것을 희생할 수 있기에 민족정신이 약화된 적이 없다. 20세기 초(대한제국시기) 중화제국의 쇠퇴와 서학西學의 충격으로 중화문화는 점차 강세에서 약세로 돌아섰고 한반도에 미치는 영향도 크게 약해졌다. 이때 한반도에서 민족정신은 전례 없이 고조되어 전통을 비판하는 경향이 강력하게 나타나면서 한자는 전통문화의 상징으로 자연히 먼저 그 비판 대상이 되었다. 정부에서도 국한문혼용체를 제창하였기 때문에 한자의 영역은 이미 반으로 줄었는데도 일부 급진주의자들은 거기에 만족하지 않고 한자를 일종의 '부호폭력'으로 간주하여 한자를 폐지하자고 호소한다. 심지어 일부 인사들은 한자폐지를 호소할 뿐만 아니라 한국어 속의 한자어도 순 한글로 대체하자고 주장한다. 예를 들어 유명한 언어학자 주시경(1816~1914)은《국어문법》(1916)에서 전통적인 한자로 된 전문용어를 모두 없애고 스스로 만든 용어로 대체하여 많은 한국어 학자들의 지적을 받았는데 이는 새로운 문화 사조의 영향으로 국어의식이 과도하게 확대된 것이었다. 상당히 긴 역사 동안 한자는 한민족의 유일한 문장으로 교제하는 수단이자 한韓문화 발전의 공신이었다. 한반도의 지식 계층 인사들은 한자에 대해 깊은 이해가 있으며 그들은 한자가 한민족의 전통 문화와 밀접한 관계가 있어 한자를 폐지하면 민족의 정신과 문화 전통을 없애는 것과 같다고 생각하였다. 한국 근대에서 국어운동이 한창일 때에도 개화운동의 선구자 유길준兪吉濬은 "漢文은 없앨 수 있지만 漢字는 없앨 수 없다"라고 하였다. 왜냐하면 "우리가 한자를 사용한 기간이 이미 오래되어 동화되었고, 한자는 이미 국어의 일부분이 되었기 때문이다."[71] 확실히 유길준이 언급한 바와 같이 한자는 이미 한국어의 일부가 되었을 뿐만 아니라 한민족 문화를 전수하고 계승하는 도구이기도 하였기에 한자를 버리는 것은 중국문화의 정신을 버리는 것과 같다. 한자를 폐지하는 것은

71) 〈小學敎育에 대한 意見〉,《皇城新聞》隆熙 2년 6월10일.

한민족의 언어생활에 큰 불편을 초래할 뿐만 아니라 한민족 역사 문화를 무시하는 것이기도 하다. 그러므로 한국 역사에서 여러 한자표기법이 생겨 한자가 한국어를 기록함에 있어서의 모순을 없애서 한자 표기가 본토화 되도록 하였다.

70년대에 이르러 날로 심각해지는 서양화 추세에 따라 영어 어휘가 대거 한국어에 들어오기 시작하여 영어 외래어가 끊임없이 증가하였고 사회적 소통에서 한자 및 한자 어휘의 역할이 더욱 약화되었다. 한자 어휘는 한국어에서 우세를 차지하고 있으나 어디까지나 외래 어휘이고, 한국어의 고유 어휘와 취약한 평행관계를 가지고 있으므로 만약 외부 압력으로 이 평행관계가 깨지게 되면 곧 바로 엄청난 타격을 받을 것이다. 외래어의 폭발적인 증가로 한자 어휘의 수가 점차 줄어들었다. 비록 한자어의 지위가 흔들리지 않았지만, 한국어에서는 이미 한자 어휘·고유 어휘·외래어가 삼분되어 상호 보완과 융합됨이 마치 한국의 영양 음식인 돌솥비빔밥과 같았다. 게다가 정부의 정책이 한자 어휘를 한글로 표기하게 유도하기 때문에 젊은이들은 한자를 더욱 멀리하였다. 1999년 6월, 한국 KBS는 서울 명동에서 임의의 조사를 시행하였는데, 조사 대상인 젊은이들은 대부분 한자로 자기 이름만 쓸 줄 알았고 부모의 이름을 쓸 줄 몰랐다. 2000년 12월 MBC의 퀴즈프로그램에서 마지막 문제가 한자어 '謁見(알현)'의 독음이었는데 바르게 읽을 수 있으면 거액의 상금을 받을 수 있었으나 결국 참가자들은 이 상금을 놓쳤다. 더 심각한 것은 한국 경찰들이 신분증에 있는 한자이름을 읽을 수 없어 용의자를 놓치기도 했다는 것이다. 한자 및 한자어가 위축됨에 따라 한국의 많은 인사들이 우려를 표하고 한자문화의 쇠퇴는 민족문화의 계승에 지장을 초래할 뿐만 아니라 민족정신의 혁신과 재창조에도 이롭지 않기 때문에 한자 교육을 강화해야 한다고 호소하였다. 최근 한자문화 부흥 추세가 나타나면서 학교의 한자 교육을 강화할 수 있게 되었고 한자의 사용 범위도 확대될 수 있었다. 이전에 정거장 이름·교통 표지·간판 등은 영어와 한글로만 표기되었으나 지금은 대부분 한자를 덧붙여 놓았다. 한국의 신문매체에는 원래 거의 한자를 사용하지 않았는데 지금은 늘어나는 추세가 되었고, 2012년 현재 한자를 사용하지 않은 신문은 단지 하나뿐이다. 1997년 170여개의 사회단체로 구성된 한국한자교육추진총연합회에서 '전국학생 한자능력시험'을 실시하였고 몇 년간의 노력으로 영향력이 점점 커지고 있다. 1998년 11월 이 연합회에서 궐기대회를 열어 "심각한 문화위기를 더 이상 벼랑 끝으로 몰고 가지 말고, 즉시 초등학교에서부터 한자 교육을 과감히 단행해야 한다"고 호소하였다. 궐기대회 선언문에서는 초등학교 과정에서 기본한자 1,000자 정도를 교육하고, 초등학교에서부터 고등학교까지의 교과서에서 한글과 한자를 혼용할 것을 촉구하였으며, 공용문서·표지판·간판 등에 한자를 혼용 또는 병용하는 것을 허락하고 언론매체에서 한자를 가급적 혼용할 것을 촉구하였다. 연합회는 국회에 정치계·상업계·학계·교육계·종교계·문화계의 유명 인사를 포함한 7,000여명이 서명한 〈한글전용법의 폐기 법률안〉을 제출하였다. 2000년 9월, 연합회는 '국무총리상'과 '교육부장관상'을 설립하고 전국 초·중·고·대학생 한자교육 진흥을 위한 글을 공모하였다. 2000년부터 한국교육부는 중학교 제2외국어로 중국어를 선택하였고 한자를 하나의 중요한 평가 내용으로 지정하였다. 그러나 한자문화의 부흥에 직면하여 한자폐지와 한글전용을 주장하는 일부 사람들이 대세를 거슬러 움직이기 시작하였다. 1997년 11월 한글학회를 중추로 하는 '한글전용 실천촉진회'에서 확고히 한글을 사용해야 한다고 강조하고 한자사용을 회복시키는 것이 바로 옛 왕조시대로 돌아가는 것이라고 지적하였다. 따라서 그들은 '한글전용' 방침을 확고히 실행하고 중학교 한자교육을 즉각 중지해야 한다고 주장하였다. 한자사용 회복 여부에 대해서 양쪽의 논쟁이 날로 격화되면서 학술적인 토론의 범위를 벗어나 사회 각 방면과 결부되었다. 한자사용을 주장하는 사람들은 전면적인 한자사용 폐지가 전 사회를 곤혹스럽게 만들었고 철학사상과 윤리도덕적 혼란을 일으켰으며, 최근의 정치적 혼란과 금융위기의 심층적 요인도 국민의 한자문화를 포함한 인문학적 소양이 부족한 것과 긴밀한 관계가 있다고 주장하였다. 게다가 세계화와 정보화시대에 들어서면서 중국·일본·싱가포르 등의 나라들이 한자문화권을 형성하였다. 이 시점에서 한국만 한자를 사용하지 않기 때문에 고립된 것처럼 보일 것이고, 문화적 교류와 경제 교류에 지장을 초래할 것이다. 한자사용 반대론자들은 한자를 회복하는 것은 옛 것을 회복하는 것이므로 한글의 지위를 크게 폄하할 뿐만 아니라 민족 자주정신을 위반하는 것이기도 하다고 주장한다. 게다가 한국 언론계의 참여로 이번 문화논쟁은 날로 격화되고 있다. 논쟁은 지속되고 있지만 사회여론은 이미 한자사용을 회복해야 한다는 쪽으로 기울었다. 한자 및 한자어는 한민족 문화에 융합되어 민족문화정신과 분리할 수 없기 때문이다. 그로 인해 한자는 교과서·고문·사회 유통영역으로 살며시 들어오고 있다. 지금 한국 한자교육의 부흥은 사회전체의 공통된 인식이라 할 수 있다.

한자의 부흥에는 깊은 역사와 사회적 요인이 있는데, 개괄적으로 다음 몇 가지가 있다.

첫째, 문화전통을 더욱 널리 알리기 위해서이다. 역사에서 한반도는 줄곧 한자문화권의 중요한 구성원이었고 20세기 전기까지 모든 문서·정사正史·족보·필기 및 문인작품 등을 모두 한자로 기재하였다. 한자를 폐지하면 문화전통을 이어갈 수 없게 되고 필연적으로 민족문화의 단절을 초래할 것이다. 한민족은 강한 민족정신과 애국정신을 가지고 있으며 자신들의 문화전통을 소중히 여겨 문화전통이 새로운 시대에도 더욱더 발전하기를 바라고 있다. 한국의 대학에서 한문학과를 보편적으로 개설한 것이 바로 한자로 된 역사문화를 계승하기 위해서이며 중어중문학과·국어국문학과와 정립하는 형세를 형성하여 한국의 온전한 언어문화 계통을 구성하였다. 현재 한국인들이 한자를 잘 모르기 때문에 한국에는 '족보번역'이라는 새로운 직업이 출현하였다. 한국의 족보는 한문형식으로 대대로 내려왔으나 후세들이 읽을 수 없기에 번역이 필요하였고 이러한 추세에 따라 족보번역업이 나타났다. 실제로 한국 주류문화主流文化를 대표하는 사회계층은 시종일관 한자를 귀중한 문화자원으로 여겼기 때문에 한자 폐지는 그들의 문화적 요구와 어긋난 것이다.

둘째, 경제를 지속적으로 발전시키기 위해서이다. 한자문화권에서 중국은 개발도상국이지만 개혁개방 이래 중국 경제는 빠른 속도로 발전하여 세인의 주목을 받았다. 한국은 중국의 이웃나라로 1997년 말의 금융위기 이래 힘을 크게 잃어 아직 완전히 회복하지 못하고 있다. 한국에 있어 중국은 수출을 촉진하기 위한 중요한 시장이다. 지리적 우세로 인해 한국은 중국 시장 개척을 열망하였고, 한자문화의 부흥은 한·중관계를 강화하고 중국시장 진출에 유리한 역할을 하였다. 1992년 한·중수교 이래 한자 사용을 회복하자는 대중의 목소리가 날로 높아지고 사회생활에서 한자 사용이 보편화되면서 한국은 경제적 실리를 얻었다. 한자는 한국인들의 중국어 학습 효율을 높였고 짧은 시기에서 많은 중국어 인재를 양성하게 하였다. 또한 한자의 보편적 사용이 한자문화권에서 온 관광객들을 편리하게 해주었으므로 관광업이 신속하게 발전하였다. 한국 경제가 지속가능한 발전을 이루기 위해서는 반드시 중국과의 경제무역 왕래를 강화해야 하는데 한자와 한자어는 교량 역할을 할 것이다.

셋째, 언어 소통의 필요성 때문이다. 한국어에는 대량의 한자어가 있으므로 동음현상은 불가피하며 성조가 없기 때문에 동음현상이 더욱 심각하게 된다. 예를 들어 한국인들의 성씨에서 '田'과 '全', '姜'과 '康', '鄭'과 '丁', '林'과 '任'은 동음이고, 한국 지명에서 '廣州'와 '光州'가 동음이므로 구어생활에서 반드시 '경기도 광주'·'전라도 광주'로 구별해야 한다. 일반적인 어휘에서 '實業'과 '失業', '輸入'과 '收入', '電氣'와 '前期', '端正'과 '斷定', '典故'와 '轉告', '歌手'와 '加數', '地圖'와 '指導', '會議'와 '懷疑', '海禁'과 '解禁', '敗業'과 '霸業'이 동음이고 '故事', '古史', '古寺', '高射', '告辭'와 '考査'는 모두 독음이 같으므로 한자로 표기하지 않으면 문자생활에 불편을 야기할 것이다. 한·중·일 삼국 학자들이 공동으로 편찬한《동아시아 삼국의 근현대사》(사회과학문헌출판사, 2005년)는 일본 우익 역사 교과서의 거짓을 폭로하고 동아시아 삼국의 진실한 근현대사를 재현하기 위해 출판되었다. 출판 후 엄청난 반향을 일으켰으나 중국어판에는 많은 오역이 나타났다. 오역의 대부분은 한자어에서 나타나고 있는데 예를 들어 한국 농민 봉기의 지도자 '全琫準'을 '全奉準'으로,《군국일본강점조선36년사軍國日本强占朝鮮36年史》의 작자 '文定昌'을 '文正昌'으로, '重光團'을 '中光堂'으로, '聲鳴會'를 '聲明會'로, 72쪽의 '産米增殖計劃'을 '産米增值計劃'으로 오역한 것들이 있다. 2005년 한국 대구시 서문시장 대형 화재로 입점 점포 1,000여 채가 피해를 입었는데, 신화사新華社 12월 29일자 원고에서 '西門'을 '瑞文'으로 번역하였다. 왜냐하면 한국어에서 '西門'과 '瑞文'의 독음이 같기 때문이다. 이런 오역들이 발생하는 원인이 바로 한자와 한자어의 동음현상이기 때문에 한자로 표기한다면 완전히 극복할 수 있을 것이다. 동음 문제를 극복하기 위해 지금 한국에서 통용하는 방법은 오해의 여지가 있는 어휘 뒤에 한자를 표기하는 것이다. 그러나

이 방법은 한자를 직접 쓰는 것보다 간편하지 않다.

넷째, 시대 조류의 영향이다. 새로운 시대에 접어들면서 세계의 구조는 변화하고 있고 아시아 태평양시대가 다가오고 있다. 한자문화권에 속하는 나라와 지역은 모두 경제가 비교적 발달하고 있기 때문에 세계의 주목을 받고 있다. 중국의 국제적 지위가 상승함에 따라 전 세계에서 중국어 학습 열풍이 일어나고 있으니 한국 또한 당연히 뒤처지지 않으려 한다. 과거 한국에서 경제신화를 이루었으니 지금도 앞서가고 싶어 한다. 중국어 열풍은 한국에 일찍부터 일어났고 지금은 바야흐로 힘차게 발전하여 점점 규모가 늘어나고 있다. 중국어를 배우는 사람이 많아지면서 중국어교육도 산업이 되었다. 전국 300여개의 대학 가운데 중어중문학과를 개설한 학교의 수는 절반을 넘었고 각지의 중국어학원은 마치 우후죽순처럼 생겨나고 있으며, 잇따라 중국에 유학을 가는 젊은이들의 수도 놀라울 정도이다. 한민족은 흔들리지 않는 강인한 정신을 가지고 있어, 괴로움을 참고 힘든 일을 견디어 내며 뒤에 처지는 것을 수치스럽다고 여긴다. 새로운 시기와 도전 앞에서 그들은 민족전통을 발전시키고 민족문화를 진흥시켜 새롭게 비약적으로 발전하기를 바라고 있다. 따라서 한국의 한자문화 부흥은 옛 것을 그리워하는 면도 있고 새로운 것을 추구하는 면도 있다.

다섯째, 한자 어휘의 우세이다. 한자어가 한국에서 오랫동안 흥성하여 쇠하지 않는 하나의 중요한 원인은 한자어 자신이 가진 우세인데 구체적으로 다음 몇 가지이다. 첫째는 한자의 조어방법이 탄력적이라는 것이다. 한자는 뜻을 나타내는 문자로 어소語素간의 조합이 간편하다. 예를 들면 '國'은 '國家'·'祖國'·'愛國'·'開國'·'國交'·'國歌'·'國境'·'國旗'·'國庫'·'國軍'·'强國'·'小國'·'自國'·'他國' 등 합성어를 만들 수 있다. 다른 예로 '於此彼'와 '牛耳讀經' 등 한국에서 만든 어휘들도 있는데 모두 한자의 탁월한 조어능력을 보여 주고 있다. 둘째는 표현이 정확하고 간결하다. 예를 들어 '등산가登山家'와 '팔방미인八方美人' 등을 고유어로 표현하면 말이 길고 한자어만큼 간결하지 못해 일부 고유명사의 경우 한자어는 약칭으로 줄여 쓰기도 한다. 예를 들면 國政監査-國監, 韓國銀行-韓銀, 勞動組合-勞組, 知的財産權-知財權, 原子力發電所-原電, 損害賠償請求訴訟-損賠訟, 生活必需品購入難-生必難, 嶺南大學校-嶺大, 大韓民國-韓國, 八道-朝鮮時代의 8개 행정구, 즉 경기도·충청도·경상도·전라도·강원도·황해도·평안도·함경도이다. 한국인들이 모여서 건배를 할 때 자주 '나·가·자를 위하여'라고 하는데, "나"는 고유어 "나라"의 약칭이고, "가"와 "자"는 한자어 "가족"과 "자기"의 축약어이다. 셋째는 한자어와 고유어의 조합이 자유롭다는 것이다. 예를 들면 된醬(된장), 甚히(심히), 洋담배(양담배), 整理하다(정리하다) 등이 있다.

위에서 언급한 몇 가지 원인은 한국 전국 한자교육추진회의 '한자교육의 진흥'을 위한 취지이기도 하다. 그 취지는 다음과 같다. ① 국어 생활 정상화 도모 ② 전통문화 계승·발전 ③ 21세기 한자문화권 시대에 적응 ④ 국제적 고립 예방 ⑤ 국가 생산력·경쟁력 향상 ⑥ 전 국민의 문화·지식 수준 향상. 이러한 취지에 입각한 한자 교육은 확실히 통찰력이 있다 할 수 있다. 한민족의 한자에 대한 태도는 대체로 네 단계를 거쳤는데, 완전히 받아들이기-변통하여 활용하기-엄격히 제한시키기-되돌아보기이다. 첫 단계는 선진 문화에 대한 숭배, 두 번째 단계는 민족 스스로에 대한 관심, 세 번째 단계는 민족정신에 대한 지나친 추앙, 네 번째 단계는 본 민족문화를 되돌아봄을 나타내고 있다. 한자문화는 한민족문화와 긴밀히 연결되어 있어 한자를 폐지하여 초래한 문화적 상처는 민족 발전의 과정에서 오랫동안 남아있을 것이다. 21세기의 희미한 새벽빛에서 한자문화는 다시 궐기할 것이고, 한자문화의 궐기에 따라 한민족의 정신은 재탄생할 것이라 예견할 수 있다.

한자는 중국어를 기록하는 부호체계로, 정확하게 말하자면 한자는 낱말을 기록한다. 한자가 한반도에서 널리 사용되는 상황은 한국어 속의 한자어에 깊은 영향을 끼칠 것이다. 한국어가 한자어를 받아들이고 사용한 과정을 되돌아보면 중국 문화의 영향으로 한민족은 이미 중국 한漢민족과 같은 사상관념을 형성하였고, 한자와 한자어의 사용으로 한민족은 중국 한민족과의 같은 사유형태를 형성하였다는 것을 알 수 있다. 한자를 사용하든 사용 안하든 근본적으로 한민족의 사상관념과 사유형태를 바꿀 수는 없다. 한국어에는 대량의 한자어가 있고 한자는 이런 어휘들을 기록하는 부호이므로 능지能指를 바꾼다 하더라도 이런 한자어들의 소지所指를 바꿀 수는 없을 것이다. 게다가 한자어는 이미 한국어의 일부분이 되었기 때문에 한자는 사용하지 않아도 되지만 한자어는 없앨 수 없다. 유길준의 〈소학교육에 대한 의견〉(《황성신문》융희 2년 6월 10일)에서는 "한자를 연달아 나열하여 문장을 이룬 연후에 글이라 일컬으니, 각각 글자를 사용함이 다르니 어찌 한문이라 일컬을 수 있으리오? 대저 우리가 한자를 차용함이 이미 오래되어 그 동화된 습관이 국어의 일부를 이루니 훈독하는 법을 사용한 그 형태가 비록 한자라 일컬으나 우리 문자의 부속품이며 보조물이라 영국인이 로마자를 취하여 그 국어를 기록함과 같다(한자를 連綴하야 句讀을 成한, 然後에 始可曰文이니, 字字別用함이 豈可曰漢文이리오? 且夫吳人이 漢字를 借用함이 已久하야 其同化한 習慣이 國語의 一部를 成하야시니, 苟其訓讀하는 法을 用한 則其形이 雖曰漢字이나 卽吳文의 附屬品이며 補助物이라 英人이 羅馬를 취하야 其國語를 記함과 同하다.)"고 하였다. 언어의 어휘는 가장 개방적이어서 서로 다른 민족 언어 간의 상호 차용으로 언어의 성질을 바꾸지는 못할 것이다. 이는 사피어Sapir가 “언어는 아마도 가장 보수적이고 완강한 사회현상이므로 언어를 멸망시키는 것이 오히려 언어의 형식을 와해시키는 것보다 쉬울 것이다.”고 말한 바와 같다. 언어의 생명력을 결정하는 요소는 문법형식이고 어휘는 단지 언어의 표현력을 결정할 뿐이다. 따라서 대량으로 외래어를 차용한다 하더라도 언어의 성질이 바뀌지는 것은 아니다. 그러나 낱말의 소지所指와 능지能指 때로는 상호 작용을 하기 때문에 뜻을 나타내는 한자를 표음문자인 한글로 바꾸면 한자어들을 이해하는데 필연적으로 지장을 초래할 것이고, 교제에도 영향을 미칠 것이다. 일본은 6세기에 가나를 발명한 후 천 년 넘게 한자와 가나의 혼용체를 줄곧 사용해 왔으나 일본어의 개성은 유지되고 있다. 우리는 한국에서 한글과 한자 혼용체를 채택한다면 한국어가 이화異化되지 않을뿐더러 오히려 언어의 효율성과 표현력을 향상시킬 수 있다고 생각한다.

한자어는 이천 년의 역사를 거쳐 이미 한국 사회 언어생활의 중요한 구성원이 되었다. 한자어는 일찍이 한국의 전통문화에서 중요한 역할을 하였는데 오늘날에도 대체할 수 없는 역할을 하고 있다. 그렇다면, 한자어의 운명은 어떠할 것인지, 어떤 변화가 생길 것인지 우리는 이 문제에 대해 대단히 관심이 많다. 옛말에 “과거를 돌이켜보고 현재를 이해하다”라는 말처럼, 한자어의 발전과정을 이해하면 한자어의 미래 흐름을 예측할 수 있을 것이다. 다음 글에서 우리는 한자어의 미래에 대해 생각해 볼 것이다.

첫째, 한자어의 수는 한국어에서 절대적인 우세를 차지하고 있다. 시대의 변화에 따라 일부 시대에 뒤떨어진 한자어들은 도태되고 새로운 한자어들이 이어서 유입되어 한자어의 수는 상당하다. 한반도 광복 이후 한자어는 제한정책에 의해 외래어에 밀려 줄어들고 있다. 1992년 8월 한중 수교 이후 양국의 경제·문화 협력이 날로 긴밀해지면서 한자어는 점차 안정되어 지금 한국어 한자어의 비율은 60% 정도를 유지하고 있다. 우리는 앞으로도 한자어의 비율이 크게 변하지 않을 것으로 생각된다. 오랜 역사를 거쳐 남아 있는 한자어는 이미 한국어 어휘의 핵심이 되었기에 한자어를 줄이면 반드시 한국어의 표현력에 영향을 미칠 것이다.

둘째, 한자어는 새로운 단어를 형성하는 데 여전히 유리하다. 한국어 한자어의 일부분은 기본 어휘이므로 새로운 어휘를 형성하는 바탕이 된다. 현재 한국어의 조어법에는 여러 가지가 있는데 대체로 세 가지가 있다. 첫째는 외래어를 수입하는 것이다. 특히 과학기술과 관련된 명사 전문 용어들은 거의 영어에서 그대로 받아들이는데, 예를 들면 컴퓨터·인터넷 용어는 거의 영어 외래어이다. 표음문자인 한글이 영어를 음역하는 것이 편리하기 때문이다. 둘째는 전통 조어법인데, 고유어휘를 바탕으로 순수한 한국어를 만든다. 셋째는 중국어의 조어법인데, 기존 한자어의 바탕에서 새로운 합성어나 파생어를 만든다. 예를 들어 근대 한국어의 신조어 '무산계급'·'국민운동'·'언론자유'·'반봉건'·'불평등'·'신문계新聞界'·'활동가'·'공무원'·'문법학' 등은 모두 한자어로 조합된 신조어이다. 특히 일부 신조어는 한자어와 고유어, 한자어와 서양 외래어로 조합되어, 새로운 한국어 조어법을 형성하였는데, 예를 들면 '쌀廛'(곡물 상점)·'窓살'(창살)·'鷄卵빵'(계란빵)·'優勝컵'(우승컵) 등이 있다. 이런 조어법은 현대 한국어에 아주 많이 있는데, 예를 들면 '한나라黨'(한나라당)·'PC房'(PC방)·'노래房'(노래방)·'携帶폰'(휴대폰)·'버스停留場'(버스정류장)·'高速인터넷'(고속 인터넷)·'인터넷接續'(인터넷 접속) 등이 있다. 이와 같이 혼합하여 단어 만드는 방식은 앞으로도 많이 사용될 것이나 이런 어휘들이 한자어라 할 수 있는지는 검토할 여지가 있다.

셋째, 한자어의 독음은 계속 변함이 없을 것이다. 한자어의 독음은 바로 한자의 독음이다. 15세기 중엽 이후 한국 한자음 체계가 이뤄지면서 한자어의 독음이 한국어의 어음체계에 융합되고 고정되었다. 1998년 한국 교육부에서 〈표준어 규정〉을 반포하여 서울말을 한국의 표준어로 지정하였고 또 〈국어 로마자 표기법〉을 반포하여 한자음의 표기에 대해 법적 근거를 마련하였다. 우리는 앞으로도 한국어 한자음에는 큰 변화가 없고 상당히 긴 시간동안 안정될 것으로 내다보고 있다.

넷째, 한국어는 앞으로도 중국어의 일부 신조어를 수용할 것이다. 역사적 관계 때문에 한국어는 중국 현실을 반영하는 신조어에 대해 항상 민감하였으며, 냉전시기 때도 일부 한자어가 유입되었는데 예를 들면 문혁시기의 '대자보大字報'·'조반유리造反有理' 등이 있다. 개혁개방이래에 중국어에서 많은 신조어가 나타나 사회의 변화와 시대의 진보를 반영하였다. 한중 양국의 교류가 날로 심화됨에 따라 이런 신조어들이 한국어에 유입되는 추세인데 최근에 나타난 '한류韓流'·'고가高架' 등이 그 예이다. 중국어와 한국어는 한자를 통해 어휘를 보완하였으며 앞으로도 이런 상황은 계속될 것이다.

다섯째, 한자어는 화용적 측면에서도 여전히 활약을 하고 있다. 앞에서 언급했듯이 한국어 한자어는 의미와 품사에 있어서 중국어보다 단순하다. 예를 들어 '양量'은 한국어에서는 단지 명사의 용법만 있고 동사의 용법은 없다. '마麻'는 식물의 일종만 가리키고 '저리다, 무감각하다', '마마자국'이란 뜻은 없으며, '원圓'은 '둥글게 그려진 모양'이란 뜻만 있고 '매끄럽다', '꿈을 실현하다'란 뜻은 없다. 그러나 구체적인 문맥에서 독음이 같거나 비슷한 한자를 이용해 수사적 효과를 얻을 수 있다. 한국 민간에서 한자어 '기린麒麟'과 고유어 '그림'의 음이 비슷하다는 점을 이용해 만든 잿말놀이가 있는데, 반복된 발음이 재미있고 운치가 넘친다. 최근 한국 사회에서 또 하나의 한자어

'이태백李太白'이 유행되고 있는데, '이'는 '이십대', '태'는 '대학생', '백'은 '백수'를 가리켜 '직업이 없다'는 뜻을 나타내 이십대의 직업이 없는 대학졸업생들을 가리킨다. 대응되는 중국어 신조어는 '긍노족(啃老族: 분가할 나이가 되어서도 부모와 떨어지지 않고 생계를 의탁하는 젊은 세대)'이다. 이와 같은 한자어의 활용은 오로지 한자어를 정통해야 가능하므로 언어 활용의 가장 높은 경지이다. 다른 예로 한국인들이 남자 바지의 지퍼를 '남대문'이라 하는 것도 '남南'과 '남男'의 음이 같은 점을 이용한 것이다. 이렇게 언어를 응용하는 형식은 중국어에서도 흔히 보이는데, 예를 들어 '백골정白骨精'은 '백령白領(화이트칼라 계층)'·'골간骨幹(핵심 요원)'·'정영精英(걸출한 인물)'을 가리켜 '이태백'과 같은 방법으로 같은 효과를 나타내고 있다. 한자문화가 한반도에서 부흥되면서 한자어는 다시 활력을 얻어 언어생활 속에서 활약할 것이다.

2005년 11월 17일 후진타오주석은 한국 국회에서 "상호협력을 강화하고 아름다운 미래를 함께 창조하자"란 제목으로 연설하였다. 그는 "한·중 양국은 바다를 사이에 두고 바라보는 가까운 이웃이며 관계가 긴밀한 우방입니다. 한·중친선의 장기적인 역사 속에서 양국 국민은 시종일관 서로 배우고 경험을 공유하며 공동으로 찬란한 동방문명을 창조했습니다."라고 언급하였다. 한자와 한자어는 동방문명을 창조하고 형성하는데 커다란 작용을 하였고 동북아 사람들을 모으는 문화적 연결 고리이다. 이천 년 이래로 한자어는 한반도 사람들의 언어생활에서 대체할 수 없는 역할을 했을 뿐 아니라 중국문화의 전파와 한민족문화의 계승에도 커다란 공헌을 하였다. 더욱 중요한 것은 언어 소통의 역할을 하는 한자와 한자어는 한자문화권을 구축하는데 큰 공헌을 하여 한자문화권 각 나라 사람들의 사유형태와 문화형태에 깊은 영향을 끼쳤다는 것이다. 오랫동안 한자는 한국·일본·베트남·싱가포르 등 국가 사람들의 마음속에 깊이 파고 들어갔으며 새로운 시대에 접어들어 한자문화가 활약할 날이 머지않았을 것이다. 최근 한국 사회에서 "중국어를 배우지 않으면 21세기에 뒤쳐진다."는 말이 유행하고 있는데, 비록 한국인 고유의 위기의식이 들어 있다고 할 수도 있지만 우리는 이것은 비교적 현명한 인식이라고 생각한다. 일찍이 백 년 전에 한국의 저명한 개화학자 유길준이 말하기를 "한문이 국문의 범위 안에 들어 우리에게 이용될 따름이니 저 영어를 사용하는 여러 나라의 말로 처음에는 모두 타국의 문언과 혼화한 것이지만 각 그 문전의 채용한 바 되어 오늘의 순연한 일체를 이룸이라. 고로 우리의 언어도 한문과 서로 달라 이후에는 천하 여러 나라들의 교류에 따라 자연히 그 혼합된 언문이 점점 많아질 것이다. 즉 문전의 성립이 있을지니 그를 채용함이 또한 어찌 무방하리오(漢文이 國語의 範圍內에 入ᄒᆞ야 我의 利用될 ᄯᆞ름이니 彼英法諸國의 語도 厥初 皆他國의 文言과 混和ᄒᆞᆫ 者로 ᄃᆡ 各其文典의 採用ᄒᆞᆫ바되야 今日의 純然ᄒᆞᆫ 一體를 成ᄒᆞᆷ이라 故로 我國의 言語도 漢文과 相錯ᄒᆞ얏시나 今以後ᄂᆞᆫ 天下列國의 交通을 隨ᄒᆞ야 自然 其 混合言文이 益多ᄒᆞᆯ진 則 文典의 成立이 有ᄒᆞᆯ진 其 採用이 亦 何妨ᄒᆞ리오.)"[72]라 하였다.

백년 후 우리가 한국어 한자어의 역사를 되돌아보고 한자어의 사용 상황을 정리·점검하여 한자어의 미래를 바라볼 때, 우리는 한자어가 일찍이 한민족과 함께 평탄하지 못하고 곡절이 많은 역사과정을 거쳤지만 앞으로 한민족과 찬란한 미래를 향해 함께 나갈 것이라고 믿는다.

72) 《조선문전》서문, 《유길준전서》권3.

부 록

한자 및 한자어의 한반도 전파 사건 연표

[부록]

한자 및 한자어의 한반도 전파 사건 연표

시기	조대·연호	사건
기원전 11세기	주周 무왕武王 16년	기자 조선
기원전 2세기	위만왕조 시기	중국 이민 동천東遷
기원전 108년	한무제漢武帝 원봉元封 3년	한나라가 위만조선을 멸망시키고 낙랑樂浪·진번眞番·임둔臨屯의 3군 설립
기원전 107년	한무제 원봉4년	현도군玄菟郡설립, 한자가 대량으로 유입하여 전파됨
285년	백제 고이왕52년	일본에 왕인을 보내 《논어》와 《천자문》을 가르침
372년	고구려 소수림왕 2년	태학을 설립하고 유가 경전을 가르침
375년	백제 근구수왕 원년	백제에서 한자를 사용하고, 한문으로 사서를 편찬하기 시작
503년	신라 지증왕 4년	국호·왕호 등 고유 명칭에 모두 한자 사용
552년	신라 진흥왕 13년	서기체 출현(경주 임신서기석)
668년	신라 문무왕 8년	고구려 멸망, 신라 한반도 통일, 유교 숭배, 한자·한문이 널리 보급됨
6세기 말		향가, 이두체, 구결체 출현
682년	신라 신문왕 2년	신라에서 국학 설립
930년	고려 태조 13년	고려에서 관학 설립
958년	고려 광종 9년	중국의 과거제도 도입
992년	고려 성종 11년	국자감 설립
14세기 중엽		《노걸대》·《박통사》 간행됨
1276년	고려 충렬왕 2년	통문관을 처음으로 설립하고 중국어 인재를 양성함
15세기 초기	조선 태종 시기	서원의 출현과 발전, 유학 전성시대
1444년	조선 세종 25년	《훈민정음》 창제됨

시기	조대·연호	사건
1446년	조선 세종 28년	《훈민정음》 반포
1473년	조선 성종4년	이변 《훈세평화》 완성
16세기 초기	조선 연산군 시기	연산군 한글 사용 금지
1894년	조선 고종 31년	갑오경장, 일본 한자어 대량 유입
1895년	조선 고종 32년	국한문 혼용체가 채택됨
1972년	대한민국	한국교육부에서 중·고등학교용 기초한자 1800개와 중국에서 유입된 한자어 4182개 공포
1984년	대한민국	한국교육부에서 〈국어로마자표기법〉반포, 한자음에 대한 표기가 규범화됨
1989년	대한민국	고려대학교 민족문화연구소에서 편찬한 《중한사전》이 간행됨, 한국에서 판매량이 가장 높음
1992년	대한민국	8월24일 한중 수교, 한자의 위상이 차차 높아지고, 중국어 붐이 일어남
1997년	대한민국	한국 한자교육추진총연합회에서 '전국한자능력시험'실시. 한국 한글전용촉진회는 이에 맞서 '한글전용'을 제기하여 학계와 사회에서 논쟁을 일으켰음. 단국대학교 동양연구소에서 편찬한 《한국한자어 사전》 간행됨.

一. 原典

다산학회 편찬, 《여유당전서》, 경인문화사, 1972年.

다산학회 편찬, 《여유당전서보유》, 경인문화사, 1972年.

국사편찬위원회, 《조선왕조실록》, 탐구당, 1973年.

정약용, 《아언각비》, 일지사, 1992年.

일연, 《삼국유사》, 명문당, 1993年.

고려대학민족문화연구소 편찬, 《중한사전》, 고대민족문화연구소, 1993年.

단국대학교동양학연구소 편찬, 《한국한자어사전》, 단국대학출판사, 1997年.

김부식, 《삼국사기》, H A N K I L社, 1999年.

이장우 역저, 《퇴계일기》, 중문출판사, 2000年.

汪維輝 編, 《朝鮮時代漢語教科書叢刊》, [北京] 中華書局, 2005年.

二. 單行本

小倉近平, 《朝鮮語學史》, [大阪] 屋號書店, 1920年.

유길준전서 편찬위원회, 《유길준전서》, 일조각, 1971年.

김민수, 《국어정책론》, 고려대학출판부, 1973年.

劉昌惇, 《語彙史研究》, 二友出版社, 1980年.

김윤경, 《韓國文學及語學史》, 동국문화사, 1982年.

김종훈, 《한국고유한자연구》, 집문당, 1983年.

강만길, 《한국근대사》, 창작비평사, 1984年.

橋本萬太郎,《語言地理類型學》, [北京] 北京大學出版社, 1984年.
서병국,《대학국어학사》, 학문사, 1986年.
이돈주,《〈훈몽자회〉한자음연구》, 홍문각, 1990年.
안승덕,《한자교육론》, 아세아문화사, 1993年.
최창렬,《한국어 어원연구》, 일지사, 1993年.
박영섭,《국어한자어휘론》, 박이정출판사, 1995年.
김형규,《국어사개요》, 일조각, 1995年.
강신항,《훈민정음연구》, 성균관대학출판부, 1996年.
윤용식 외,《대학국어》, 한국방송대학출판부, 1997年.
武斌,《中華文化海外傳播史》, [西安] 陝西人民出版社, 1998年.
林從綱,《韓國語詞彙學》, [哈爾濱] 黑龍江人民出版社, 1998年.
李得春,《韓文與中國音域》, [哈爾濱] 黑龍江朝鮮民族出版社, 1998年.
심재기,《국어어휘론》, 집문당, 2000年.
董泰希,《韓漢兩種語言中漢字詞的比較》, [北京] 北京語言文化大學出版社, 2000年.
蔣紹愚,《近代漢語研究概括》, [北京] 北京大學出版社, 2001年.
劉元滿,《漢字在日本的文化意義研究》, [北京] 北京大學出版社, 2003年.
강신항,《한한음운사연구》, 태학사, 2003年.
金基石,《朝鮮韻書與明清音系》, [哈爾濱] 黑龍江朝鮮民族出版社, 2003年.
太平武,《朝鮮語詞彙構成與詞彙使用實態研究》, [北京] 民族出版社, 2003年.
薩丕爾,《語言論》, [北京] 商務印書館, 2003年.
이돈주,《한중한자음연구》, 태학사, 2004年.
張紹麒,《漢外語言對比研究》, [上海] 上海辭書出版社, 2004年.
楊昭全,《中國——朝鮮·韓國文化交流史》, [北京] 昆侖出版社, 2004年.
阿辻哲次,《圖說漢字的歷史》, [濟南] 山東畵報出版社, 2005年.

三. 論文

陳植藩,〈朝鮮語中的漢字詞〉,《中國語文》, 1964年第五期.

張興權, 〈朝鮮語和漢語詞彙對比〉, 《中央民族學院學報》, 1984年第二期.
許壁, 〈中日文詞彙對韓文之影響〉, 《語文建設通訊》, 1990年第33期.
김상근, 〈한국의 한자수용 역사와 방법〉, 《중국어문학》, 1990年第17期.
橋本萬太郎, 〈東亞語言結構的起源〉, 《日本近現代漢語研究論文集》, 北京語言學院出版社, 1993年.
黃國文, 〈關於語義對比的幾個問題〉, 《外語與翻譯》, 1996年第一期.
李得春, 金基石, 〈漢字文化與朝鮮漢字〉, 《東疆學刊》, 1997年第三期.
嚴翼相, 〈韓國古代漢字爲中國上古音說〉, 《語言研究》, 1997年第一期.
張光軍, 〈韓國的漢字〉, 《解放軍外國語學院學報》, 1999年第五期.
하영삼, 〈한국 고유한자의 비교적 연구〉, 《중국어문학》, 1999年第33期.
徐建宏, 〈漢語詞彙與韓國語漢字詞的對比研究〉, 《遼寧大學學報》, 1999年四期.
奇化龍, 〈中韓同形詞正負遷移初探〉, 《漢語學習》, 2000年第一期.
金敏洙, 〈漢字詞整理的方法〉, 《朝鮮語(韓國語)詞彙構成及詞彙使用實態研究》, 民族出版社, 2003年.
全香蘭, 〈漢韓同形詞偏誤分析〉, 《漢語學習》, 2004年第 3 期.
申東月, 〈漢韓對音中爲何- t 〉- 1 〉, 《民族語文》, 2004年第 4 期.
汪維輝:〈《老乞大》諸版本所反映的基本詞曆時更替〉, 《中國語文》, 2005年 6 期.
진류, 〈楊雄《方言》中朝鮮詞語的解讀〉, 《중국어문학》, 2005年第45期.
陳榴, 〈韓國漢字詞語的語義變遷〉, 《漢字文化》, 2006年第三期.

후 기

모든 일에는 그 연유가 있듯이 이 책 또한 예외가 아니다.

본인은 일찍이 한국에서 7년 동안 강의하고 공부하였다. 그 몇 년 사이에 한국의 모든 산과 강을 다녀보았고 많은 한국 친구들을 사귀었다. 한국의 수려함·부유함·친절함은 나에게 아름다운 인상을 주어 떠나기가 싫었다. 15년 전에 한국에 왔을 때 부산의 한 대학에서 강의를 하였고 2년 후에 영남대학교에서 박사 과정을 마쳤다. 영남대학교에서 학문을 탐구하는 동안 주로 한국어와 중국어의 문법을 비교 연구하였다. 마건충馬建忠의 《마씨문통馬氏文通》은 최초의 중국어 문법 저서이고, 유길준兪吉俊의 《대한문전大韓文典》은 한국어 문법 저서이다. 두 저자는 같은 시대를 보내고 유사한 인생 경험과 사상 역정도 겪었다. 두 책에서 구축한 문법 체계 또한 〈합리적인 일반 문법〉에서 유래되어 유사점이 있었으므로 비교 연구의 가치가 크다. 본인의 박사학위 논문은 완성된 이후 한국 중문출판사와 중국 북경대학출판사에서 잇따라 간행되어 학계에서 큰 반향을 불러일으켰다.

귀국 후 한국어와 중국어에 대한 비교 연구를 계속하면서 한·중 한자어 비교연구를 주로 다루기로 다짐하였고, 2003년 이 연구는 요녕성遼寧省 중점 연구 프로젝트로 선정되었다. 한·중 수교 이후 양국 간의 문화교류가 날로 활발해짐에 따라 한국어 한자어에 관한 연구는 깊이가 있어졌을 뿐만 아니라 범위도 넓어졌다. 그러나 중국에서는 한국어 한자어를 전반적으로 연구한 전문저서가 없어 유감스럽다. 그래서 선현들의 연구를 바탕으로 깊이 있게 전반적으로 연구하기 시작하여 한자어에 관한 기본 틀을 세우고자 시도했다. 3년이 넘는 노력 끝에 이 학술 저서가 완성되면서 2007년 요녕사범대학 출판사에서 간행되었다. 이 책은 한자어가 한국어에 도입되는 과정과 배경을 논술하였고 어음·어의·화용 세 방면에서 한자어에 대하여 전반적으로 고찰하였다. 그리고 더 나아가 한자어가 서로 다른 언어 환경에서 존재하는 상태를 묘사하였고 한자어의 미래를 전망하였다.

2010년 초 봄에 모교의 초청에 응하여 강의를 맡게 되면서 한국에 돌아오게 되었다. 또 다시 꿈에서도 그리워했던 모교를 보게 되었고, 늘 함께 지냈던 교수님들도 만나게 되면서 그 분들과 이별한지가 십 년이 되었다는 것을 믿어지지가 않는다. 본인의 마음은 항상 그 분들과 함께 있는 것 같다. 모교의 이국 제자로써 이 졸작을 교수님들에게 보여드리고 조언을 부탁했다. 박운석 교수님께서 보시고 칭찬을 거듭하시면서 한국의 독자들에게 소개할 필요가 있다고 하였다. 그래서 학부의 박사생 나호영, 권부경과 함께 번역을 시작하였다. 일 년이 넘는 노력 끝에 번역본이 완성되었고 영남대학교출판부에서 출판하게 되었다. 이 졸작의 한국어판 간행을 앞두고 박운석 교수님, 이춘영 교수님, 박사생 나호영과 권부경에게 진심으로 감사를 드린다. 그리고 이 졸작을 출판해주시는 영남대학교출판부에게도 진심으로 감사를 드리고 경의를 표한다.

영남대학교를 사랑한다. 모교로 인해 자부심을 가지게 되었으며 또한 모교가 자랑스럽게 생각하는 사람이 될 것을 약속한다.

지은이 씀

찾아보기

ㅎ